与万物对话:
霍金传

STEPHEN HAWKING

鹿理梅 ⊙ 编著

·北京·

图书在版编目(CIP)数据

与万物对话：霍金传 / 鹿理梅编著. -- 北京：群言出版社，2015.10
ISBN 978-7-80256-844-0

Ⅰ.①与… Ⅱ.①鹿… Ⅲ.①霍金，S.—传记 Ⅳ.①K835.616.14

中国版本图书馆CIP数据核字(2015)第228806号

责任编辑：王　聪
封面设计：胡椒设计

出版发行：群言出版社
社　　址：北京市东城区东厂胡同北巷1号(100006)
网　　址：www.qypublish.com
自营网店：http://qycbs.shop.kongfz.com(孔夫子旧书网)
　　　　　http://www.qypublish.com(群言出版社官网)
电子信箱：qunyancbs@126.com
联系电话：010-65267783　65263836
经　　销：全国新华书店
法律顾问：北京天驰君泰律师事务所

印　　刷：北京市昌平新兴胶印厂
版　　次：2016年1月第1版　2018年3月第2次印刷
开　　本：710mm × 1000mm　1/16
印　　张：16
字　　数：180千字
书　　号：ISBN 978-7-80256-844-0
定　　价：32.00元

【版权所有，侵权必究】

序

21世纪是科学技术快速发展的时期，在这个互联网时代，中国人不仅仅关注比尔·盖茨、乔布斯，还有一位在英国剑桥大学担任卢卡斯数学教授30年的斯蒂芬·霍金，他的一系列探讨神秘宇宙的书成为畅销书，尤其是《时间简史》，是他的成名作，更是他的代表作，并且成为20世纪的标志性著作。

第一次知道霍金的名字，是外甥女告诉我的。那时候，她正在读初中，课余时间，她特别喜欢研究宇宙的问题。我就在网上买了这本书，作为生日礼物送给她。从那以后，我也开始喜欢上《时间简史》这本书。

提起霍金，大家一定会想到穿越未来和黑洞，这也是他一直在研究的课题。对于这些问题，不仅研究自然科学的科学家们会有兴趣，有好奇心的读者和青少年，也有很大的兴趣，梦想着能解开这些科学的奥秘。

每到夜晚的时候，我抬头看天，天空中繁星闪烁。此时此刻，我都会想到一个问题：都说天空无边无际，浩瀚的宇宙到底有没有边沿呢？每个人的心底都有属于自己的宇宙，相对于普通人来说，霍金的宇宙要比普通人更加深奥。

每次读他的自传，我都会被他的精神所感动。对于一位科学家来说，长年坐在轮椅上是痛苦的，但是，正因为霍金不能行走，所以他才能把所有的精力和时间用于研究宇宙。霍金曾说：如果他能到处行走的话，他要上课，要做导师，不可能专心研究他想研究的东西。

中国有句古话说得好，一个人要成功，必须具备三个条件：天时、地利、人和，缺一不可。霍金的成功既有自身的努力，也有天赋，还有他身边一直关心他、支持他的家人、朋友和学生。

在霍金的大半生中，他经历过好几次大手术，多次与死神擦肩而过。他是强者，也是超人。他用大脑计算宇宙方程，更是成为前无古人的天才。他又在古稀之年，在两部电视剧里客串演出，他的乐观精神，感染了无数人。

亲爱的读者们，如果大家想了解一个真实的霍金，那么，就请打开这本霍金传记，随我一起走进霍金的世界。

第一章
宇宙之王的童年

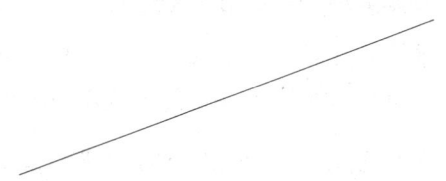

  提起童年，会让人想到母亲的拥抱和父亲的微笑，还有玩具和糖果。霍金的童年与普通孩子在玩耍方面的天性是一样的，他喜欢玩具，尤其喜欢火车，他不喜欢上了发条才能转动的火车，而是喜欢电动玩具火车。霍金不仅仅只会玩耍，他还发明了一款棋类游戏，宇宙之王的发明欲望是从童年开始的，他有着自己别样的童年。

1. 宇宙之王的父亲母亲……………003
2. 那些遥远的童年记忆……………010
3. 霍金的弟妹们……………………018
4. 霍金的小学时代…………………022

第二章
宇宙之王的青春岁月

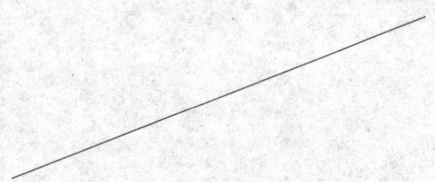

　　有人说：青春是诗，青春是美酒，青春是激情燃烧的岁月，也是人生最美好的时光。当青春逝去的时候，会有那么多的人怀念青春，向流逝的青春致敬。17 岁，霍金以优异的成绩考进了牛津大学，在大三的时候，他觉得自己不适合继续在牛津大学读书，报考了剑桥大学。就在霍金努力学习的时候，一场突发的疾病降临在他的身上，也就在这时，一位文艺女青年喜欢上了霍金，爱情就在不经意间降临了。同时，他在科研方面也取得了很大的成就。

5. 霍金的中学时代……………………031
6. 牛津岁月……………………………036
7. 当赛艇舵手的日子…………………045
8. 剑桥的日子…………………………049
9. 突发疾病……………………………055
10. 遭遇爱情……………………………059
11. 事业巅峰……………………………073

目 录

第三章
宇宙之王的人生

作为研究自然科学的著名科学家，在不了解他的人眼里，他也许就是一位奇怪的名人。在熟悉他的人眼里，他热爱生活，热爱艺术，除了宇宙研究，他兴趣广泛，爱好音乐和表演。在电视剧《辛普森一家人》和《生活大爆炸》中，他扮演了不同的角色，他的表演也赢得了观众的认可。高端大气的霍金，在几十年的生活中，却过得并不容易，每一天，他都在同疾病搏斗，但是，他面对疾病，却是乐观向上的。

12. 婚姻那些事儿（一） ………… 083
13. 婚姻那些事儿（二） ………… 088
14. 陪伴是一种幸运 …………… 098
15. 与疾病搏斗 ………………… 103
16. 超级巨星霍金教授 ………… 111
17. 霍金的大爱 ………………… 118
18. 超级讲演家 ………………… 122
19. "霍金热"的思考 …………… 128
20. 关于《乔治的宇宙》 ………… 133

第四章
通往自然科学之路

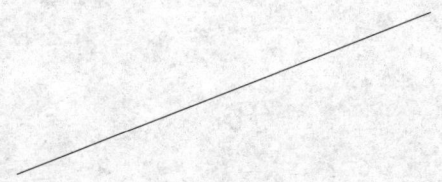

从十七岁考入牛津大学,开始接触自然科学,一直到七十三岁,还在研究宇宙。在长达五十六年的科学研究中,霍金取得的成绩是巨大的,他发现了引力波,发现了黑洞,提出时间旅行的说法,还用通俗易懂的语言写出了一本畅销书《时间简史》。如果把霍金比喻成科学界的星星的话,他绝对不是流星,也不是彗星,他是恒星,永远闪烁在科学的星空中。

21. 宇宙大爆炸和黑洞理论……………………143
22. 访问美国加州理工学院………………………149
23. 关于时间旅行和引力波……………………157
24. 遭到质疑………………………………………164
25. 果壳中的宇宙…………………………………170
26. 宇宙之王预言的警示和他的外星探索……178
27. 关于时间的畅销书……………………………188
28. 霍金的虚时间和无边界……………………205
29. 成名后的烦恼…………………………………208

目 录

第五章
斯蒂芬·霍金的中国行

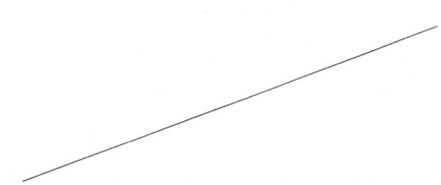

霍金曾三次到过中国，他去过安徽合肥，去过杭州，去过香港，去过北京，参观了长城和天坛。霍金的中国行，引发了"霍金热"，当年，在中国只卖出500本的《时间简史》，却成为畅销书，排在各大图书销售网站上，霍金本人也成为很多青少年的偶像，很多读者被霍金顽强的精神打动，他的传记更成为励志图书，成为青年们的必看书籍；霍金用自己的行动告诉全世界的人：他的身体是有残疾的，但是，他的心灵没有残疾，只要活着，就是希望。

30. 第一次中国行……………………213
31. 第二次中国之行…………………217
32. 第三次中国之行…………………222

附　录／228
后　记／244

第一章
宇宙之王的童年

提起童年,会让人想到母亲的拥抱和父亲的微笑,还有玩具和糖果。霍金的童年与普通孩子在玩耍方面的天性是一样的,他喜欢玩具,尤其喜欢火车,他不喜欢上了发条才能转动的火车,而是喜欢电动玩具火车。霍金不仅仅只会玩耍,他还发明了一款棋类游戏,宇宙之王的发明欲望是从童年开始的,他有着自己别样的童年。

第一章 宇宙之王的童年

1. 宇宙之王的父亲母亲

在我的书桌上放着一本霍金的自传,书名是《我的简史》。在这个炎热的夏天,我打开这本书,静静地读着。书的第八页,是一张霍金童年时代的黑白照片,照片上的他大概只有三四岁的样子,看不清头发和眼睛的颜色。想象中童年时代的霍金,应该是个黄头发、蓝眼睛的可爱男孩。他像普通的三四岁男孩一样,对着相机露出天真的表情。

儿时的霍金很纯真,他没有想到,在他以后漫长的人生中,会坐在轮椅上研究宇宙,他也没有想到,正因为坐在轮椅上,他才能抛开俗世的烦扰,专注于探索。人生就是这样,当它对一个人关闭一扇门的时候,就会为那个人打开一扇窗。

霍金的父亲名叫弗兰克,出生在英格兰约克郡,是佃农世家。霍金的曾祖父名叫约翰·霍金,他虽然也是农人,却很富有,后来却破产了。导致他破产的原因是:他买了很多农场,却赶上农业不景气的时代。霍金的祖父名叫罗伯特,他很想帮助父亲恢复农场的生机,但遗憾的是,罗伯特也破产了。幸而,霍金的祖母有一套房产,她办了一所学校,每年能有点收入,可以养活自己和孩子。母爱是伟大的,她办学挣来的钱,都寄给了在牛津学医的霍金父亲。

就这样,霍金的父亲开始了在牛津大学学习的生活。他学习优异,获得了很多奖学金,还经常会把用不了的钱节省下来寄给父母。后来,霍金的父亲开始研究热带医学。

霍金的父亲是一位爱国者。第二次世界大战爆发时，他正在东非研究当地的地方病，听说战争爆发了，立即启程横穿非洲大陆，乘船返回英国，报名参军，想到前线为祖国而战。但有关部门告诉他，他的医学技术和研究对国家更有用处。所以，他没上前线，而是进入了一个医学研究所。在那儿，弗兰克遇到了他的妻子伊莎贝尔。

霍金的母亲伊莎贝尔出生在苏格兰的邓福姆林，她的家庭情况与霍金父亲的家庭情况相似，都不富裕，甚至达不到小康的生活水平。霍金的母亲在家里排行老三，霍金母亲的大姐患有唐氏综合症，她一直与保姆生活在一起，13岁的时候去世。虽然霍金母亲的家庭不富有，但霍金的外祖父和外祖母支持女儿上大学，霍金的母亲以优异的成绩考入牛津大学。

霍金的母亲从牛津大学毕业后，做过很多工作，她当过税务稽查员，这个职业她一直不喜欢，后来，她改行去了医学研究所从事秘书的工作。在外人看来，秘书的工作是份轻松稳定的工作，很多大学毕业的女孩，在第一次进入职场的时候，都喜欢选择秘书工作。虽然，我不知道毕业于名牌大学的霍金母亲，她选择秘书职业究竟是为了什么，但我可以肯定的是，她可能也喜欢这份稳定的工作。

很快，霍金的母亲就喜欢上了这个职业，她没有想到，这份工作给她带来的不仅仅是稳定的收入，而且在这里，她遇到了自己的初恋，也遇到了她未来的丈夫。当霍金的母亲第一次见到身材高大、毕业于牛津大学的弗兰克·霍金的时候，她就喜欢上了他，喜欢他有两个原因：第一个原因是弗兰克是她的校友；第二是弗兰克有很多在国外的冒险经历。其实，还有一个更重要的原因：他们都是知识分子，有着共同的兴趣爱好。

于是，像很多情侣那样，两人相爱了。浪漫的爱情过后就是步入婚姻的殿堂，结婚的第一步就是要找一个居住的地方，他们选择了伦敦北郊的海格特。

霍金出生后不久，第二次世界大战结束，霍金的父亲弗兰克担任了国

第一章 宇宙之王的童年

立医学研究院寄生虫部的主任。1950年，他们搬家了，搬到圣奥尔本斯镇希尔赛德路14号，那个地方位于伦敦北部20英里。

20世纪50年代的圣奥尔本斯镇是个繁荣的地方，那里居住的都是英国的中产阶级，人口不是很多，只有18万。虽然战后人们的生活有所改善，街上汽车却很少，那时候，没有高楼，人们在街上步行，能感受到和平的美好和宁静，经历过战争的人们，更加珍惜阳光，珍惜和平。

弗兰克夫妇虽然是知识分子，可邻居们很少和他们交往，因为他们家庭成员之间说话的语速都很快，外人根本都听不懂他们在说些什么。调皮的同学把霍金说的话称之为"霍金语"，而"霍金语"被当作是笑话，有的同学会用"霍金语"嘲笑霍金。霍金的父母家里，有很多书，这个书香门第可不仅仅喜欢藏书，霍金的父亲还喜欢收藏标本和奇怪的石头，甚至还有一些稀奇古怪的玩意儿。虽然室内也打扫得干净整洁，可他们却从来不重视房屋的维修。

霍金的父母有个习惯，地毯只要不破烂就要永远用下去，屋里的家具只要不损坏也要继续用下去。甚至墙上贴的壁纸脱落下来，他们也不会找时间重新把壁纸贴好，因为他们觉得没必要做那样的事情。走廊到处都是掉落的石灰，看上去很难看，他们也不在意。

其实，每个家庭对待消费的观念是不同的，有的家庭有钱了，会把钱用来装修房子和购买家具；有的家庭拿钱去旅游；有的家庭会拿钱去做一些理财方面的投资。霍金的父母却在20世纪50年代的时候，花钱买了一辆福特车，那辆车的颜色是绿色的。当时，私家车并不流行，当他们开着福特车去旅游的时候，周围的邻居们都对他们投来奇怪的目光，邻居们都不明白：他们有钱去买车，却为什么不花钱把家装修一下，为什么不花钱更换壁纸？

在圣奥尔本斯镇的邻居们眼里，霍金的父母还有一种"不良习惯"，那就是允许他们的孩子在吃饭的时候看书，孩子们看完书后，还要在饭桌上谈论一些观点和看法，这更是被邻居们视为异类。

在弗兰克的家里，有一点是必须要做到的：作为弗兰克的孩子，必须要通过自己的努力考上牛津、剑桥大学，并且还要拿到奖学金。因为，虽然当时在圣奥尔本斯镇，作为中产阶级的弗兰克夫妇能挣到不少的钱，但是，他们需要抚养四个儿女。孩子多了，生活开销自然就大，除了必要的生活费，他们拿不出更多的钱让四个儿女都上名牌大学。于是，他们就在家里立下规矩，儿女必须拿着奖学金去上大学。后来，除了他们收养的儿子爱德华，其他三个儿女都拿着奖学金去名牌大学读书了。

我想起一件有趣的事情，霍金成名后，有一位记者采访他，曾问过这样一个问题："您家的一位老朋友说过，你的家庭是拥有'高度智慧，非常聪明而且非常怪异的'，你觉得这话正确吗？"

霍金是这样回答记者的："对我的家庭是否智慧我不想做太多的评论，但我们自己肯定不认为是怪异的。我想，要是按照圣奥尔本斯的标准也许显得如此。我们在那里住的时候，那里就是个相当严肃的地方。"

在很多读者的眼里，霍金正因为生长在知识分子家庭，父母都是在事业方面积极进取的人，所以，霍金即使坐在轮椅上，他也会在事业上获得成功。有人说，霍金的成功，是因为遗传基因好，他的父母都是毕业于牛津大学的高材生。不过，我想说，一个人的成功关键不在于遗传，更在于兴趣、爱好和个人的努力。如果仅仅只有遗传基因，后天不刻苦努力，霍金也不会在事业上取得成功。

霍金的母亲名叫伊莎贝尔，她在20世纪30年代是一名共产党员。不过，到了50年代，苏联共产党遭到清洗之后，她的兴趣开始转向工党。作为母亲的伊莎贝尔经常参加政治集会和游行，每次参加政治活动的时候，她都要鼓励作为长子的霍金和她一起去，在母亲的影响下，霍金也开始对政治产生了兴趣，并把目光投向社会中的贫民，他希望能帮助弱势的群体。

霍金有个比他小14岁的弟弟，名叫爱德华，但他不是霍金的亲弟弟，

第一章 宇宙之王的童年

而是霍金的父母收养的孩子。作为养子,爱德华曾经说过这样一段话:"我的家是一幢非常大而阴暗的房子,它就像闹鬼似的那么恐怖。我在冬天早晨醒来时,房间里结满了厚霜。家里有一台不能正常工作的散热器,它被大厅里的一台储热器所取代。所有卧室都有火炉,但是在每间房里生火当然是不实际的,所以我们只在楼下生火。这整幢房子也许有点像一个大怪物。但是不管怎么说,它是我们的家,所以我们都喜欢它。"

在爱德华的眼里,这幢房子里虽然没有豪华的家具,没有典雅的装饰,但是他还是喜欢的,因为房间里有书,有父母的关爱,有他的家!

像很多追求知识、勇于探索、把事业当成生命的知识分子一样,霍金的父母也是这样的人,在他们的眼里,豪华的物质生活不是他们的追求,而是更注重人生的价值。在这样的环境下长大的霍金,才会在事业上做出其他人都没有做过的事情,成为在爱因斯坦之后的又一位伟大的天体物理学家。

这就是霍金的父亲和母亲的故事。

长大后的霍金,也凭着自己的努力,考入了剑桥大学。很多人都知道,英国有两所著名的大学:剑桥和牛津,在那里读书的学生,都是英国最优秀的学生,很多大师级的专家和教授都诞生在那里,比如,牛顿和达尔文。

优秀的父母,培养出的孩子也是优秀的,从遗传学上来说,也是有一定道理的。正因为霍金诞生在高级知识分子家庭里,有好学上进的家庭熏陶,霍金才会有今日的成功。

在霍金的著作《我的简史》中,他这样写道:"我的父亲弗兰克出生于英格兰约克郡的佃农世家。他的祖父,即我的曾祖父约翰·霍金曾是一位富庶的农人,可惜他购进了太多农场,而在上世纪初农业不景气时破产。他的儿子罗伯特——我的祖父试图帮助他的父亲,但自己也破产了。幸运的是,我的祖母在巴勒布里奇拥有一幢房子,她在那里办学,并由此获得微薄的收入。这样他们就能设法送自己的儿子去牛津学习医学。

我的父亲赢得过一系列奖学金和奖金，除去自己花销，还能节余一些钱寄给父母。后来他进入热带医学研究领域，并在1937年旅行到东非作考察研究。二战开始时，他作了一次横跨非洲的陆路旅行，到达过刚果河，然后乘船回到英格兰，志愿做军事服务。"

霍金的《我的简史》，其实就是一部自传，与很多名家不同，霍金没有在自传里对父母、祖父祖母以及外祖父母做细致的描写，而是用简单的语言就把家族的长辈描述得清楚明白，可能这也是理科生与文科生的不同。霍金也没有在自传里详细地描写他童年居住的那个城镇，也许是因为那时候的他还很小，也许是因为其他原因。

于是，我开始借助互联网庞大的搜索系统，查找关于圣奥尔本斯镇的资料。圣奥尔本斯是个历史悠久的城市，公元44年到45年，罗马帝国的军队来到这里，并且很快占领了这个城市。公元304年，罗马帝国开始迫害基督徒，这时候，一位名叫圣奥尔本斯的罗马士兵为了保护基督徒而被杀害，后来，基督徒们为了纪念被罗马帝国杀害的圣奥尔本斯，就在他被害的地方修建了一座修道院，后来慢慢就有了城镇，再后来，在这个神圣的地方，不断爆发战争。

第二次世界大战结束后，圣奥尔本斯的旅游业发展起来，很多影视剧都在这里拍摄，它已经成为知名的旅游城市。我想，不仅因为这里有悠久的历史，更因为宇宙之王霍金在这里成长，留下名人成长足迹的地方，更让很多游客流连忘返。

写到这里，我忽然想起一句话：父母是孩子的第一任老师。家庭环境是孩子成长的关键，中国的很多家长们，什么都为孩子想到了，可他们不知道的是，让孩子上一百个特长班，都不如父母在家里的一次吵架带给孩子的影响大。再聪明的孩子，如果他接触到的家庭环境是吵架和赌博，这个孩子永远不会成为大师级的人物。

很多家长都希望他们的孩子长大后会成为大师级的人物，但是，他们却不愿意给孩子买书，反而把钱花费在五花八门的特长班上。霍金小时候没有去过任何特长班，那个年代，特长班并不流行，不上特长班的霍金也照样成为了大师，这也就打破了很多家长对特长班的那种膜拜心理。

有人说：大师来自于民间。我想说：真正的大师不是特长班培养出来的，而是经过刻苦努力磨砺修炼而来的。真正的大师都是谦虚低调的，而那些到处张扬的所谓的大师，其实都是滥竽充数的次品。不管是在哪个年代，真正的大师都是茫茫大海上的灯塔，能照亮人类前进的道路。

2. 那些遥远的童年记忆

童年，是每个人一生中最美好的时光。与青春相比，少了眼泪，多了欢笑，很多名人在自传里都会开心地回忆童年，有人把童年比作糖果，有人把童年比作摇篮，有人把童年比作诗。霍金的童年，既有糖果，也有玩具，还有两个可爱的妹妹和他一起玩游戏，霍金的童年是快乐的。与现在中国的孩子相比，霍金确实是幸福的，他不必去特长班，也不必写很多的家庭作业，更不会成为留守儿童。与其他孩子不同的是，霍金经常玩耍地方是科学博物馆，也许这就是为什么霍金长大后会研究天文学的原因吧？一个喜欢去科学博物馆参观的孩子，他长大后的理想一定是当个科学家。

霍金研究天文学，完全与他的天赋和兴趣有关。更有趣的是：霍金的出生日也是伽利略的忌日。霍金和伽利略，这两个跨越几个世纪的天文学家，就是以这样有趣的巧合，碰撞在了一起的。

20世纪40年代，第二次世界大战还没有结束，到处是硝烟弥漫的战场，在英国、在美国、在欧洲、在中国，到处都是飞机的轰炸，随处都能听到枪声。9月6日，德国的战机在英国的首都伦敦扔下了很多炸弹，房屋被炸毁无数，居民被炸死炸伤，德国空军这样做，不但没有让英国人放弃抵抗，反而让他们明白：只有战斗才能保卫自己的家园。

这时，霍金的母亲伊莎贝尔却怀孕了。战争是残酷的，面对腹中的生命，伊莎贝尔做出一个决定：离开伦敦到牛津去。这个时候，离霍金出生只有一个星期的时间了。有人会奇怪：为什么要去牛津呢？原来，第二次

第一章 宇宙之王的童年

世界大战期间,德国为了避免哥廷根和海德堡被英国飞机炸掉,与英国签订了一个条约,约定德国不派飞机轰炸英国的牛津和剑桥。

伊莎贝尔只身来到牛津。一个怀孕的妇女来到一个陌生的地方,她的内心是不安的,好容易找到一家旅馆,想在旅馆里住几天,等快要生孩子的时候再去医院。可是令伊莎贝尔万万没有想到的是,当旅馆老板看到她隆起的腹部时,却拒绝了,并冷淡地说:"你要生孩子了,不适合住在旅馆里。"

在牛津,伊莎贝尔没有亲戚朋友可以投靠,她只好来到医院,医院接收了她。在住院的日子里,伊莎贝尔买了一本星象图,当霍金成为著名天文学家的时候,他的姑妈对伊莎贝尔说:"你真是未卜先知,在他没出生的时候就买了天文学方面的书。"

有人把这样的教育称为胎教,这些年笔者发现,胎教在中国非常流行,很多年轻的父母都很注重胎教的事情。霍金日后在天文学方面的成就到底与胎教是否存在关系,这其实并没有什么科学依据。个人认为,伊莎贝尔看星象图,只是出于个人的爱好,霍金研究天文学,那也是他长大后个人的兴趣和爱好,与胎教没有太大的关系。

霍金成名后,当记者问到这些事情的时候,他曾经这样调侃道:"我出生于1942年1月8日,刚好是伽利略逝世300周年纪念日,然而,我估计了一下,大约有20万个婴儿在同一天诞生。不知道其中有没有后来对天文学感兴趣的人。"

书桌上的那本《我的简史》,让我百看不厌。翻开,霍金婴儿时期的照片呈现在我的眼前,一张是父亲抱着霍金,可爱的小霍金瞪着小眼睛看着父亲;一张是母亲抱着霍金,他在母亲怀里甜甜地睡着。这两张照片,是霍金的珍藏品,也是所有热爱他的读者们最喜欢的照片。

霍金不是独生子女,他有两个妹妹和一个弟弟。大妹妹玛丽比霍金小一岁半,霍金并不喜欢这个妹妹,他们在童年的时候,关系不是太融洽,这恐怕也是因为年龄相差太小的缘故，谁也不会谦让谁，谁也不会照顾谁；成年后，霍金和大妹妹的关系反而变得融洽了。玛丽女承父业，成为一名医生，这让霍金的父亲非常开心。

霍金快五岁的时候，他的小妹妹菲力帕出生了，那个时候的霍金渐渐懂事，也有了一种当哥哥的意识，他很喜欢这个小妹妹，三个人经常在一起快乐地游戏。在霍金十四岁的时候，他的父母收养了一个小男孩，他就是霍金的弟弟爱德华，霍金说他"是一个相当难缠的小孩"。遗憾的是，霍金的弟弟在2004年去世了。

霍金出生十四天后，伊莎贝尔抱着儿子离开，返回了海格特，他们住在一幢维多利亚风格的房子里。这幢房子很大很便宜，因为这地方离伦敦很近，经常遭到德国飞机的轰炸，当地人都害怕房子被炸掉，房价就很低。对于没有多少收入的伊莎贝尔来说，能买到便宜的房子是最大的幸福。

在霍金两岁的时候，伊莎贝尔抱着他外出，家里只有霍金的父亲。就在这时候，德国军队发射了火箭，霍金家附近的一幢民居被炸毁了，幸运的是，霍金家的房子没被炸毁，霍金的父亲也没有受伤，路边却炸出了一个大坑，以后很长时间，这个大坑就成为霍金玩耍的地方。

很多年后，霍金在《我的简史》一书中是这样描写童年那段记忆的："我们住在一幢高大的、狭窄的维多利亚风格的房子里，这是我父母在二战时期以非常便宜的价格购置的，当时人人都以为伦敦将被炸平。事实上，一枚V-2火箭就落在离我们家只有几间房子远的地方。当时我和母亲、妹妹都出门了，只有父亲在家。幸运的是，他没有受伤，而房子也没有受到重创。但是在后来许多年路上留下了一个大弹坑，我经常和朋友霍华德在那儿玩。"

战争没有给霍金的童年带来伤害，却让他找到了乐趣；与他相比，世界上另外一些孩子却没有他那样幸运了。在霍金出生两天后，也就是1942年的1月10日，有一个代号为"T4"的小组杀害了一些特殊的儿童，这

第一章 宇宙之王的童年

些儿童都是身体有重大疾病的，共计10万。紧接着，德国人又制订了一系列计划，屠杀犹太人。

伴随着硝烟炮火，也伴随着父爱和母爱，不知不觉间，霍金已经两岁半了，这时候，作为知识分子的父母认为：为了避免孩子长大后会出现孤僻这样的毛病，就应该让他从小学会适应社会，与同龄的孩子多交往。像很多普通家庭的孩子一样，两岁半的霍金被父母送进了海格特的拜伦宫学校的托儿所。霍金与很多不爱去托儿所的孩子一样，他站在托儿所里大哭起来，身边的孩子们都在快乐地玩着玩具，他却不管不顾，只是大哭，在他的自传里，他用了"号啕"两个字，来形容他当时难过的心情。

很多幼儿教师都在研究幼儿在托儿所里哭泣的原因。虽然导致幼儿哭泣的原因很多，但是，霍金在自传里写的原因却是很有道理的，他写道："我只有两岁半，这是我第一回被放到我不认识的人中间，我很害怕。我认为我的父母对我的反应颇为惊讶，因为我是他们的第一个孩子，而且他们依从儿童发育教科书，书上讲孩子在两岁时就应该开始社交。"

很快，两岁半的霍金还是被父母带走了，他的"号啕"确实让父母感到不安，之后一年半的时间里，霍金没有再回到拜伦宫的托儿所。

霍金有个好朋友名叫霍华德，他是霍金的邻居，但是，霍华德的父母不是知识分子，后来，霍华德在郡立学校上学，霍金在拜伦宫上学，因为拜伦宫学校只招收知识分子家庭的孩子。霍华德喜欢的体育项目是足球和拳击，而这些运动项目都不是霍金的父母喜欢的。

在霍金撰写的《我的简史》一书中，有张照片吸引了我的注意，照片上的霍金只有三岁的样子，面前有一个铁轨，铁轨上有一列玩具火车，我无法辨认出究竟是上发条的火车还是电动火车，但是，我能从这张黑白照片上，看出童年的霍金对玩具火车的喜爱——虽然拍照的时候，他瞪大了眼睛看着前方，可眼睛的余光还是落在眼前的玩具火车上，我想，那一定是他的心爱之物。

霍金快三岁的圣诞节，父亲送给他一列小火车作为圣诞礼物。不过，那是一辆发条火车，而且不是新的，火车有点毛病，霍金的父亲用烙铁把它修理好，送给了霍金。

霍金人到老年后，在他撰写回忆文章的时候，他总是喜欢提到他和火车的故事，他是这样写的："另一个早期回忆是我得到的第一组火车玩具。二战时英国不制造玩具，至少不为国内市场制造。但是我对火车模型有强烈的兴趣。父亲试图给我造一列木质火车，但它没有使我满足，由于我需要某种自己能运动的东西。于是他搞到了一列二手的发条火车，用烙铁修理好，在我快3岁时送给我当圣诞礼物。"

每个孩子在童年的时候，都想要得到很多的玩具，尤其是那些会发出声音，而且还能运动的玩具，对孩子的吸引力是巨大的。后来，二战结束的那一年，霍金的父亲去美国出差。当父亲回到家里的时候，他的行囊里塞满了礼物。

送给霍金母亲的礼物是尼龙，这种东西现在看起来不是什么稀罕物，可在当时的英国市场上是很难买到的。霍金的大妹妹玛丽得到一个可爱的布娃娃，把布娃娃放在地板上，它的眼睛就合上了，玛丽玩得很开心。霍金也得到了一份礼物，是一列美国生产的玩具火车，有排障器和八字轨道，这让他爱不释手。霍金在老年时候写的回忆录描述了当时见到玩具火车时的心情："我还记得在我打开盒子时的激动。"

很快，霍金对这种上发条的火车玩腻了，他最大的心愿是拥有一列电动火车，不需要用手给火车上发条，它就能自动运转。海格特附近有个火车模型俱乐部，霍金有时间就跑到那里去，看别人是怎么设计火车的，一去就会在屋内待上好几个小时，霍金做梦都想得到一列电动火车。

霍金在邮局的银行里存了一点钱，想买一列电动火车。很快机会来了，有一天，父母都外出了，霍金跑到邮局，把钱取出来，然后去商店买到了他日思夜想的电动火车。玩了没几天，霍金发现，这列电动火车跑起来也

第一章 宇宙之王的童年

不是很快。霍金在回忆录里说:"令人非常沮丧的是,它也运行得不很好。"

霍金抱着电动火车回到商店,要求重新换一列运行好的,遭到了拒绝。那时候大家都认为,卖东西是一种特殊的权利,买的东西如果有质量问题,那也不能拿去退换了。霍金没办法,只能找到维修玩具的地方,维修工告诉他,马达坏了,需要维修,他只好又掏钱修好了马达,可修好后的电动火车运行还是不好,这让霍金彻底失望了。

从此以后,霍金开始研究飞机、轮船等各种模型的设计和制作,在他十几岁的时候,他发挥想象力和创造力,制作出了飞机模型和轮船模型,原本在手工制作方面很笨的霍金,却和学友一起制作了很多的飞机和轮船模型,他的目标很明确,就是能制作出一列他能控制得了的而且运行非常好的火车模型。

在童年的时候,霍金发明了很多复杂的游戏,而且还是系列的:有制造业游戏,还有战争游戏。在霍金的传记里,当他谈到游戏开发这件事情的时候,他是这样写的:"我想正是同一种动因驱使我和另一位学友罗杰·芬妮豪一道发明了一系列复杂的游戏。有一种制造业游戏,附有生产不同颜色产品的工厂,运输这些产品的公路和铁轨以及股票市场。有一种战争游戏,在包括4000个方块的板上玩,有的游戏中每一个玩家都是有家谱可查的整个王朝。我以为这些游戏,还有火车、船舶和飞机都是来自要了解系统如何运行和如何控制它们的强烈愿望。"

霍金的同学约翰在回忆霍金这个小小发明家的时候,曾说:"霍金对发明复杂游戏非常在行。"而他的另外一位名叫麦克的同学这样说:"他喜欢设计规则。他最大的成就是设计一种费时的游戏,大家围着桌子投骰子,要花整个晚上才能得到结果。这是一种迷宫。他喜欢创造一个世界,然后又创造统治这个世界的定律。他喜欢我们服从那些他制定的定律,并对此洋洋得意。"

霍金的母亲看到热爱发明和制造的儿子,感到很吃惊,当她回忆霍金的童年的时候,她说:"据我观察,这种游戏几乎取代了他日常的生活,要花好多时间。当时我认为这是种极可怕的游戏。很难想象有人能像他那样着迷。但是,我觉得这种游戏之所以能吸引他,就在于它被设计得十分复杂。斯蒂芬的思想是复杂的。"

我终于明白了霍金是如何喜欢研究宇宙的,正因为他痴迷于研究所有可以运行的物体,最终他选择了探索宇宙,因为宇宙也是在运行的物体,正像他在回忆录中说的那样:"如果你理解宇宙如何运行,在某种程度上,你就控制了它。"

虽然,霍金在童年的时候就表现出了非凡的才能,是个小小发明家,可是,在邻居们的眼里,霍金和他的两个妹妹都很奇怪,尤其是他和小妹,两人的头看上去都很大,与身体的比例有些不协调,脸颊都是粉红色的,这让喜欢看红脸蛋的人们,有些不适应,有邻居就曾对记者这样说:"他们的一切和常人看起来都不一样。"

霍金的母亲伊莎贝尔有一辆看起来很旧的儿童车,她就用这辆很旧的儿童车推着兄妹三人进进出出。不是因为他们的收入太低,买不起新的童车,他们都是知识分子,收入也不错。所以,在一个收入不错的知识分子家庭里,家庭主妇推着一辆破旧的儿童车,确实让人不可思议,这也是邻居们感觉他们古怪的原因之一。

童年的霍金有着很多奇思妙想,在圣诞节的那天,妈妈带他去看童话剧《阿拉丁》,当他看到童话剧的结尾,阿拉丁的宫殿慢慢地升上天空时,霍金瞪大眼睛好奇地看着。在回来的路上,他对妈妈说,他要去寻找那座升上天空的宫殿。他的逻辑是:天空虽然浩瀚,可宫殿是不能停留在太空中的,总有一天,宫殿会落回到大地上,他要去看看,宫殿是怎样落到大地上的。霍金的举动最终被母亲劝住了,那天晚上,睡梦中的霍金估计都在探讨这个问题。

每个孩子童年的时候,都会有些特别的举动,在理解孩子的家长眼里,孩子会被夸赞为富有想象力和探索精神，家长还会从积极的方面去培养孩子；在不理解孩子的家长眼里，孩子可能会被说成是怪异，这样的家长，就会把孩子带入到一个怪圈里，时间长了，孩子也会以为自己是怪人，长大后逐渐就成为一个性格古怪的人。

霍金的母亲善于观察孩子的一举一动，她曾回忆说："霍金总是能感受到奇妙的事物，我看得出来，星星很吸引他，而且他的想象力驰骋到星空之外。"

在家里，给霍金带来更大影响的是他的父亲弗兰克。弗兰克每年的冬天都要拿出三个月的时间去非洲，他不仅要去那里给非洲人民治病，还要研究疑难杂症，研究复杂的医学问题，其中包括一些传染病。比如：1937年，他拿着奖金在非洲研究过两年的睡虫病，这种病非常可怕，感染疾病的初期总想睡觉，然后是消瘦、昏迷，最后心脏停止跳动。

弗兰克在医学方面的钻研精神，作为家庭的正能量，对霍金的成长也是有益的，这种影响非常大。虽然弗兰克不是天天和霍金在一起，但有时候，行动比说教对孩子的帮助更大，在钻研型家庭长大的孩子，霍金自然而然地从小就有探索和钻研的精神。

3. 霍金的弟妹们

翻开霍金撰写的《我的简史》，最温馨的是一张黑白照片。照片拍摄于上个世纪，那是霍金和两个妹妹的合影，霍金坐在左边，脸上带着微笑；右边那个金发女孩是霍金的大妹妹玛丽，长长的金发披在肩上，对着镜头开心地笑着；坐在中间的是霍金的小妹妹菲利帕，胖嘟嘟的圆脸，金色的短头发，可爱的娃娃脸。幸福与快乐就这样被定格在那一瞬间。

在家庭里，最难相处的是兄弟姐妹之间的关系，最难当的是哥哥姐姐，霍金作为两个妹妹和一个弟弟的哥哥，在很小的时候，似乎就感觉到了某种责任。《我的简史》这本书中，在回忆童年的时候，霍金是这样写的："我的妹妹玛丽在我诞生之后的18个月出生。我听长辈说，我并不欢迎她的到来。她成为一名医生，这使我父亲很高兴。我的妹妹菲利帕在我快5岁时诞生，这个时候我就能较清楚地明白发生了什么。我能记得盼望着她的来临，这样我们就可以三个人一起玩游戏。我的弟弟爱德华是晚很多才被我家收养的，那是在我14岁时的事，所以他几乎没有进入我的童年生活。他和我们其他三个孩子非常不同，是完全非学术、非智力型的，这或许对我们是一件好事。他是一个相当难缠的小孩，但是人们禁不住喜欢他。他死于2004年，死因永远无法确定；最可能的解释是他用于翻修其公寓的胶发出的烟雾使他中毒。"

霍金对妹妹和没有血缘关系的弟弟都是有感情的，骨肉之间的亲情，那是割不断的。当人到老年的时候，当爱情逐渐淡出生活的时候，这份感

第一章 宇宙之王的童年

情便显得尤为重要。霍金经常会想起,在美丽的沙滩上,童年时候的兄妹三人,在海边吹着海风,尽情玩耍,阳光、沙滩、海浪,还有三个淘气的孩子,组成了一幅温情的画面。

在母亲伊莎贝尔空闲的时候,她不会带着孩子们去游乐场和动物园,而是会带着孩子们去博物馆参观,她会根据每个孩子的兴趣爱好,选择性地带他们去各种博物馆。比如,伊莎贝尔总是带霍金去科学博物馆,带玛丽去自然历史博物馆,带最小的女儿菲利帕去艺术博物馆。这样,三个孩子都会高兴的。

在奥斯明顿米尔斯的场地上,停放着一辆大篷车,那确实是一辆吉卜赛人用过的大篷车,是霍金的父母为了度假而购买的。这个地方靠近韦茅斯,位于不列颠南海边。为了不引起更多人的关注,霍金的父亲买来油漆将它刷成了绿色,看上去就像一个"绿色的怪物"。大篷车里有一张双人床,还有一个密柜,霍金的父母睡在双人床上,三个孩子睡在密柜里。为了孩子们的安全考虑,霍金的父母还在大篷车里安装了双层床,而且还是带梯子的,霍金的父母每晚都在军队的备用帐篷里面过夜。

《我的简史》里有一张黑白照片,霍金和他的两个妹妹在大篷车上开心地玩耍,四周环绕的是绿树。离开喧嚣的城市,让孩子们生活在绿色环保的大自然,对孩子的身心健康都是有益的。这辆绿色的大篷车给三个孩子带来了快乐童年,也让他们在成年后,每次回忆儿时的时候,都是美好的。

从这些生活照中可以看出,霍金作为哥哥,和弟妹们相处得很好。在大篷车里,他们度过了很多快乐的时光。直到1958年,县政会想办法搬走了那辆绿色的大篷车,从此,他们失去了在大篷车过暑假的乐趣。

霍金的自传《我的简史》曾这样写道:"我的父母为度假买了一辆吉卜赛人的大篷车,把它安放在奥斯明顿米尔斯的场地上,其地邻近韦茅斯,在不列颠南海边上。吉卜赛的原主曾把这大篷车装修得美轮美奂。我父亲将它全部漆成绿色，使之不那么引人注目。这大篷车有一张父母睡的双人床，还有在下面给孩子们睡的密柜，但我父亲利用军队备用担架把它改成带梯子的双层床，而我们父母睡在隔壁的军队备用帐篷中。一直到县政会在1958年最终设法把这大篷车移走为止，我们都在那里过暑假。"

在霍金的前妻简的回忆录《飞向无限》中，简在谈到霍金的妹妹和弟弟的时候，曾这样写道："斯蒂芬·霍金的妹妹们在这所学校学习的时间较长，所以我对她们的印象也清晰些。玛丽是两姐妹中较大的，只比斯蒂芬小十八个月，性格古怪，十分与众不同。她身材丰满，常常衣衫不整，心不在焉，却被一副厚厚的眼镜挡住了，实在不敢恭维。菲利帕比斯蒂芬小五岁，她眼神明亮，比较情绪化，一头金发，常扎着短辫子，圆圆的脸蛋红扑扑的。"

圣奥尔本斯女子学校的小学生们不喜欢与他们生活习惯和方式不一样的同学。比如，简的父母经常开的汽车是一辆站前标准10的汽车，这在学校里不是最差的。最与众不同的是霍金的父母，他们竟然开着一辆看起来有点老旧的伦敦出租车。因为霍金的父母经常开着伦敦出租车接送他，霍金成为学校同学们嘲笑的对象。为了不让同学耻笑他们，霍金和妹妹们总是会趴在出租车里，但是，简坐在标准10的汽车里，没有地方可以躲藏。

简在回忆录里谈到霍金父母收养的小儿子爱德华的时候，她这样写道："当我刚认识霍金一家的时候，爱德华才八岁，已经长得十分英俊并且魅力十足。不过他发现在收养家庭中，与家里人交流变得越来越困难了——或许是因为他们习惯在餐桌上聊书籍，而那些不读书的人在他们眼里就相当于不存在。"

成名后的霍金，最看重的还是手足情，兄妹们会找时间聚会，谈谈生活，谈谈艺术，谈谈人生，回忆一下他们童年经历过的时光。翻看《我的简史》，最打动我的是那些兄妹在一起玩耍的黑白照片，那些开心的美好时光，那些珍贵的人生片段，都会随着日渐长大，而逐渐被封存在记忆的保险柜里。

对于霍金来说，人到老年，他更懂得珍惜那份割舍不断的手足情。在这个茫茫红尘中，最靠谱的是亲情。至于爱情和友情，那些东西都是可遇不可求的，那是缘分，缘来则聚，缘分没了，也就逐渐淡了。霍金的妹妹们，都成了知识分子，有了一份稳定的工作和收入，有了自己的家庭；霍金的弟弟，虽然没有血缘关系，但彼此也相处融洽。手足之间能够相携相扶，不离不弃地陪伴到老，人生无憾。

不管在外人的眼里，霍金兄妹有多么古怪，但是，他们彼此之间却相处得很好，只要兄妹情深，再多的风雨，再多的坎坷，也会携手一起闯过，一起微笑着面对未知的人生。

4. 霍金的小学时代

1950年，霍金八岁。他的父亲弗兰克在国立医学研究所工作，这个研究所位于伦敦北面的米尔山。霍金的全家原来住在海格特附近的汉姆斯特德，那里离霍金父亲的单位很远，需要穿梭在两个城市之间，为了工作和生活的方便，他们选择了搬家。为了能有个永远的家，让孩子们感受到家庭的温暖，霍金的父母买了一幢不错的房子，这幢房子位于圣奥尔本斯的教堂城，教堂城离米尔山以北大概有十英里的路程，离伦敦中心以北有二十英里的路程。

霍金的父母很喜欢这幢房子，那是一幢维多利亚风格的房子，看起来就像一位优雅的女士。当年，霍金的父母没有多少钱，攒的钱都买了房子，因为搬家之前就装修了房子，自从住进那幢房子一直到霍金的父亲弗兰克去世，期间再没有装修过。为了不让房子看上去很古老，弗兰克的办法就是每年都给房子刷油漆，这个主意看上去还不错，周围的邻居们从外面看去，这还是幢新房子。

1985年，霍金的父亲弗兰克患上了重病，去世的前一年，他把房子卖了出去。很多年后，霍金又看到了那幢留下他童年记忆的老房子，让他惊讶的是，可能因为这幢房子当初建造得非常坚固，一直都没有被重新修整过的痕迹。

房子里面竟然还有为用人准备的房间，霍金在食品储存室里发现了一块指示板，上面标注着哪个主人会在哪个房间按铃。霍金觉得这个指示板

第一章 宇宙之王的童年

放在家里是没有用的废物,那时候,他的父母是没有钱雇用人的。霍金住在以前女仆居住的房间内,形状是 L 型的,霍金之所以会选择这间,那是因为他的表姐萨拉说,他们可以在房间里开心地玩耍。而且这个房间最吸引霍金的地方是,窗外有个自行车棚,他可以打开窗户爬到自行车棚上,然后再从车棚顶部返回。

成年后的玛丽回忆起哥哥霍金的这段童年往事时,说:"斯蒂芬曾经计算过,共有 11 种进屋的方法,我只能找到其中 10 种,迄今仍然不知道这第 11 种是什么方法……他是比我强得多的攀登者,但我不清楚哪里还可以进入。不可能是门廊的上方。这个门廊在当时就已经相当腐朽了,上面有许多玻璃,门后面是温室,它在那时候就差不多已经败坏了,每次刮风的时候,总有一些玻璃片被吹落下来。"

霍金和表姐萨拉的关系一直很好,后来萨拉成了医生并且和一名精神分析学家结了婚。他们都喜欢乡村生活,所以选择在哈彭登居住,他们的房子竟然和霍金父母购买的房子很相像,两家离得很近,霍金有空的时候,就会坐着公共汽车去看望他的表姐。

圣奥尔本斯在中世纪的时候曾经辉煌过,这里的修道院当时是大不列颠最富有的修道院。关于圣奥尔本斯,霍金在他的自传里描写得更加详细:"圣奥尔本斯自身紧挨着维鲁拉米恩古罗马城废墟,后者是不列颠仅次于伦敦的最重要的罗马人定居地。它是环绕着圣奥尔本斯的圣陵修建的,据说这位罗马百夫长是在不列颠因信仰基督教被处死的第一人。修道院遗留下的一切就是非常大并相当丑的教堂和陈旧的入口建筑物,后者是我后来入学的圣奥尔本斯学校的一部分。和海格特或者哈彭登相比,圣奥尔本斯有点乏味和保守。我父母在那里几乎没有朋友。"

在这个基督教盛行的城市,到处都能见到教堂和陈旧的建筑物。后来霍金就读的圣奥尔本斯学校,也总有一些保守的作风。在圣奥尔本斯,霍金的父母没有一个朋友,除了工作和家庭,他们看起来是那样的孤独。这也不能说是因为霍金父母不合群，而是在这座城市，知识分子很少。

懂得一点社会学的人都知道，社会是按照群体来划分的。由于霍金的父母是知识分子，他们周围的邻居都不是知识分子，所以，他们和周围的邻居们就很难进行深层次的交往和沟通。这也正是中国人经常说的一句俗话，"物以类聚，人以群分"。霍金就曾说过："我在圣奥尔本斯的学友的父母总无人称得上是知识分子，在邻居们的眼里，霍金的一家人是古怪的。"

在自传里，霍金谈到童年在圣奥尔本斯的生活的时候，他是这样写的："我们家在海格特似乎是相当正常的，但在圣奥尔本斯我以为我们肯定被认为是古怪的。我父亲的行为加深了这种看法：只要能省钱，他对外表毫不在乎。他年轻时家里非常贫困，这给他留下了长久的印迹。他不能容忍花钱图自己舒服，甚至在以后岁月里他能做得到时也依然如此。他拒绝安装集中供热，尽管他冻得很难受。他宁可在通常的衣服之外罩上几件毛衣和睡袍。可是他对别人却异常慷慨。"

霍金到了该上学的年龄，父母送他到高等女校读书——那时候的女校也接收10岁以下的男孩子。在很多年后，简在写回忆录的时候，是这样概括霍金的这段人生经历的："我7岁时进入圣奥尔本斯女子学校，成为一年级的学生。有一段时间，隔壁教室靠墙边的位置常常坐着一个少年，一头松软的金黄色头发……我从没有和他说过话，他当然也从来没有注意到我的存在。不过，我的记忆是很准确的，因为斯蒂芬那时确实在那儿读了一个学期，然后进入几英里外拉德莱特预备学校。"没有人能知道霍金是否喜欢这所学校，他只在这里度过了一个学期。他的父亲去非洲旅行了，这次旅行的时间是四个月。霍金母亲知道后，做出了一个决定：她要带着霍金和两个女儿去位于马略卡的西班牙岛上看望她的学友贝里尔。

霍金母亲的学友贝里尔嫁给了一个诗人，住在一个村庄里，那个村庄名叫德亚。二战结束已经有五年了，但西班牙的政权仍然掌握在独裁者的

第一章 宇宙之王的童年

手中,这位独裁者执掌政权达到了二十年。当年,霍金的母亲带着三个未成年的孩子,乘坐火车和轮船到达了马略卡。在马略卡,他们居住的房子是租来的,周围是绿树和大海,环境优美,空气清新。这里没有学校,但难不倒霍金的母亲。霍金母亲的学友贝里尔有个儿子威廉,也到了该上学的年龄,两位母亲商量了一下,就请了一位私人教师来教他们学习。遗憾的是:这位私人教师是贝里尔丈夫的学生,他的兴趣和爱好是为爱丁堡节写剧本,他根本不喜欢教孩子读书。看到霍金和威廉闲着没书读,私人教师就让他们每天读圣经,还要按照圣经的内容写文章,目的就是为了让两个男孩知道英文是最美的语言。

霍金后来说:"在我离开之前我读了'创世纪'全部和'出埃及记'的部分。从这次训练中我学会的一个主要东西是不能用'以及'开句。"

这种枯燥的语法学习对两个儿童来说,简直是受罪。霍金向教师提出:圣经中大多数句子都是以"以及"开头的。教师给出的答案却是:"从詹姆斯王之后英语已经改变。"

霍金哭笑不得地说:"既然是这样的,还有必要让我们读圣经吗?"

再争辩也没有用处,一切还是照样进行。私人教师继续写他的剧本,霍金和威廉继续学习圣经,然后围绕圣经写文章。更重要的是,当年,威廉的父亲对圣经中的象征主义和神秘主义非常热衷,即使霍金再能争辩,也是无能为力的,没有人能够帮助他们,包括他们母亲。

不久,不列颠节开始举办了,为了让孩子们去世博会上看一看,霍金的母亲带着孩子回到了英国。世博会是由阿尔伯特王子组织的,主要是庆祝不列颠在战后重新站立起来。世博会的地点是在泰晤士河的南岸,这次世博会,确实让童年的霍金开阔了眼界,增长了很多知识。很可惜的是,世博会到了秋天,就停办了,因为英国的保守党赢得了大选,保守党不喜欢世博会,世博会被迫关闭。看来,在英国也是这样,保守与开放,始终在较量着,谁赢得了政权,谁就掌握了话语权,这也就是权力带给统治者的疯狂。

在谈到世博会的时候，霍金的话语就变得沉重："在不列颠节开始之际我们返回英国。这个节是工党政府想再造1851年世博会辉煌的想法。那回世博会是阿尔伯特王子组织的现代意义上的首次世博会。这次节庆祝不列颠从二战和战后的艰辛中解脱出来。它在泰晤士河南岸举行，新的建筑形式和新的科学技术让我大开眼界。然而，这个展览会是短命的：那年秋天，保守党赢得选举并将其关闭。"

霍金十岁的那一年，英国教育部门出台了一个11加考试，什么是11加考试呢？其实就是智力测验。在报名的儿童中，通过智力测验，挑选出一些聪明孩子去学术中学读书，剩下的孩子送去非学术的中学读书。这种选拔也有一个好处：那就是不分地位和等级，工人的孩子和中下层的孩子也能考入大学读书。但是，很多中产者的父母提出抗议，他们认为：这种选拔方式会毁了孩子的一生，这样的"一选定终生"是误了孩子的前途。父母的抗议还是有很大的作用，20年后，也就是1970年，不列颠取消了11加考试，开始在国内实行综合性教育。

20世纪50年代的英国教育确实是存在等级的，学校分为两类：学术的和非学术的。学术型学校按照学生的考试成绩分为A组、B组和C组。这种严格的选拔方式，对学生来讲是不公平的。考到A组的学生虽然是佼佼者，但是，他们仍然要面对更加激烈的竞争，竞争究竟是如何激烈？我引用霍金传记的一段话，读者就明白了，霍金这样写道："基于11加考试成绩，我被放在圣奥尔本斯学校的A组。但是第一年过后，凡是在班级名次后于第20名的都被分配到B组去。这对他们的自信心是毁灭性的打击，有些人永远不可能恢复。"

像霍金这样聪明的学生，在圣奥尔本斯的两个学期，分别考了24和23名，眼看就要面临被淘汰的危险，他努力学习，终于在第三学期考了个18名，才没有被降到B组；可是，对B组和C组的学生来说，他们的前

第一章 宇宙之王的童年

程就这样被毁了,再也没有了通往成功的机会和桥梁。

当霍金回首这段往事的时候,他对当年不公平的教育制度提出了自己的意见。在教育方面实行这种残酷的淘汰制,对孩子的成长是不利的,幸好以后撤销了这种考试,如果不撤销的话,教育就谈不上是培养人才,而是在培养考试机器,一旦孩子们都培养成了考试的机器,那这种教育一定是失败的。

当年,读小学一年级的霍金,并不是个成绩优秀的孩子,考试的时候,他的各科成绩加在一起的总分很低,在全班排名是倒数第三,霍金的母亲看到儿子的考试成绩,非常担心他的前途。

伊莎贝尔对霍金说:"孩子,你在学习方面真的这么差吗?"

霍金眨了眨眼睛,立刻回答了母亲提出的这个问题:"其他人也好不到哪里去。"

伊拉贝尔听完霍金的回答,哭笑不得。

霍金在小学三四年级的时候,曾经热衷于宗教。他在小学三年级结束的那一年,还获得过学校颁发给他的"神学奖"。但是随后,霍金逐渐恢复了理性,他是个理性的人,即使处于宗教狂热期,他的头脑也是清醒的。

由于年龄小,霍金和他幼年时代的朋友丘奇又迷恋了一种名叫"超感官知觉"的神秘主义,刚开始他以为,超感官知觉可以做实验。后来他发现,这种神秘主义,都是所谓的大师表演出来的,根本没有科学性,相信神秘主义的人,其实都是缺乏分析能力的人,所以,他还是和这种神秘主义保持着一定的距离。他从小就具备成为一位优秀的科学家的潜质,不管对待宗教还是神秘主义,都不会去绝对的崇拜或过分的热衷。

霍金的朋友丘奇曾回忆说:"有一次我突然感觉到,斯蒂芬是在故意怂恿我,好让我自己愚弄自己。我感到他在居高临下地看着我。就在这一瞬间,我第一次意识到他很不寻常,他不只是一般的聪明和有创造性,而是鹤立鸡群。如果你愿意,说他有点高傲也可以。仿佛这世界上的一切他都尽收眼底。"

童年的霍金,跟随父母,带着弟妹们从这个城市迁移到那个城市,在我的眼里,那是一种漂泊的日子,在这样四处搬家的岁月里,霍金和他的弟妹们慢慢长大。当他们再睁大眼睛的时候,就好像进入了魔法时刻,因为当他们看到镜子中的自己时,都感到有些陌生了——不知不觉中,童年远去,少年时代已经开始。

与童年说再见,告别童年,每个孩子心里都有不舍,都有想要表达的欲望,这种对童年的不舍,有专家说:那是因为孩子害怕长大。不管孩子是否愿意,都不能拒绝成长,就像一棵树,即使以后要变成烧火的木柴,也要适应大自然的规律,去慢慢长大,再慢慢变老。

这就是大自然的规律,谁也无法抗拒。

第二章
宇宙之王的青春岁月

有人说：青春是诗，青春是美酒，青春是激情燃烧的岁月，也是人生最美好的时光。当青春逝去的时候，会有那么多的人怀念青春，向流逝的青春致敬。17岁，霍金以优异的成绩考进了牛津大学，在大三的时候，他觉得自己不适合继续在牛津大学读书，报考了剑桥大学。就在霍金努力学习的时候，一场突发的疾病降临在他的身上，也就在这时，一位文艺女青年喜欢上了霍金，爱情就在不经意间降临了。同时，他在科研方面也取得了很大的成就。

5. 霍金的中学时代

1955年,霍金13岁,开始进入少年时代。那时候,霍金的父亲建议他报考西敏学校,在不列颠,这种学校被称为"公学",恰恰相反,在美国,这样的学校却是私立学校。在当年,未成年人接受教育,不是随便选择学校,要按照阶级来划分。霍金的父亲认为:如果霍金在西敏学校学习,会让他体面地活着,这对他未来是有好处的。

霍金的父亲弗兰克曾经对霍金说:他被人忽视的重要原因就是他没有社会关系,也没有一定的风度,相反,有些能力比他差的人,却因为有关系而得到重用。每次提到这些问题,霍金的父亲就很愤怒。

由于父母没有太多的钱,进入西敏学校后,为了能继续在那里读书,霍金只能通过优秀的考试成绩获得奖学金。不幸的是,霍金在参加奖学金考试的时候生病了,错过了拿奖学金的机会。后来,霍金还是留在圣奥尔本斯学校读书,得到的也是很好的教育。

在霍金撰写的《我的简史》中,他写过这样的话:"因为我父母并不富裕,为了进西敏学校我必须赢得奖学金。然而,我在奖学金考试时生病了,所以没有考。于是,我留在了圣奥尔本斯学校,在此我得到比在西敏学校,即使不是更好,也肯定是同样好的教育。我从未发现我缺乏社会体面会成为障碍。但我认为物理学和医学有些不同。对于学物理的,你上哪个学校、结交了哪个人都不重要。只有你做了什么才要紧。"

在优秀学生云集的班级里,霍金的考试排名并不靠前,更令人不能相信的是，霍金的作业不是干净整洁的，书写也不好，老师都觉得他无可救药了。但是这时候，霍金同班的同学却给他起了个绰号：爱因斯坦。

在自传里，霍金回忆这段往事的时候，在他的心里似乎还有些惆怅："我在班级里从未列在前面一半（那是一个所有学生都非常聪明的班级）。我的作业总是非常不整洁，我的老师对我的书写感到绝望。但是我的同学给我起了'爱因斯坦'的绰号，看上去他们看到了一些好征兆。"

最让霍金感到郁闷的是：在他14岁的那一年，两个男孩用一袋糖果打赌，他们说霍金将一事无成。霍金每次想到这件事情，都调侃道："我不知这个赌是否尘埃落定，如果已经落定，赢家究竟是哪一方？"

在每个学校的每个班级，都有几个看起来不太合群的学生，并不是因为他们太高傲，而是因为他们有独立的思想和与众不同的气质。其实，越是这样的学生，在成年以后，他们越是会成为某个领域的杰出人物，不光是因为天赋问题，更重要的是他们的勤奋和努力。

初中男生有个很特别的地方，很多平时考试排名在后的学生，在准备中考的那段时间，会忽然清醒过来，然后发愤图强，就像在初中的霍金那样。当年，霍金在初中老师的眼里，他离名校的差距太远太远，甚至就是霍金仰望太空的距离。但是老师没想到的是，在他绝望的时候，霍金忽然开窍了，并成为了学霸，考入名牌大学。霍金的真实经历也告诉家长和老师两个道理：第一，班里的每个学生都有希望成才，关键看老师和家长的培养和引导；第二，老师对自己的学生要尽老师的职责去培养去教育，不管在什么时候，都要对孩子的未来保持希望，并不断地鼓励他们，因为孩子本来就是希望，努力的孩子就是冉冉升起的朝阳。

在圣奥尔本斯生活的那段岁月，让霍金终生难忘，在那里，他有六七个亲密朋友，至今还保持着联系。他在自传里写道："我们习惯于进行长时间的讨论和辩论，论题所涉极为广泛，从无线电控制模型到宗教，从通灵学到物理学。我们谈论的一件事是宇宙的起源，它是否需要上帝去创生

第二章 宇宙之王的青春岁月

并使它运行。我听说过从遥远的星系来的光波向光谱的红端移动，而这被假定表示宇宙正在膨胀。但是我肯定，红移应该有某种其他原因。一个基本不变的永续的宇宙似乎更自然得多。我猜想，也许光在向我们来的路途中仅是疲倦了，变得更红。在我攻读博士大约两年后，我才意识到自己过去错了。"

在圣奥尔本斯上学的时候，霍金最大的成就，就是制造了一台逻辑计算机，虽然它看起来处在低级状态，虽然它是用旧机械的零件制造的，但是，对于一个16岁的少年来说，那已经是一件很了不起的事情。那时候，霍金上六年级，已经通过了"普通水平考试"。在最后的两年时间里，他与几位同班同学制造出了一台计算机，名字是"逻辑单选择计算机"。现在看起来是件很普通的事情，当时，却在当地引起很大的轰动，当地的一本刊物《奥尔本斯人》，曾经对这件发明做过这样的报道："我们有了圣奥尔本斯学生制造的逻辑单选择计算机。这台计算机只能回答一些无用但又相当复杂的逻辑问题。取得了一些经验后，设计者们要继续努力去制造数字式计算机，这台未来的计算机虽然还没有命名，但将能真正'做计算'。"

当地的报纸也作了报道，这些报道，对他们来讲是一种精神上的鼓励。可惜的是，后来这台原始的计算机被放进了一个箱子里，被当作杂物搬到了活动室的课桌下面。再后来，被新来的计算机老师当作废物扔进了垃圾箱。这件科学发明，就这样被扔掉了，实在有些可惜，如果保留到今天，一定会出现在科学博物馆里，吸引更多人前去参观。

霍金进入中学的最后两年，因为专业问题，与父亲发生了矛盾。霍金喜欢数学和物理，他想把以后的精力和时间都用来研究数学和物理。而且，学校新建了一间数学教室，他又遇到了一位很好的数学教师塔他先生。

但是，霍金的父亲却觉得：学数学找不到工作，所以，他反对儿子学数学和物理，劝说儿子去学生物学，长大后当医生。但是，霍金对生物学没有任何兴趣，他认为兴趣是最好的老师，没有兴趣怎么能学好呢？他对父亲说："对我而言，生物学似乎太描述性了，并且不够基本。它在学校中的地位相当低。"

霍金一直认为，学数学和物理的孩子才是最聪明的，学生物学的孩子都是不太聪明的。

霍金的父亲知道无法让儿子放弃数学和物理，便又开始劝说儿子学化学，再学一点数学。他这样做的目的，是让霍金以后有更多的选择工作的机会，道路越走越宽。

霍金的同学曾回忆道："他天生就具有令人惊奇的悟性，当我还在为解一道复杂的数学题而冥思苦想时，他已知道了答案——他想都不用想。这其实就是天赋的问题，很多人都说只要刻苦努力，就没有解决不了的难题。在数理化方面，如果没有天赋，仅靠刻苦努力，也是不能成功的。"

在六年级的物理课上，老师向同学们提出这样个难题："我这里有一杯茶，我想把牛奶倒进茶里，但是茶太烫了，我想很快喝茶，现在就请大家思考一下，你是把茶杯里的茶倒掉一些再把牛奶倒进去，还是等茶凉了再加入牛奶呢？"

同学们开始七嘴八舌的争论起来，霍金反应灵敏，他对老师说："我的答案是，先把牛奶倒入茶里。"

同学们都把敬佩的目光投向霍金。

许多年后，霍金回忆中学时代时，他写道："我13岁时，父亲让我去试考西敏学校，不列颠主要的'公学'之一。正如我提到的，在那个时期，在教育中按照阶级界限有明确的划分，而我父亲觉得这样的学校赋予我的社会体面对人生有益。我父亲相信在他的生涯中正是因为缺乏风度和社会关系而被忽视，而有些能力较差的人则可能更加顺利。他觉得别人并没有那么好，但因为有好的背景和关系而爬到他上面，他为此曾愤愤不平。他也经常警告我提防这种人。"

第二章 宇宙之王的青春岁月

读完这段话的读者，都会感觉到心情不爽，不管在任何国家，只要有人类存在的地方，这些问题就真的是很难解决。对于霍金一家人来说，他们更热衷和擅长的是自然科学，社会这本厚重而复杂的"大书"，很多人研究了几十年，也终究无法研究透彻。即使是社会学家，也难以对这些复杂的人际关系琢磨清楚。

那张黑白照片中，霍金站在自家草坪上的模样，令人难忘：少年时代的他，那样的健康，那样的充满活力，那样的阳光，充满梦想。

想起有句话说得好：有梦想就有希望。即使是折断了翅膀，霍金也能靠灵魂遨游宇宙。

6. 牛津岁月

到了高考的年龄，霍金的父亲对他提出了要求，希望霍金能以优秀的成绩考入牛津大学或者剑桥大学。霍金的父亲是在牛津毕业的，对于母校，他有着深厚的感情，他希望霍金也能去牛津读书。霍金曾说："大学学院在那时没有数学研究员，这就是他要我学化学的另一个原因：我可以尝试获取自然科学的而非数学的奖学金。"

1958年，在决定霍金未来命运的关键时刻，他的父亲找到了一份研究工作，要去印度的研究所工作一年。实在没办法，霍金的父亲找到了他在国立医学研究所的同事约翰·汉弗莱，请他照顾自己的儿子。于是，霍金来到米尔山，和汉弗莱一家人住在一起，开始准备大学入学考试。

在《我的简史》中，霍金回忆道："房子里有地下室，地下室里有约翰·汉弗莱父亲制造的蒸汽机和其他模型，而我在那里度过了许多时光。"

约翰的女儿珍娜在老年的时候回忆说："当霍金一家去印度时，决定把斯蒂芬留下和我们生活在一起，我们有一栋大房子和一个大家庭，况且那时斯蒂芬也不应该离开，不能说休学就休学，一年休学事关重大。他和我们住在一起当然可以让他父母放心。"

就这样，准备高考的霍金住进了父亲同事的家里，这样的事情，如果在中国，肯定是不会发生的。在中国，家有高考的学生，哪个家长会在这样的关键时刻离开孩子？

霍金的父亲弗兰克在远赴印度工作之前，干了一件"傻事"，这件事

第二章 宇宙之王的青春岁月

情差点导致霍金上不了牛津大学。

弗兰克为了让儿子霍金考上牛津大学，也为了让物理系的教授对儿子有个好印象，于是，他带着霍金拜见了物理系教授罗伯特·伯曼。当伯曼教授见到霍金和他的父亲的时候，他的心里就很不舒服，他认为弗兰克带着儿子来学校的目的，就是为了搞上关系让自己的儿子上物理系，他对这种不良的社会风气很憎恶。伯曼教授在回忆这段往事的时候说："我第一次见到斯蒂芬时，他大约不到17岁。他的父亲是学院的老成员，他把斯蒂芬带来见我，我们泛泛地谈论学院和读物理学等等。事实上就我所记忆的，多半是他父亲讲话；斯蒂芬并没有给我留下任何深刻的印象。"

看完这段伯曼教授的回忆，做父母的应该明白一个道理：家长在孩子高考前任何拉关系的举动，都会让孩子在教授的心里打差评，如果差评多了，即使孩子的成绩再好，恐怕也很难被学院录取。霍金父亲的小小举动，差一点儿就让霍金和牛津擦肩而过。

父母带着弟弟和妹妹去了印度，霍金来到了父亲同事的家里。离开熟悉的家庭环境，来到一个陌生的环境中，肯定要适应一段时间。他在新的家庭里，闹出了笑话，事情是这样的：有一天，他擦干净桌子，然后，把餐具推进了厨房，一不小心，餐具都从车里掉了出来。不过，家里每个人都没有埋怨他，所有人都笑了，霍金认为自己做了错事，刚开始时很紧张，后来，他被大家的笑声感染了，也开心地大笑起来，笑声让霍金愉快起来。

汉弗莱为了调节家庭气氛，买了一本舞蹈书籍，让霍金教其他孩子跳舞。珍娜一直都记得，霍金教他们跳舞的时候，会穿上西装，系上领带，像出席盛大的宴会似的，这身打扮给大家留下了很深刻的印象，很多年都没有忘记。

暑假时，霍金去印度看望父母和弟弟妹妹。在印度，霍金一家住在一个名叫勒克瑙的地方，那幢房子很大。弗兰克告诉霍金：这幢房子是租的，它原来的主人是印度北方邦的前首脑，他经常贪污公款，在当地名声很差。

霍金的父亲不喜欢吃印度食品，在当地，他找到了送信人为他做饭，霍金喜欢吃刺激点的食物。

当时，霍金在中学的校长不同意他去考牛津，他觉得霍金太年轻，牛津不适合他。但是，霍金的父亲希望儿子去考牛津，霍金最终还是听了父亲的话，后来，霍金去参加了笔试，那天，笔试的时间是12个半小时，在这不长不短的时间里，霍金超长发挥，成绩优秀，尤其是物理学的成绩。笔试结束后10天，他收到了面试的通知。一位大学讲师来到霍金的身旁，但是，他没有和霍金说话，而是不停地和其他的学生交谈，这让霍金心情很不好，考完之后觉得自己考得很糟糕。

在回忆录里，当霍金谈到这段经历的时候，他的内心还是有几分忐忑的："我在1959年3月和其他两个在学校中比我高一年级的小孩一道去那里考奖学金。我相信我考得很糟，在实验考试时大学讲师来到我身边和其他学生谈话而不理我时，我非常沮丧。从牛津回家后几天，我收到电报说我得到了奖学金。"

就这样，霍金以优异的成绩考进了牛津大学，开始了他在牛津的学习生活。牛津大学的学生们进入大学，面对的首要问题就是抢宿舍，这让所有的学生们都感到不适应。这就是牛津大学与其他大学的不同之处。不过，霍金是公费生，宿舍是早就安排好的，他不必像其他学生那样，为了住一个好房间而去抢夺。

当年的牛津大学不是读书上进的氛围，学生们厌倦学习的情绪在校园内弥漫。这种情绪在霍金看来是很消极的，在他的自传里，他对当年牛津大学的学风也做了调侃："当时笼罩牛津的气氛是极端厌学。你要么聪明而不必用功，要么就甘心承认自己不行，得四等成绩。靠用功而得到好分数的被认作是灰人，那是牛津词汇中最坏的诨名。"

牛津大学创建于1249年，牛津大学徽记上的箴言是："主照亮我。"牛津大学的徽记的图案是五只小鸟围绕着一个十字架。这个学校笼罩着一层

第二章 宇宙之王的青春岁月

宗教的色彩，它是一所有着很多年历史的名校。在牛津大学，校长只是一个荣誉，并没有实际管理学校的权力，真正在牛津大学有管理学校权力的是副校长，副校长的人选是从牛津大学各个学院的院长中选拔出来的，四年选拔一次。

20世纪50年代的牛津大学，虽然录取了很多工人家庭的子女，但是，大多数的学生还是来自私立中学的贵族子女，他们身穿时髦漂亮的衣服，口袋里装着花不完的钱，他们瞧不起来自平民家庭的子女，常常对他们进行嘲讽和调侃。霍金虽然来自知识分子家庭，但是，他在进入牛津大学后，很久都无法适应这种校风，他找不到能与他交往的朋友，本来是青春年华、活泼好动的年龄，他却越来越苦闷。

霍金当年的苦闷，估计现在的很多大学生们也有这样的经历，你是一个来自于平民家庭的孩子，本来通过自己的努力，考进了一所名牌大学，可当你扛着普通的行李、拿着普通的手机、穿着不是名牌的衣服和鞋来到宿舍的时候，看到住在同一个宿舍的同学们都是身穿名牌时装、手拿名牌手机、出入有豪车接送、父母不是高官就是富豪的时候，如果心理不够成熟的话，当时就有崩溃的感觉。

那么，当年的霍金在面对那些贵族子弟的时候，又作何感受呢？

霍金刚入大学那一年才17岁，他的三位同学在晚饭后去宿舍找他聊天，却惊讶地发现霍金在喝酒，身边还放着一箱子啤酒。这让他们大吃一惊，按照当时的规定，17岁的霍金还是未成年人，根本不能喝酒。而且他经常不去上课，不吃早饭，看上去有点"差生"的味道。

当年的牛津大学，学校狠抓学生的道德教育，他们觉得学生离开父母，缺乏道德约束，学校应该承担起教育学生的重任。在对待男女生的交往方面，也有着严格的要求，在同一所学院读书的学生，性别必须是一样的，禁止男女同窗。到了半夜十二点，学校大门紧闭，所有的异性要赶快离开学校。只要发现男生女生同居一室，学院就会马上开除他们。

涉及到校规问题，霍金在自传里调侃道："那个时候的学院自认为负有学生父母的责任，这意味着他们管教学生的道德。所以同一学院里的学生都是同一性别的，大门在午夜都要上锁，到时所有访问者——特别是异性——都必须离开。午夜过后，如果想离开，就必须攀越有铁尖的高墙。我的学院不想让学生受伤，所以在铁尖间留下空隙，因此很容易攀越出去。"

高校的严格管理，也带来了良好的效果，那就是培养了大批的高级知识分子、社会精英。霍金的成功，有自身的原因，但是，也是与当年社会环境和学校环境分不开的。如果当年，学校是乱糟糟的，即使自身再优秀，恐怕也难以抵挡大环境的影响。

中国人最喜欢的名言是：出淤泥而不染，濯清涟而不妖。虽然，都想做像荷花那样的雅士，但是，环境就像泥塘，想成为荷花那也是不容易的事情，即使是洁身自好的人，也很难逃脱周围人对他的冷眼嘲讽，更会被人视为异类，而成为孤单的人。

考试的时候，霍金还是取得了不错的成绩。在以后回忆牛津的大学生活的时候，他写道："那个时期，物理课的安排方式使得不做功课特别容易。我进大学之前考了一次试，然后在牛津待了三年，只有一次终考等着我们。我计算过一次，我在那里的三年期间大约只用功一千小时，平均每天一小时。我对自己懒惰并不感到自豪，但那时我的态度和多数同学并无二致。我们倾向于绝对厌倦和觉得没有任何东西值得努力追求。我患病的一个后果就是把这一切都改变了。当你要面临夭折时，你就意识到生命是值得过的，因为有很多事情等你去做。"

在考试的前夜，霍金因紧张而失眠了。经过考试的人都知道，考前失眠是最可怕的，一晚上不睡觉的结果，就是第二天没有精神。笔者在漫长的自考中，曾经经历过这样痛苦的时候，那年是夏季，本来很困，结果由于蚊子的干扰，我基本一夜无眠。不过，第二天我竟然还通过了考试，那

第二章 宇宙之王的青春岁月

也真的是很侥幸的事情。

失眠对于霍金却是严重的,那次考试他考得不好,霍金在他的回忆录里是这样说的:"我的成绩处于第一等和第二等的边缘上,我还得让考官面试以确定我应该得第几等。"

面试的那天,霍金面对考官的时候,考官问他对未来有什么计划。霍金认真地回答道:我要做研究。接着霍金对考官说:"如果你给第一等,我就去剑桥。如果得到第二等,我就留在牛津。"最终的结果是:考官给了霍金第一等,霍金离开了牛津,去了剑桥大学。

在面试之前,霍金就已经做好了心理准备,他给自己的未来规划了一下:如果不能去剑桥大学做研究工作,那就去申请当公务员。霍金当时的心理就像当今中国很多大学生一样,如果考不上研究生,那就去当公务员。看来,不管是中国还是英国,名牌大学的学生们,他们内心深处都有一个当公务员的梦想。

霍金讨厌核武器,他不想去国防部门当公务员,他当时是选择去公务部门做事或者是去下议院担任书记员。想到就要做到,霍金去应聘下议院的书记员,面试很顺利地通过了,然后就是要笔试了。但是,也许是因为霍金太忙了,他竟然忘记了去参加笔试。于是,有一天,公务员遴选委员会给霍金邮寄了一封信,鼓励他明年再参加考试,并说他们不会因为他不参加笔试而有任何的成见。

后来,霍金说:"万一我不能做研究,作为后备计划,我已经申请当公务员。因为我对核武器有反感,不想与国防有任何相干。因此我把在公务部门做事或者在下议院任书记员列为优先选择。在面试时有一件事变得很清楚,那就是我根本不知道书记员是做什么的,尽管如此,我通过了面试,余下的一切就是一次笔试。不幸的是,我全然忘记并错过了笔试。没有成为一名公务员是我的幸运。如果那样的话,我就无法应付我后来的残疾所带来的不便。"

考试结束后，在牛津毕业生的聚会上，霍金喝了一杯酒，这杯酒喝完后，他的心里也有一丝的伤感。成名后的霍金在接受电视台记者采访的时候，他说出的话依然能看出他那时候的心情。

不知此时此刻，这位牛津大学的毕业生霍金是不是还记得那个在脖子上围着粉红色围巾的他，坐在舵手的位置，大声对队员们喊话。是不是还记得有一天晚上喝多了酒，拿着油漆和刷子，走到一座桥上，把一块写着七个大字的木板挂在桥栏杆上，木板上写着："投自由党人的票。"

刚写完最后一个字母，他就被巡逻的警察发现了，警察呵斥声中，他和朋友吓得跑了起来。当我看到这件事情的时候，我怎么也无法把这种恶作剧和霍金联系在一起。牛津大学赛艇俱乐部的一位负责人回忆起霍金的时候曾说道："霍金是一位喜欢冒险的舵手，永远也无法预料，他带领队员们在水上运动，都会做出什么冒险的举动。"

霍金对于宇宙永远不服输的探索，难道不也是一种冒险精神吗？

成名后的霍金经常接受记者的采访，有一次，当记者提到他在牛津大学的一些事情的时候，于是，一场精彩对话开始了。

记者问霍金："你在牛津大学读数学和物理，按照你计算的，在那儿你平均每天大约用功一小时。据我所知，你划船、喝啤酒，还以捉弄他人为乐。是什么原因使你对学业不在乎？"

霍金回答："那是50年代末期，大多数年轻人对所谓的成就感到幻灭。除了财富还是财富，似乎没有别的什么可以追求。保守党刚刚赢得第三次竞选，其口号为'你从未这么好过'。我和大多数同时代人一样厌倦生活。"

记者继续问霍金："尽管如此，你仍然在几小时内解决了你的同学在几周都不能完成的问题。据我所知，他们显然知道你的才能。你自己意识到了吗？"

霍金回答："牛津大学那个时期的物理课程极其简单。人们可以不听任何课，一周只要接受一两次辅导就能通过。你不必记许多事实，只要记

第二章 宇宙之王的青春岁月

住一些方程即可。"

当年在牛津读书的霍金是有些懒散的。让他改变懒散,成为著名宇宙学家的华丽转变,竟然是由于一场疾病。

当年,学院还是很照顾毕业生的,如果毕业生想去旅游,学院会给毕业生提供旅行资助,当然了,费用不是很多,霍金称之为"小额旅行资助"。霍金竟然认为:选择去的地方越远,学院提供的旅行资助的机会就会越高,于是,霍金选择去伊朗。

霍金获得了旅游资助。在毕业考试结束后,他和几个同学结伴一起旅行,其中一位同学会说波斯语。如果去伊朗旅游,不懂当地的话,那会是一件很麻烦的事情。霍金和同学坐着火车到达了伊斯坦布尔,然后又到了东土耳其附近的亚拉腊山的埃尔祖鲁姆。后来,火车开进了苏联,他们乘坐阿拉伯汽车去大不里士,那辆车上装满鸡和羊,这是一次貌似开心的旅途,还有家禽相伴左右,后来他们又去了德黑兰。

在返回的途中,霍金和他的旅伴被困在了路上,因为在保因扎赫拉,发生了地震,有一万两千多人在地震中遇难。他们是在靠近震中的地方,当时生病了,所以还不知道这件事情。在那里,那个懂得波斯语的同学在德黑兰就和他们分开了,他们听不懂当地的语言。直到霍金和旅伴到达伊斯坦布尔才知道发生过地震。

在《我的简史》中,霍金谈到了大学时代放长假时的那次旅行:"在归途中,我和旅伴理查德因为保因扎赫拉地震所阻。这是一场7.1级的地震,多于一万两千人死亡。我肯定是在靠近震中的地方,但是由于生病以及在伊朗公路颠簸的汽车上,所以我对此一无所知。因为我们不通晓当地语言,在大不里士的几天我们甚至都不知道这次灾难,那时我正从严重的腹泻和因被甩到汽车前座肋骨断裂中康复。直到到达伊斯坦布尔我们才知道发生了什么。"

霍金是个孝顺的儿子,父母一直在等待他的消息,为了不让父母牵挂,霍金给父母寄了明信片，为了让他们放心，霍金说他没有遭遇那场地震，虽然在旅途中发生了腹泻，还在旅途中肋骨断裂，后来，他还是康复了。不过，那次长途旅行，确实让霍金大开眼界，也让他的身体经受了考验，腹泻、骨折，这对他来说，都是痛苦的事情，不过，那时候的他并不知道，还有更大的打击在等待着他。

他在自传里写道："我给父母寄了明信片，他们在急切地等待我的只言片语已经有十天了。他们上一次得到我信息是在我离开德黑兰向灾区出发的时候，那是地震发生的当天。"

在经历了地震和疾病以后，霍金回家了。以后，虽然霍金到处旅行，但是，他都是坐在轮椅上旅行，对他来说，能够步行去旅行的日子，永远回不去了。人这一生，最宝贵的是什么，虽然答案五花八门，可我认为最宝贵的不仅是时间，还有健康，健康才是最大的幸福。

青春时光是美好的，大学时光总让人留恋，不管是普通人还是名人，当时光流去，当一个人步入中年或者老年的时候，心中时时怀念的，还是那段魂牵梦绕的记忆和在大学中度过的日日夜夜。

翻开霍金的自传《我的简史》，描写这段大学生活的篇幅不短，更有意思的是，他公开了很多大学时代的照片，那些照片最吸引读者的眼球，从字里行间，可以感受到霍金对大学生活的怀念。

第二章 宇宙之王的青春岁月

7. 当赛艇舵手的日子

进入大学校园，霍金发现了一个问题：那一年他17岁，和他同班的同学都曾经在部队服过兵役，年龄比他大，在班里，霍金没有能谈得来的同学，大学的第一年和第二年，他觉得那段时间相当寂寞。第三年，霍金为了交朋友，做出了一个决定：加入牛津大学的赛艇俱乐部，于是，他当上了舵手，开始了他的舵手生活。

在这里，我先来谈谈牛津大学赛艇队。牛津大学赛艇队成立于1829年，经过漫长岁月的洗礼，到了20世纪50年代，已经成为一支很有名气的赛艇队。在牛津大学和剑桥大学，赛艇作为古老的传统体育运动比赛项目，始于1829年。牛津和剑桥这两所大学，为什么要举办这样一个赛艇比赛呢？关于两所名校之间的赛艇比赛，有过这样一个有趣的故事：

英国著名诗人威廉·沃兹沃斯的侄子查尔斯·沃兹沃斯是牛津的学生，有一天，他忽然想做一件奇特的事情，他给在剑桥大学读书的学生查尔斯·梅里瓦勒写了一封挑战书。内容是牛津和剑桥的学生要进行八人艇挑战赛，地点在泰晤士河上。从那时候开始，两校之间的赛艇比赛就流传下来。在赛艇比赛中，牛津和剑桥身穿的运动服颜色是不同的，一个是深蓝，一个是浅蓝。每次比赛都是以挑战的形式进行，这一年，失败的赛艇队就成为下一年的挑战队。从挑战赛开始一直到如今，一共进行了156场比赛，牛津胜了75场，而剑桥胜了80场。当年，发起挑战的牛津大学赛艇队却是输多赢少，而接受挑战的剑桥大学赛艇队却是赢多输少，比赛不是目的，真正的目的是锻炼学生的体能。

后来，这种名校之间的赛艇比赛在美国流传开来，美国的两所名牌大学也进行过友好的比赛。1999年，赛艇比赛传入中国，北大和清华也在南方举行过赛艇比赛。

有一张黑白照片，给我留下了深刻的印象：波光粼粼的河上，一群身穿条纹T恤的风华正茂的大学生们正在划桨，戴着眼镜的霍金坐在舵手的位置上，对着镜头憨笑。遗憾的是，牛津大学虽然有古老的历史和灿烂的文化，但是，河流狭窄，不适合做赛艇比赛，每次比赛都是一场智力游戏，因为，八艘艇要在狭窄的河流里比赛，必须一艘艇紧跟着另一艘艇。霍金在《我的简史》里是这样写的："我17岁，其他和我同年级的大多数学生都在军队服役过，而比我年长许多。我在第一年和第二年的一段时间觉得相当寂寞。在第三年，为交到更多朋友，我作为掌舵手加入赛艇俱乐部。可是我的舵手生涯相当糟糕。因为牛津的河流太狭窄了，不能并行赛艇，他们颠簸着进行比赛，八艘艇一艘接在另一艘之后，而每一位舵手必须掌握起始线使自己的艇和前头的艇距离恰好。"

在第一次比赛中，因为霍金的原因，他们的艇偏离了规定的航道，失去了比赛的资格。后来，霍金说："在我第一次比赛中，发令枪响时我让艇离开起始线，但它绊住了舵线，结果我们的艇离开了航道，因此我们丧失了资格。后来我和另外八艘艇之一对头相撞，但在这种情形下我至少可以宣布这不是我的过错，因为我有超越其他八艘艇的路权。尽管我作为舵手不成功，但那年我结识了更多朋友而快乐得多。"虽然，那一年的比赛，霍金作为舵手来说不是优秀的，但他结交了很多的朋友。他不再感到孤单寂寞，心情也快乐起来。

其实，每个人在参加体育运动的时候，并不是为了某种荣誉。如果仅仅是为了争夺第一而去参加体育比赛，过于在乎得失，如果失败了，一定会很难过；如果抱着像霍金那样寻找快乐和朋友的心态去参加比赛，即使

第二章 宇宙之王的青春岁月

失败了,也会收获很多喜悦,而喜悦和快乐是金钱买不到的。

不管是否能在赛艇比赛中获胜,自从加入赛艇俱乐部以后,霍金的性格发生了转变,他变得开朗热情。在《我的简史》一书中,有张大学学院赛艇俱乐部成员的合影照片,拍摄于1962年,那一年,霍金只有20岁。那时候健康的霍金也不曾料到,一年后,他就突发疾病,再也不能参加任何体育运动了。

当年,牛津大学学院赛艇队的队友戴维还记得当年霍金初次参加赛艇队时的情景:

一天,一位个子矮小、戴着一副近视眼镜、头上戴着一顶草帽的年轻男人站在他们的身边。

戴维问身旁的队员:"那个戴眼镜的男人叫什么名字?"

身旁的队员回答:"他叫斯蒂芬·霍金,是我们赛艇队新来的舵手。"

没等戴维回答,另外一个队员说道:"看起来是个聪明的学生,听说是物理系的高材生,正在读大学二年级,感觉像个花花公子,你觉得呢?"

戴维听了这些话,仔细打量起霍金,他觉得霍金很面熟,可能以前在学校的某个地方见过他,声音也不是第一次听到那样陌生,但是,除了这些,戴维对霍金的情况并不了解。

赛艇队在没有开始比赛之前就进行了三次训练,虽然教练很用心,但大多数队员心里都明白,他们的赛艇队是无法战胜剑桥的赛艇队的。但是,新来的舵手霍金对比赛却是充满自信,他相信牛津赛艇队一定能赢。霍金在赛艇上掌舵的时候大声喊叫,队员们都明白,那是在用喊声激励他们勇往直前。比赛的当天,霍金对赛艇队的队员们说:"我们这个队赢得比赛的希望还是很大的。"

但是,比赛的结果却是牛津败了。在此后三天的比赛中,牛津赛艇队的队员们不想再吃苦了,他们竟然想了一个笨办法,他们故意撞上其他队的船,这样就可以早点退出比赛了。

自从霍金和另一位舵手高登加入赛艇俱乐部后，他们每个星期六的下午都会自觉地去河上训练，在他们两个人的眼里，当舵手比去物理实验室更有意思。物理系规定：每个星期，学生要拿出三天的时间去物理实验室做实验，上午九点到下午三点，都必须去，不准逃课。但是，那时候的霍金和高登对赛艇活动很痴迷，每周下午的实验室里，绝对看不见他们的身影。

高登曾回忆说："斯蒂芬和我一周有六个下午理所当然地要待在河上划船。这样，我们就得牺牲一些课程，于是物理实验被我们放弃了。"

当谈到他们是如何应对物理实验的话题时，高登说："这要花费一些心思，我们必须使那些批改实验报告的教师相信，我们按部就班地做过了……我们必须非常小心地完成实验报告。我们从未欺骗过老师，只是做了大量的分析。"

这样，我就得出了一个结论：聪明的学生，在他们擅长的专业上，即使不花费很多的时间，也一样会取得成果的。当兴趣爱好与功课相矛盾的时候，如何正确处理好二者之间的矛盾，这确实是每个大学生都要面对的问题。霍金和高登想出的办法是：他们一般是上午去实验室做物理实验，利用上午的时间把物理实验数据收集起来。一位中国教授在书中曾这样说："霍金是用最小量的数据做成了最大量的数据分析。"

五十多年过去了，当饱受病痛折磨的霍金坐在轮椅上，回想起在牛津大学赛艇队那段美好时光的时候，他的心情一定是愉快的。那是他青春最美好的时光，那也是他在健康的时候从事过的最让他开心的体育运动。

此时此刻，我仿佛又回到了2012年的伦敦残奥会上。当我在电视里看到霍金坐着轮椅出现的时候，我就想到了奥运会的精神。那些霍金在大学时代赛艇队的旧照片，永远封存在时光里，而霍金的精神，将激励着一代又一代牛津人为了梦想而拼搏。

第二章 | 宇宙之王的青春岁月

8. 剑桥的日子

在中国人的心里，提到剑桥，就会想到徐志摩，想到他的那首名诗《再别康桥》。《再别康桥》是徐志摩于1928年在剑桥学习的时候突发灵感而作，成为世代相传的名篇，尤其是结尾的那四句诗："悄悄地我走了，正如我悄悄地来；我挥一挥衣袖，不带走一片云彩。"

剑桥不仅有中国诗人在这里流连忘返，也培养了很多的本土文学家，例如，拜伦、邓恩，还有著名的浪漫诗人华兹华斯。曾经有位作家说过这样的话："站在巨人的肩膀上，你会飞得更高。"在名牌大学学习的学生，他们在事业上成功的系数当然要比普通大学的学生更高，所以，我套用那位作家的话，那就是：站在名校的肩膀上，你会飞得更高。

剑桥大学不只是培养了很多文学家，更是培养了很多著名的科学家，堪称是科学家的摇篮。剑桥和牛津大学有一点与其他大学不同，它们是没有围墙的大学。剑桥大学刚刚建立的时候，学校里没有宿舍，学生们都住在附近居民的家里。彼得学院是剑桥大学建立的第一所学院，建立的时间是1284年。21世纪的剑桥大学建立了31个学院。剑桥大学最有名的就是那座数学桥，这座桥是中世纪建造的，整座桥竟然不用钉子固定，它能建造起来，运用的是力学原理。这座经历了很多年代的老桥，终于在21世纪重新修建了，如今的数学桥，虽然在外观上与当年的数学桥一模一样，但是，却不再是运用力学原理修建，而是用上了钉子。

剑桥大学的宿舍，因为是在不同世纪修建的，所以，风格各不相同：

有哥特式的国王学院，建造时间是 15 世纪；有维多利亚时代建筑风格的纽纳姆学院，建造的时间是 19 世纪。走进剑桥大学，更像是在参观建筑博物馆，尤其是英国的著名建筑设计师克里斯托弗·雷恩爵士设计并以他的名字命名的雷恩图书馆，更是让人赏心悦目，被后代人称为建筑设计界的杰出作品。

笔者曾看过一部英国电影，它是根据霍金的传奇故事拍摄的，那部电影叫《万物理论》，开头的场景就吸引了我：在古老的伦敦街头，两个年轻人骑着自行车狂奔，他们拥有美好的青春年华，笑容挂在脸上，是那样灿烂，他们非常着急，原来是要去参加一个重要的聚会。

电影总归是电影，电影拍摄的目的就是为了吸引观众。那么，霍金当年在剑桥的日子究竟是什么样的？他是不是也会经常参加聚会？是不是也会在聚会上认识美丽可爱的女孩？

1962 年 10 月，伦敦进入了秋天。在这个收获的季节，霍金有了最大的收获，那就是考上了剑桥大学的三一学院攻读研究生。有些中国人对三一学院很陌生，但是，如果提到牛顿的名字，大家便不会陌生了，因为他有个传奇故事是我们从小听到大的：牛顿躺在苹果树下休息，这时候，一个苹果从树上掉下来，砸到了他，他由此发现了地心引力。

霍金离开牛津进入剑桥，虽然这两所大学都是英国的名校，但是，剑桥的学风却与牛津完全不同。剑桥大学与牛津大学不同，它分为学院制和导师制。导师制，就是导师可以挑选学生，学生主要靠自己学习。学院制的最大特色是个别辅导，学院给学生们安排了两个老师，一个老师被称为指导老师，另一位老师被称为主任教师。

霍金更开心的是，他终于可以跟随英国最著名的天文学家弗雷德·霍伊尔做天文研究了，当年，弗雷德在天文学领域主要倡导的是稳态理论。不过，当霍金真正做了剑桥的研究生后，苦恼接踵而至：第一个苦恼是，他喜欢的宇宙学是不被承认的；第二个苦恼是，由于弗雷德的学生已经很多了，霍金的老师变成了丹尼斯·西阿玛。

但后来霍金发现，霍伊尔常常要外出讲课，他根本没有太多的时间关注他的学生。相反，西阿玛不外出，主要的精力都用在学生身上，在教室里，他会站在霍金的身边，只要霍金在学习方面有问题，可以随时随地地交流。刚开始学习的时候，霍金对西阿玛的很多思想都是持反对态度的，其中就包括马赫原理。霍金对马赫原理的解释，他说："关于马赫原理，即物体的惯性应归因于宇宙中所有其他物体的影响的思想。"

当年，在霍金刚刚开始研究的时候，最激动人心的两个领域就是宇宙学和基本粒子物理学。与宇宙学相比，由于很多优秀学者的加入，基本粒子物理学正进行着快速的发展；让人遗憾的是，20世纪60年代的宇宙学与广义相对论研究的进展程度与三十年前相比，没有多大的进步，几乎就是停步不前。为什么三十年过去了，宇宙学毫无进展呢？曾经获得过诺贝尔奖的物理学家理查德·费恩曼在参加1962年在华沙举行的广义相对论和引力会议后，给妻子写了一封信，在信中，他对妻子抱怨道："我从会议一无所获。因为没有实验，这个领域不活跃，所以很少最优秀的人在此耕耘。其结果是这里有126名傻瓜，而这对我的血压很不利……请提醒我不要再参加任何引力会议！"

在任何一个领域，如果一直停滞不前的话，那会是相当可怕的一件事情。更让人担忧的是，越是停滞不前的学科，就越是容易成为冷门，而越是冷门的学科，越没有人愿意去研究，即使有一些人去研究，那也只是一些平庸的人。正是因为没有人愿意去研究，所以，这个学科停滞太久以后，也就会出现杰出的人才。若干年以后，斯蒂芬·霍金出现了，他带给宇宙学领域璀璨的光芒。

对于天体物理学的专业知识，霍金在《我的简史》中回忆道："在开始做研究时，我对此一无所知。但是我觉得那时研究基本粒子太像搞植物学了。量子电动力学——制约化学和原子结构的光和电子的理论在四五十年代就完成了。现在,注意力已转移到原子核中的粒子之间的弱核力和强核力,但类似的场论似乎无法解释它们。的确,特别是剑桥学派认为,不存在什么根本的场论。"

霍金记得,当年在剑桥的时候,弱核力的统一场论的第一次尝试被专家们瞧不起的场景。霍金在后来回忆说:"我很庆幸自己没开始做基本粒子的研究。如果那样的话,我没有任何研究成果可以存活。"

在一般读者的眼里,尤其是在不熟悉天体物理学的读者眼里,这些东西都是很枯燥的,我也是毕业于文科,在我们文科生的眼里,这些研究宇宙天体的物理学家都是高端大气上档次的专家,是神秘而神奇的。

霍金在剑桥读研究生的那些年,日复一日,年复一年,研究着宇宙学和引力,他就像一个孩子,从不成熟慢慢地走向了成熟。霍金预测:宇宙学未来的发展空间将是广阔的。但是,此时一个困难摆在霍金的面前,那就是,广义相对论被认为是不能解决的难题。广义相对论最早是由爱因斯坦提出来的观点;华沙会议结束后,广义相对论开始走向复兴,当时著名的物理学家费恩曼却没有看出来,这也许就是任何人都有他的视野局限性,而这种局限性有时候真的能变成精神的蚕茧,束缚住人的思想。

很快,在世界的某些国家,广义相对论研究中心建成了,宇宙学领域吸引了很多年轻人的目光。对霍金来说,有两个中心相当重要,一个中心位于德国汉堡,领导者是帕斯夸尔·约当。霍金从没到德国汉堡访问过,那里的专家写了很多篇论文都得到霍金的赞赏,按照现在的网络流行语的说法,就是霍金会给这些论文点赞。

由于霍金中学和大学期间,在物理课程中从没有做过数学题,他的导师西阿玛给他提了一个建议,建议他把精力和时间都用在研究天体物理方面。那时候,霍金的想法很简单,他想,来到剑桥后,在天体物理学方面不能师从霍伊尔,那他就不想再研究这种既没有想象力又枯燥的专业,比如法拉第旋转之类的课题。既然他选择了宇宙学,那就是他毕生要研究的

第二章 宇宙之王的青春岁月

主攻方向。

翻开《我的简史》，霍金在第52页上又以精炼的语言对他在剑桥大学学习的那段时间做了简要的叙述："因为我在圣奥尔本斯或在牛津的非常容易的物理课程中没做多少数学，西阿玛建议我研究天体物理。但是既然我未有机会师从霍伊尔作研究，我也就不想研究某种枯燥和缺乏想象力的东西，诸如法拉第旋转。我既然来到剑桥研究宇宙学，那么宇宙学就是我决心要研究的。于是我读了广义相对论的老教科书，每周都和西阿玛的其他三名学生前往伦敦的国王学院听课。我对词句和方程都明白，但我对这个学科没有感觉。"

霍金有了目标和方向后，开始行动了。他开始阅读广义相对论的教科书，这种理论，只能从古老的教科书中才能找到。每周，霍金都要拿出时间和另外三名学生去伦敦听课，地址在国王学院。每次听课，霍金都有个感觉，后来在自传里写道："我对词句和方程都明白，但我对这个学科没有感觉。"

在剑桥读研究生的这段时间，霍金的导师西阿玛曾引导他去研究惠勒—费恩曼电动力学。这种理论用霍金的原话来说，就是"该理论是说电和磁是时间对称的"。在自传里，为了能让普通的读者明白这个理论，他举了一个例子："当一个人开灯时，正是宇宙中其他所有物质的影响使光波从灯泡往外行进，而非从无限远到达并终结于灯泡。"

在剑桥的日子里，霍金整天关心的都是他的研究，在稳态宇宙的探讨中，日子平静地过去了一天又一天。攻读研究生的那段时光，对于霍金来说，每天的时间都是宝贵的，他搞清楚了很多以前从没明白的问题，比如怎样解释时间之箭以及为何我们记住过去而不是记住将来的原因。

1963年，关于惠勒—费恩曼电动力学和时间之箭的会议在康奈尔大学举行，在会上，很多与会者讲了很多废话，那些废话都是围绕着时间之箭展开的，这让费恩曼很反感，他做出了一个出乎大家意料的举动——拒绝把自己的名字印在会议文集上面。不过，与会者都称呼费恩曼为 X 先生，虽然没有明确说出来，但每个人的心里都清楚，那个 X 先生指的就是费恩曼。

很快，霍金就知道了一件事情：霍伊尔和纳里卡已经把惠勒—费恩曼电动力学研究明白了，他们继续去研究新的引力论，那是关于时间对称的。霍伊尔第一次公开这个理论的时间是在 1964 年，地点是在皇家学会的会议上。这次会议是一次演讲会，有专家向霍金提出问题，他的回答是："在稳态宇宙中，所有物质的影响会使它的质量无限大。"

这时候，霍伊尔问霍金："你为什么这么讲？"

霍金自信地对霍伊尔说："我计算过它。"

霍金回答完毕，在场的所有人都认为，霍金是在演讲期间把心算做完的。其实，霍金根本没有那样做，真实的情况是：霍金和纳里卡使用一间办公室，在办公室里，霍金早就看到了论文草稿，所以，在没有去开会以前，霍金就已经做出了准确的计算。

霍伊尔被激怒了，他一心想要创建属于他自己的研究所，现在计划可能被霍金打乱，他失去了理智。霍金在他的自传里，谈到霍伊尔的时候，他这样写道："霍伊尔非常愤怒。他正想建立他自己的研究所，并且威胁说如果他得不到钱，就参与往美国的大脑流失潮。他以为有人煽动我去破坏他的计划。"会议结束之后，他终于成立了属于他的研究所。后来，他并没有继续讨厌霍金，而是给了他一份工作。这样看来，霍伊尔并不是真正讨厌霍金，如果一个人真的厌恶另外一个人，那是绝对不会给他一个工作机会的。

就在霍金忙于研究宇宙学的时候，一件想不到的事情发生了，这件事情差点摧毁了他。

第二章 宇宙之王的青春岁月

9. 突发疾病

1963年，刚刚21岁的剑桥研究生霍金患上了ALS病，翻译成中文是"肌萎缩性侧索硬化症"。在英国，医生把这种病叫作"运动神经细胞症"，美国人把这种病叫作"卢·格里克症"，还有个名称叫作"渐冻人"。早在霍金就读牛津大学的最后一年，他就觉得身体不像以前那样灵活了。甚至有一天，他忽然从台阶上摔了下来，同学们发现了摔倒的霍金，急忙把他送到医院。医生给霍金检查完身体后，只是对他说：以后不要再喝啤酒了。那时候的霍金，真的以为是他喝了啤酒后出现的症状。很快，他忙于学业，就忘记了这件事情。

霍金考进剑桥大学后，便开始觉得身体越来越笨拙。圣诞节那天，霍金在圣奥尔本斯的湖上滑冰，滑着滑着，身体突然失去了平衡，"啪"的一声，他摔倒了，怎么也爬不起来。霍金的母亲急忙跑过去，在家人的搀扶下，霍金勉强站起来。这次，母亲把他送到家庭医生那里检查，家庭医生检查不出霍金究竟患上的是什么疾病，建议找一位专家做全面检查。

霍金21岁那年住进了医院进行身体各部位的全面检查。在医院里，霍金住了两个星期，做了各种各样的检查。在霍金的自传里，他详细地写了这次检查的全部过程："他们从我的手臂取出肌肉样品，把电极嵌到我身上，然后把射电波不能透过的一些流体注入我的脊柱，然后使床倾斜，用X射线看这些流体从上往下流动。做了这一切后，除了告诉我没患多发性硬化症以及是非典型的情形外，什么都没讲。然而我推断，他们预料病情会继续恶化。他们除了给我一些维生素外束手无策,尽管我能觉得他们预料这些药片没多大用处。我没有问更多细节,显然他们没有什么好事可告诉我。"

最后,聪明的霍金自己得出了结论:他的病情估计还会加重。医生给霍金开了维生素药片,霍金觉得这种药片对他的病没有太大的帮助。霍金没有再问医生任何问题,他知道医生没办法治好他的疾病。

在医院里,医生告诉霍金:他的病只能活两年。这时候的霍金有些吃惊,他始终不相信自己会患上这种可怕的病。在医院里,他看见了一个活泼可爱的男孩因为患上了白血病去世了,他同情那个男孩,觉得在这个世界上,那个男孩比他更不幸。

那时候刚刚得病的霍金没有想到,医生的预言有时候也不是准确的,他的生命竟然活到了七十三岁,而且还会继续活下去。有时候,很多人在患上绝症的时候都是痛苦绝望的,但是,霍金却能乐观地面对绝症,勇敢地活下去,他还活出了精彩。

当年的霍金却有些伤心难过,医生让他回剑桥继续研究宇宙学和广义相对论。霍金的伤心难过还有其他原因——他对宇宙的研究课题没有任何进展,他总觉得他无法活到毕业的那一天,他时常想起莎士比亚的悲剧。他想:难道自己也成为了一个悲剧人物?

那时候,霍金最喜欢听瓦格纳的音乐,那种音乐最适合他的心情。有人曾写过文章,在文章中抓住霍金酗酒的问题大写特写。谈到这个话题,霍金是这样说的:"杂志文章报道说我那时还酗酒,就未免是夸大其词。一旦一篇文章这么写,其他文章就抄过去,因为它可以编一个好故事,而最终人人都相信任何出现在出版物中这么多次的东西必然是真的。"

即使再坚强的人,遇到突发疾病的状况,也会在心理上产生一些恐惧,霍金也不例外。他开始厌倦生活,什么事情都不想做。刚刚出院的那段时间,他经常做噩梦,梦中自己经常会被处死。后来,霍金开始做另外一个

第二章 宇宙之王的青春岁月

梦，他要放弃自己的生命去挽救别人。他经常会想：假如真的有面对死亡的那一天，不如就用自己的生命去挽救别人的生命，那也是做了一件天大的好事。

霍金忽然得了大病，对父母来讲，是个天大的打击。作为医生的父亲内心焦急，他到处寻找能治疗这种疾病的办法。他还联系到美国的病毒学家，结果还是让他失望了——再高明的医生也没有治疗这种疾病的办法。全世界患上这种疾病的不只是霍金一人，竟然有十万人被这种病痛折磨。所有的医生都认为如果患上 ALS，那就像得了癌症一样，根本没有办法治愈。

后来，霍金公开说："1963 年我被诊断得了运动神经细胞病之后，就变得喜欢瓦格纳的作品。因为他的乐曲风格和我阴暗的情绪相投。"

霍金在牛津大学的同学鲍尼回忆往事。有一天，鲍尼在餐厅里想找人和他一起吃饭，他在餐厅里扫视了一圈，天气太冷了，餐厅里没有人，鲍尼刚想离开，此时，霍金推门走了进来。鲍尼记得，当年的霍金很大方，他买了啤酒，当他把啤酒放到桌子上的时候，他的手有些颤抖，啤酒溅到了桌子上。鲍尼劝霍金不能再喝酒了，霍金却说，他在医院里待了两个星期，进行了很多的检查，他知道他的身体越来越不灵活了，他的未来就像一棵树那样，一动不动了，但是，他的大脑还能正常思考。慢慢地，他的心肺的功能都会失去，最后走向死亡。

鲍尼回忆说："这个消息无疑是晴天霹雳，但是我的反应对于霍金而言已经无济于事。我很清楚地知道，他没有信仰，这使我更加难过。因为我知道霍金会质问自己：'为什么是我？为什么得这种病？为什么是现在？'他只能坦然接受发生在他身上的一切。据我所知他在那时开始进行一些研究。"

在《霍金讲演录》的第三章"我的病历"中，霍金写了当时知道自己生病以后的心情："我被发现患了运动神经细胞病，这对我无疑是晴天霹雳。我在童年时动作一直不能自如。我对球类不行,也许是因为这个原因我不在乎体育运动。但是,我进牛津后情形似乎有所改变。我参与掌舵和划船。我虽然没有达到赛艇的标准,但是达到了学院间比赛的水平。"

紧接着,霍金的心理也发生了微妙的变化,这种变化让他在梦中都很恐惧,他在自传里这样描写当时的心情:"那时我老做噩梦。在我的病况诊断之前,我就已经对生活非常厌倦了。似乎没有任何值得做的事。我出院后不久,即做了一场自己被处死的梦。我忽然意识到,如果我被赦免的话,我还能做许多有价值的事。另一场我做了好几次的梦是,我要牺牲自己的生命去拯救他人。毕竟,如果我就要死了,做点善事也是值得的。"

霍金是与众不同的。大多数人,在得知自己患了不治之症后,都是痛苦悲伤的,甚至是绝望地自杀。患病后的霍金,想到的是他要在活着的时候,做一些宇宙方面的研究,即使去世了,也要把研究的成果留给后人。

我时常在想一个问题:霍金患上绝症后,为什么还能活那么久的时间?虽然,有很多人在照顾他,但是最主要的还是他的乐观精神。绝症并不可怕,可怕的是精神被打垮了,除此之外,他在生病期间遇到一位伟大的女性,也给了他生的希望。这个女人就是霍金后来的妻子——简·怀尔德。

霍金在他的自传里写道:"但是,我没死。事实上,虽然我的将来总是笼罩在阴云之下,但我惊讶地发现,我现在比过去更加享受生活。我在研究上取得进展。我订婚并且结婚,我还从剑桥的凯尔斯学院得到了一份研究奖金。"

霍金之所以被大家尊重,不仅仅是因为他在宇宙这个领域有独特的发现,更重要的是,他拥有乐观向上的精神。从突发疾病到忍受病痛的折磨,再到把精力用到科学研究上。这说起来容易,但是,对于霍金来说,那要承受多少痛苦才能完成的啊?

第二章 宇宙之王的青春岁月

10. 遭遇爱情

有位著名的青春作家曾说过一句话,被很多人传为经典语录:"爱对了是爱情,爱错了是青春。"

打开简的自传,开头她就写道:"我和斯蒂芬的故事是从1962年的夏天开始的,或许还比这早十多年,不过我并没有意识到。"这段话,让很多喜爱霍金的粉丝都知道了一件事情,他们是在上小学的时候认识的,很多读者在猜测:也许霍金和简之间还可能有段青梅竹马的感情。

2013年4月,霍金的前妻简·霍金的自传《飞向无限——和霍金在一起的日子》在国内出版。这是一部感人的书,在这本书里,有这样几句话,让所有热爱霍金的人也开始热爱这位坚强的女性。她这样写道:"不知道为什么,那个男孩让我感觉忐忑不安。也许正是他的古怪令普通的我觉得着迷,也许我有种奇怪的预感还会再与他见面。不管原因是什么,那一幕深深地印刻在了我的脑海里。在那个阶段,我完全沉迷在他的魅力之中,就像被他那清澈的蓝灰眼眸、大大的笑容和酒窝施了魔法一般无法自拔……我必须抓住哪怕一分一毫的希望,寻找并保持足够的信念,期待幸运降临在处于困境中的我们俩身上。斯蒂芬看到我回来很高兴。我的直觉告诉我,他开始以更为乐观的态度看待我们的关系,或许他想清楚了,并不会失去所有,或许未来并不会像他恐惧得那样黑暗。回到剑桥,在十月的一个周六,一个细雨绵绵的夜晚,斯蒂芬结结巴巴地低声向我求婚。那一刻改变了我们两个人的生活,也彻底打消了我想成为一名外交官的念头。"

我还记得电影《万物理论》中有一个镜头：在一次聚会上，霍金遇到了简，对简一见钟情，简也慢慢喜欢上了这个有才华的戴眼镜的小伙子。这是电影里两人相遇的浪漫场景，在现实的生活中，原来两人早在童年的时候就是在一个学校读书的校友。

霍金不记得了，简却清楚地记得这件事情。那是20世纪50年代初期，七岁的女孩简进入圣奥尔本斯女子学校一年级学习。当年，女子学校也招收男学生，霍金进入该校高年级读书。简和霍金不在同一个班级，霍金不记得和简是小学校友，简却见过霍金，那时候的霍金的头发是金棕色的，在班级里，座位在靠墙的位置。不是同班同学，又不在一个级部，简是如何遇到霍金的呢？

有一天，简的老师没来上课，按照学校的规定，一年级的老师没来上课，一年级学生必须和高年级的学生在一起上课。于是，就在那天，简见到了霍金，他们却没有说过一句话，也没有打过招呼。后来，霍金转学了。

对于这段经历，简在她的自传《飞向无限》的第一部分第一个章节做了详细的描写："20世纪50年代初，七岁的我进入圣奥尔本斯女子学校上一年级。隔壁班里有个留着蓬松金棕色头发的男孩，他总是坐在靠墙的座位上。那所学校也招收男生，我的哥哥克里斯多夫就在初中部上学。我们老师不在的时候，低年级的学生就要和高年级的学生挤在一个教室里听课。只有这个时候，我才会看到这个男孩。"

这个男孩就是斯蒂芬·霍金，也就是简以后的丈夫。此后，简和霍金再也没有见过，直到1962年的暑假里，简和同学戴安娜、朋友吉莉安一起在街上漫步。当年，简的父亲在政府部门担任高级官员，她的父亲同意让她参加一些成人的聚会，比如在英国下议院参加聚餐会或者去白金汉宫参加花园派对。

那一年夏天的一个星期五下午，简和朋友们正在街上走着。这时候，一个年轻男孩走过来，他低头走路，脚步与常人不同，有点奇怪，棕色头

第二章 宇宙之王的青春岁月

发乱蓬蓬地挡住了脸，他没有看到迎面走来的三个女孩，像是在边走边思考问题。这个男孩不是别人，就是霍金。

戴安娜说道："那个低头走路，脚步怪异的男孩是斯蒂芬·霍金，我和他有过约会。"

戴安娜刚说完这句话，简瞪大眼睛吃惊地看着她，似乎像是对她说："你和他约会过，那是不可能的事情。"

看着看着，简和吉莉安竟然大笑起来，她们用笑声表示自己的不相信。

戴安娜急忙说道："我确实和他约会过，他是我哥哥的朋友，这个人学习很好，有个聪明的大脑，我们是在剧院里约会的，不过，我从没见过霍金的父母和弟妹，他曾经参加过一个游行，那是个'禁止核弹'的游行。"

那一天，简玩得并不开心，她竟然把霍金深深地印在了大脑里。她有种预感，她还会和霍金相遇，这种奇怪的想法，让她自己也觉得不可思议。在简的回忆录，她用细腻的语言描写了当时的心情："不知道为什么，那个男孩让我感觉忐忑不安。也许正是他的古怪令普通的我觉得着迷，也许我有种奇怪的预感还会再与他见面。不管原因是什么，那一幕深深地印刻在了我的脑海里。"

1962年暑假，简去了西班牙，她是去参加在那里举办的暑期班的。那一年，简独自在国外，自己能很好地照顾自己，对于一个十几岁的女孩来说，她觉得自己已经长大了。对于简来说，离开父母的管束，她有一种成熟的感觉，她觉得自己就像一只自由的小鸟，终于可以享受到独自飞翔的乐趣。

假期结束后，简开始申请去牛津、剑桥大学读书，结果是：这两所著名的大学都对她关上了大门。此时的简已经被高考折磨得很痛苦了，更让她难过的是，在简六岁的时候，她的父亲就希望她长大后能以优异的成绩考入剑桥大学，她觉得自己辜负了父亲的期望。就在简备受折磨的时候，她的校长真特女士对她说:"没有成为剑桥的学生不是耻辱的事情,那些没被剑桥录取的女生在我眼里比被剑桥录取的男生要聪明得多。"

真特女士在安慰完简以后,提出了自己的建议,希望简去伦敦大学的威斯特菲尔德学院面试。于是,简接受了真特女士的建议,在一个寒冷的冬季,她乘坐公交车来到汉普斯特参加面试。面试结束后不久,简接到了录取通知书。

1963年的元旦,为了庆祝新年的到来,剑桥大学举办了新年派对活动,简的同学戴安娜的哥哥邀请他们去参加派对活动。那一天,简穿着一条人造丝绸连衣裙,挽着一个发髻,内心深处还有一点害羞地出现在了名牌大学学生们的面前。

这时候,简看到了一个长得很瘦的男孩,他靠在角落的墙边站着,一边说话一边伸出又细又长的手指比划着,额头前面的头发很长,挡住了他的视线,他身上穿的夹克的颜色是黑色的,沾满了很多灰尘,看上去不是很干净整洁的样子,他打的领结颜色竟然是红色的。简认出了他,这个男孩就是斯蒂芬·霍金,一年前的夏天在街上遇到的那个走路怪异的男孩。

此时的他,正在与朋友说话,站在一边的简听见了他们交谈的内容,她听霍金谈到他在剑桥大学正在进行宇宙学研究,他的老师是丹尼斯。他说他在牛津大学读书的时候没有好好学习,算不上用功的好学生。还有,他在牛津上学的时候,从来不去听课,他和同学去玩耍了,他曾经把作业本撕碎了,把碎片扔到了导师的废纸箱里。这些话在简听来,确实是霍金的传奇。甚至,霍金都忘记了他报名参加公务员考试的事,直到有一天早晨,听完瓦格纳的《尼伯龙根的指环》后,他忽然想了起来,可惜的是,等他想起来的时候,公务员考试已经结束了。

简被霍金吸引住了。霍金一边说着自己在大学里的笑话,一边不停地打嗝,他还不停地大笑,看起来有种无法喘气的感觉。当新年派对即将结束的时候,简主动和霍金打招呼,两人互留了地址和名字,但是,在简的

第二章 宇宙之王的青春岁月

心里,她没有更大的期望,她不敢肯定以后会不会再与他相遇,她喜欢那种偶遇的惊喜。

简在回忆录里说:"那蓬松的头发和领结仿佛是独立思想的宣言。今后如果再与他在街上偶遇,我或许能够像戴安娜那样,泰然自若地看待这种独立和自信,而不是惊讶得目瞪口呆。"

几天后,简收到了霍金送来的卡片,邀请她在1月8日参加他21岁生日的派对。简看着那张卡片,上面的字迹工整漂亮,她的心里很羡慕,因为她总是写不好字母,苦练了半天,还是不能写得漂亮,她就特别喜欢能把字母写得漂亮的人。

简同意参加霍金的生日派对,要去参加生日派对,当然要挑选一份礼物,但是,简和霍金只见过三次,对他并不了解,怎么能挑选一件让霍金喜欢的礼物呢?想来想去,简挑选了一份特殊的礼物——一张唱片代价券。

霍金的家位于圣奥尔本斯镇希尔赛德街。来到霍金家的门前,简愣住了,霍金家的房子太简朴了,简称他们家为"节俭的典范"。不过,那时候的社会风气是反对浪费,提倡节俭的。那代人都是生在战火年代,在战后成长起来的,他们学会了节俭,要买物美价廉的东西。

简按响了门铃,等了一段时间,一位女士打开了房门,她就是霍金的母亲。一个蓝眼睛的小男孩站在她身边,那个男孩就是他们收养的小儿子爱德华。一会儿,霍金家的人都来到了客厅,简这才发现霍金家的人她都认识。除了霍金的家人,还有霍金的亲戚和在牛津认识的朋友,这些朋友大部分都是在圣奥尔本斯相识的。在大学中新认识的朋友很少。谈到为什么在牛津大学没有谈得来的朋友?霍金给出的答案:那些学生年龄太大,因为年龄差距导致出现代沟。

客厅很宽敞,却也很寒冷,因为客厅里没有暖气,大家有的坐着,有的靠墙站着,不过,客厅里的加热器还能给大家带来一点儿温暖。客人们在聊天，他们讲的都是笑话，但是直到如今，简能记住的不是笑话，而是谜语。

生日派对结束后，两人有一段时间没见面，各人忙着各人的事情。简忙着上秘书课程，学习速记法。二月份的一天，那天是星期六早晨，简和两位同学来到商场的咖啡馆聊天。在咖啡馆里，戴安娜给简带来一个可怕的消息，她说："斯蒂芬在巴兹医院住了两个星期了，他走路经常会摔倒，连鞋带都无法系上，医生给他做了很多检查，说他患上了一种可怕的疾病，这种疾病会导致他瘫痪，他只能活几年了。"

听完这些话，简惊呆了，她做梦都没想到，斯蒂芬竟然得了绝症，这样年轻的生命，竟然要面对死亡。

简问戴安娜："斯蒂芬现在身体怎么样？"

戴安娜说："我哥哥去看望他了，他回来告诉我，斯蒂芬的情绪很不好，医院的那些检查对他来说简直像噩梦。住在他对面的男孩去世了。因为斯蒂芬是社会党，他只想住在集体病房里，不愿意住单人病房。"

更让戴安娜感到难过的是，虽然斯蒂芬住了很长时间的医院，却一直没找到得病的原因。

戴安娜给简说出了医生的推测："他们猜测是因为斯蒂芬前几年去伊朗的那段时间注射了没有消毒过的天花疫苗，导致他的脊椎感染了病毒。"

简回到家，她在心里一直牵挂着斯蒂芬，她的心事瞒不过母亲，母亲知道简喜欢斯蒂芬，简的母亲是个教徒，她对女儿说："你为什么不为他祈祷呢？也许会管用的。"

一个星期以后，简在站台等火车，这时候，她的眼前一亮，她看见了斯蒂芬，手里拿着一个帆布包，正迎面走过来。这一天，斯蒂芬的打扮与以前完全不同，以前的他有点古怪，这一天，他穿着米色的风衣，戴着红色的领带，头发很短。前两次见面，都是在灯光下，这次的见面，却是在阳光下，他的笑容，他那躲藏在眼镜片后面的智慧，都像磁铁一

第二章 宇宙之王的青春岁月

样吸引着简。

简和霍金,并肩坐在火车上,火车是开往伦敦的,两人开心地交谈起来,但是,他们没有谈到霍金的病情。当简说她得知斯蒂芬住院的消息,心里很难过的时候,斯蒂芬什么话也没说,此时的斯蒂芬让简感到,再谈他的病情是一件不会让人愉快的事情。当火车快要到达圣潘克勒车站的时候,斯蒂芬对简说:他要回剑桥,周末会回家团圆,他约简在周末的时间一起去剧院,简同意了。

周五的夜晚,简和斯蒂芬在意大利餐厅吃完饭后,两人一起去剧院看戏。那天,他们看的是话剧《狐狸》,故事围绕一只狡猾的老狐狸为了测试它的继承人是否对它忠诚展开,结果老狐狸的计策失败了。

剧院约会结束后,简的母亲告诉女儿:斯蒂芬打来电话,邀请她去参加剑桥的五月舞会。剑桥的五月舞会是在六月份举办,这是属于剑桥的舞会。简是个喜欢跳舞的女孩,她在中学的时候,就非常想参加五月舞会,那时候,学校里有个女孩被邀请参加了五月舞会,她就非常羡慕,也希望自己能像童话里的灰姑娘一样,坐上马车,来到美丽的城堡和自己心爱的王子跳舞。

后来,斯蒂芬又打来电话确认她是否愿意参加五月舞会,她答应了,并在伦敦牛津街上的一家店铺里,买了一件丝绸礼服,礼服的颜色是白色和蓝色的,价格也不是很贵,但花光了她所有的积蓄。

简想要在夏末去西班牙旅游,她要找份工作挣钱,她去了职业中介找工作,找到了在银行做总机接线员的工作,她还做了很多工作,这是后话。

不知不觉中,春天远去了,夏天到了。

那天下午,斯蒂芬来接简参加舞会。当简见到斯蒂芬的时候,她惊呆了:斯蒂芬是那样的瘦弱,与上次见面不同,他的身体更加虚弱。当时,斯蒂芬还开着他父亲的那辆旧福特轿车,简担心他的身体和安全。简把斯蒂芬向母亲做了介绍,她的母亲看到瘦弱的斯蒂芬,很冷静,脸上没有露出惊讶的神情。后来，简在回忆录里，把那辆旧福特车称之为玻璃马车。当年，他们是那样的快乐，简形容那时候的自己就像去童话里参加舞会的公主，她把斯蒂芬称之为迷人的王子。

很快，他们就来到了斯蒂芬的家门口。简很喜欢斯蒂芬住的那幢房子，保留着20世纪30年代的风格，房子的外面还有一个花园，种满了绿色植物和花朵。斯蒂芬带着简走进屋内，生日派对还没有开始。简去楼上的房间换上了漂亮的礼服，当她从楼上走下来的时候，斯蒂芬把简介绍给他的朋友们。

简发现一个有趣的问题：斯蒂芬的研究生朋友们与斯蒂芬说话，都用特别的语言交流，话语中还带着幽默讽刺的味道，但是，又对斯蒂芬充满了关怀。他们对待斯蒂芬的态度，让简难以理解。

舞会结束后，他们去吃了午餐，还去河里划船，等到斯蒂芬要开车送简回家的时候，简看着斯蒂芬说："我想坐火车回家。"

斯蒂芬却不愿意让简独自坐火车回家，无奈，简坐在副驾驶的座位上，她心里有种恐惧感，因为斯蒂芬像他父亲一样疯狂地开车。简坐着斯蒂芬开的"碰碰车"，一路摇摇摆摆地回到了家。从那刻起，简做出了决定：以后参加舞会，再也不会坐他的车了。

那天，简的母亲邀请斯蒂芬和她们一起喝茶，坐在花园门的旁边，阳光照着他们，简把舞会讲给母亲听，斯蒂芬坐在一边，也表现出很有礼貌的样子。简心里想，她真的爱上了斯蒂芬，他开车再疯狂，她也要爱他。

有人说，当女人爱上一个男人的时候，她的眼里只有这个男人的优点。爱情就是这样，该来的时候就会来，有人把这叫作缘分。舞会结束后，斯蒂芬的妹妹开车带着简和另外两个法国女孩一起去剑桥参观。路上，她们愉快地交谈着，一起在斯蒂芬住的宿舍走廊里野餐。此后，两家开始频繁来往。当简的父母邀请斯蒂芬吃饭的时候，他又穿上了黑色天鹅绒的外套，还扎着红色的蝴蝶领结，在简的眼里，斯蒂芬的牛津复

第二章 宇宙之王的青春岁月

古风简直是太另类了。

1963年7月，那天简起得很早，父亲开车把她送到了机场，她乘坐学生航班去西班牙，开始了她在西班牙的旅行。两个相爱的年轻人暂时分开了。在西班牙旅行期间，简遇到了很多烦心的事情，最让她心烦的就是，陌生男人经常会来到她居住的公寓。当简和朋友们晚上回到公寓的时候，陌生男人就会纠缠她们，还有人在房间里搞恶作剧，她们的耳边不断地传来一种奇怪的声音，那是门把手发出的咯咯声。

结束了西班牙的旅行，简回家后，马上和斯蒂芬联系。遗憾的是，她找不到他。简找到了斯蒂芬的母亲，他母亲告诉简，斯蒂芬回剑桥学习去了，但他的身体依然很不好。

这时候，简要离开家——她想去伦敦开始属于她的新生活。在伦敦，简参加了很多社交活动，欣赏音乐会、去剧院看戏及芭蕾舞表演，忙碌的生活让她暂时忘记了斯蒂芬。1963年的11月，简收到斯蒂芬的消息，他要来伦敦了。他的牙齿出现了问题，想找个牙医看牙。斯蒂芬问简，愿不愿意和他一起去看歌剧。

斯蒂芬的邀请让简很开心，她觉得这比舞会还让她兴奋。11月份，简在伦敦的街上遇到了刚刚做完治疗的斯蒂芬，他看起来走路摇摇晃晃的，看到他的样子，简的心里很难过。两人走在街上，斯蒂芬开口说道："我并不崇拜遇刺的总统肯尼迪，那是因为，在处理古巴导弹危机的时候，他的做法是鲁莽的，肯尼迪总统的做法将会导致整个世界进入核战争的危险中。"

斯蒂芬一边谈论着政治，一边困难地走着。他看上去非常疲倦，但是他自己却不承认。两人走到一个十字路口的时候，斯蒂芬摔倒了。一位好心的过路人走过来，他和简一起把斯蒂芬搀扶起来。一路上，简搀扶着斯蒂芬，走了一段路，两人实在走不动了，招手叫来了出租车，朝着剧院的方向开去。

听完歌剧以后，简认为一定要详细了解斯蒂芬的病情。简拜访了很多老朋友，他们都是医生，她到处咨询，可惜，没有人能治疗这种神经性疾病。圣诞节和新年期间，简来到斯蒂芬家中，想请斯蒂芬一起出去吃饭，不巧的是，那天他们全家要去伦敦看歌剧。斯蒂芬见到简很高兴，向简发出邀请，邀请她下周和他的家人一起去听歌剧。简知道，霍金家庭的主要活动是看歌剧，对于简来说，她只能算是新入门的水平。

后来，他们的约会都是在歌剧院，斯蒂芬能买到很多歌剧票，他来伦敦的次数越来越多，有时候是来参加研讨会或看牙医。简也会拿出时间，去剑桥大学看望斯蒂芬。但是，由于斯蒂芬的身体有病，两人的交往不是很顺利，面对未来，那时候还没有成名的斯蒂芬觉得一片漆黑。他们之间的关系开始变得紧张起来。

回忆这段往事，简在回忆录里这样写道："我常常流着泪回到伦敦，而斯蒂芬大概也觉得我的出现不过是在他痛苦的伤口上撒盐。他很少外露情绪，也回避有关他病情的话题。因为害怕伤害他，我试图凭直觉感知他的内心，而不强迫他说出来，于是不知不觉地，我们之间变得沉默寡言，久而久之变得难以忍受。"

在简的回忆录里，她详细地描写了她和斯蒂芬相爱和约会的所有细节，笔者很吃惊，她的记忆竟然这么好，竟然能记得清所有的细节，这确实是不容易的。我们每个人一生中都会遇到各种各样的事情，即使是记忆力再好的人，也不会把每一件事都记得清清楚楚。这只能说明一点：当年，斯蒂芬和简确实存在着深厚的感情，当年，他们的爱情是美丽的。

当我翻开斯蒂芬写的《我的简史》的时候，却发现：他的回忆录本来字数就不是很多，关于他和简的内容更少。后来我才知道，这是斯蒂芬的风格，他不喜欢把自己的私生活对外曝光。我理解他，很多做科学研究的人，最看重的是自己的研究成果，他们最厌烦的就是媒体和大众过度关心他们的个人生活。

第二章 宇宙之王的青春岁月

后来，他们订婚了。那时候，他想到的是：如果他和简结婚，他就必须要找份工作，要找工作，他就必须完成博士毕业论文。有了爱的动力，斯蒂芬更加努力学习。为了养活自己，斯蒂芬向龚维尔和基斯学院申请了研究奖学金。他的手不能打字，没办法，只好拜托简帮他打印申请表。

让斯蒂芬没想到的事情发生了，在他需要简帮忙的时候，她的手臂却骨折了，并且还打上了石膏。这让斯蒂芬很心疼，在简受伤的时候，他应该照顾她，但是，她却还要忍受着痛苦，帮他打字。最后，由斯蒂芬口授，简写好申请书，然后，再找别人帮忙打印出来。

有人说，简是一位伟大的女性。笔者也是这样认为，当浪漫的爱情步入婚姻的殿堂，所要面对的就不再是鲜花和烛光晚餐。婚姻中的女人，面对身体健康的丈夫，尚且会有一些难以适应；而面对身体有病、不能行走的丈夫，一定会面临更多无法克服的困难。

在世界上所有的女人眼里，简太伟大了，她用柔弱的肩膀挑起了家庭的重担。1965 年的 7 月，两人结婚了，他们去萨福克度蜜月，出国旅游，对当时的霍金夫妇来说，是负担不起的。后来，他们又去了康奈尔大学的广义相对论暑期班。

很多人都说，婚姻是爱情的坟墓。对于这句话，我并不赞同。是否把婚姻变成坟墓，那要看夫妻二人是否用心经营婚姻。纵观古今中外，从名家到普通百姓，婚姻都是一道坎，如果夫妻相敬如宾，两人都会幸福美满；如果夫妻整天打闹，不仅家庭不会幸福，还会影响到周围邻居的生活。

如今，很多女人喜欢恋爱，恐惧结婚，甚至到了厌烦的地步。有人说：谈恋爱的时候过的是云中漫步的日子，当两人结婚后，过的就是琐屑的日子。科学家的日子也同样要面对柴米油盐，简曾经用一句话来形容自己的生活，"其实那就是一种不稳定的生活。"

那时候，他们刚刚结婚，本来应该是幸福的妻子的简，却要拿出更多的时间照顾斯蒂芬——斯蒂芬的走路越来越困难了。他们想要搬去市中心居住，斯蒂芬向学院求助，没想到当时的财务主任对他说："你只是一个普通的研究员，你的住房问题，学院是不能帮你解决的。"

斯蒂芬想到，几年前有一套新公寓正在建造，他去登记申请过，公寓的地理位置也很好，位于商业中心，交通方便。几年以后，斯蒂芬却发现：那套公寓是属于学院的，但那时候，学院没有把这些情况对他讲清楚。

很多读者会问：科学家也会为房子发愁吗？

在不同的国家有不同的体制，但是，房子的问题总是会困扰着很多年轻的知识分子。

在简的自传《飞向无限》中，她首次披露了很多内幕，以及很多在霍金没有成名的时候遭遇到的不公平对待，她这样写道："我们把所有的行李和礼物都塞进了那辆红色Mini，然后直接去剑桥找房屋中介。然而，我们被告知那房子其实已经完成，但是因为他们没有我们的预订记录和姓名，就将房子租给别人了。看来，旧世界也开始变得不可靠了。我们一边沮丧地吃着午饭，一边商量下一步该怎么办。斯蒂芬决定鼓起勇气再去找一次凯斯学院的财务，虽然也不抱希望我们能说服他暂时帮忙。下定了决心，于是我们一起去妖魔的老巢挑战。"

简和霍金见到了一位新来的财务主管，他是一位西藏学讲师，但他从没教过任何学生，所谓的讲师也不过是挂个名头罢了，他的主要工作还是管理学院的财务。

这位财务主管的脸上虽然挂着严肃的表情，但是他比前任财务主管的脾气好多了，他没有训斥斯蒂芬，而是听完他们的话后，脸上略带同情对简和霍金说："我能帮助你们，但是，我只能提供短期的帮助，学院是不会给任何研究生提供住宿的。"后来，财务主任给简和斯蒂芬提供了研究生宿舍的一套房间，房子不是免费的，是要收费的，每晚收取12先令6便士。两个人居住，要收取25先令。

第二章 宇宙之王的青春岁月

面对如此狡猾的校方，简把愤怒压在心底，她努力控制着自己的情绪，不让愤怒在办公室里爆发出来。在自传里，她这样写道："对于这样精明狡猾的手段，我们只能压制怒气，因为我们无处可去，宾馆又超出我们的能力范围。我们只得尽量缩短住在哈维街的时间。"

与狡猾的管理者不同的是，学院的工作人员，尤其是管理宿舍的后勤人员的态度却是相当温暖的，用简的话来说，那就是："真是善良极了，无论是清洁工、工匠、门房或服务生，无一不表现出热心和友好，而这些优点在学院的高层管理者身上却毫无例外地无迹可寻。"

本来焦灼愤怒的内心，因为这些善良的出现，而变得纯真了。简发现，这个世界虽然有黑暗的一面，但是，真善美依然存在。宿舍后勤人员帮他们打开暖气，帮助他们晾晒被子，还在他们住的当天晚上和第二天清晨，送来好喝的茶和好吃的饼干。更让简感动的是：有位女后勤人员要帮他们洗衣服，不收取任何费用。简内心很感激，但是，她还是不愿意让这位好心人太过劳累。

斯蒂芬和简在那间房子里只住了三个晚上，很快，他们就在大学附近找到了一个小房子。那幢房子属于另外一个学院，这房子本来属于学院的一个研究员，那位研究员搬家了，他们就将房子租给了斯蒂芬和简，租期是三个月。

在租期内，斯蒂芬和简在附近发现了一幢闲置的房子，后来，这房子的主人就把房子租给了斯蒂芬夫妇。他们想把房子买下来，斯蒂芬去学院找领导，申请抵押贷款，结果学院做了调查后，认为如果要抵押贷款，存在很大的风险，他们拒绝了。斯蒂芬不放弃，他们从别的地方得到了抵押贷款，修缮房子的钱是斯蒂芬的父亲支付的。

后来，简在出版的自传里，表达了对斯蒂芬导师丹尼斯的感激之情，是导师在他们到处流浪的时候帮助了他们，简说："他帮我们联系到了彼得学院的一位学者，他正想把从学院租来的房子转租出去。那座房子没配备家具，但是我们随时都能搬进去，而且位置极佳，就坐落在小圣玛丽路上，那是剑桥最古老也是最为风景如画的一条路。"

　　斯蒂芬夫妇总算在伦敦有了自己的家，爱情变成了柴米油盐酱醋茶，但就是在这样的日子里，他开始了在事业上的腾飞。

11. 事业巅峰

不管在什么领域，要想获得成功，登上行业金字塔的顶端，都不是一件简单的事情。不光是聪明就能行的，想成为大师，更需要的是努力和勤奋、执着和坚守。身体健康的人想要在事业上成功都不是一件容易的事情，对于坐在轮椅上的霍金来说，更是在挑战极限。不过，霍金挑战成功了，他成为21世纪在天体理论物理学方面最顶尖级的专家。

在英国的天文界，大师很多，从伽利略到牛顿，从哈勃到爱因斯坦。到了50年代，英国剑桥大学天文系又出现了很多赫赫有名的人物，比如：霍伊尔和罗杰·彭罗斯，还有伦敦大学国王学院著名的数学教授、稳恒态宇宙论的创始人之一赫尔曼·邦迪。

在大师云集的天文界，霍金想要成功，他所要付出的努力可想而知。当年，霍金还只是一名默默无闻的博士生，在研究学问的时候，他是非常认真的，也正因为他的执着和钻研，给他带来了机会，也引起了天文界大师们的关注。

有一年，霍金参加了一次学术研讨会，在这次会议上，英国著名的天文学家霍伊尔读了他在稳恒态理论方面的主要观点，还对这些观点和论据进行了解释。霍伊尔不但是天文学家，他还擅长与媒体打交道，更重要的是，他擅长在公众中推广自己的理论，所以，他的稳恒态理论得到公众的认可。

当时，天文界又出现了一种与稳恒态理论唱反调的大爆炸理论，大爆炸理论反对霍伊尔的理论，霍伊尔仍然相信自己的理论是正确的。谈到"大爆炸"这个词的来源，那是霍伊尔在一次广播节目中发明的词汇，他本来是想用"大爆炸"这个词对那些反对者进行嘲笑，但是，霍伊尔没有想到的是，他的嘲笑不但没有成功，还诞生了一个名为大爆炸的理论，而且最终宇宙大爆炸的理论战胜了稳恒态理论。

让我们再回到1964年的学术研讨会上。

那一天，霍伊尔讲话完毕，他微笑着想：我的讲话一定会得到与会者的称赞和尊敬。然而让霍伊尔意料不到的事情发生了，23岁的年轻博士霍金竟然开口对霍伊尔的论文进行批评，霍金说："您在计算中讨论的那个量是发散的，您弄错了。"

面对霍金的批评，霍伊尔有些生气。霍金只是个普通的博士生，而霍伊尔早已经名声在外，霍金的批评让霍伊尔非常恼火，他问："你怎么知道我的研究是错误的？"

面对大师霍伊尔的质问，如果换成别人，可能也就不再吭声了，但是，不肯认输的霍金却认真起来，他看着霍伊尔说："我算过了。"

这简单的四个字，从霍金的嘴里说出来，是那样的简单，但是这四个字却引起一阵笑声。此时，霍伊尔的脸上写满了尴尬，他认为这个年轻博士简直是在向他发起挑战，这让他难以接受。这时候，参加会议的人都认为霍金会与霍伊尔围绕这个话题继续争论，但是，谁也没想到，霍金竟然不再说话了。因为霍金已经计算了很多次，霍伊尔的结论是没有经过计算的，确实是错误的。

那次研讨会之后，在天文界，霍金成为了一颗新星，有人认为：他将成为一位优秀的物理学家，未来的研究之路会充满鲜花和掌声。

后来，霍金的老师西阿玛带着一群学生去伦敦大学国王学院参加学术讲座，在那群学生中，就有霍金。西阿玛此行的目的是想让他的学生们从中学到一点知识，为以后的研究打好基础。与会者都是来自英国各个大学

第二章 宇宙之王的青春岁月

的教授和学生,曾是西阿玛的研究生,也是宇宙学领域的数学大师之一的罗杰·彭罗斯也参加了这次学术会议。

在火车站,霍金拄着拐杖艰难地行走着,但他不想让别人来搀扶他,他要自己走。火车快要开了,霍金还在后面慢慢走着,这可急坏了一起去的同学们,有两个同学干脆从火车上跳下来,把霍金拉上了火车。

这次学术会上,彭罗斯谈了他对"奇点"进行的研究。学术会结束后,在回去的火车上,霍金和同学们进行了热烈的讨论。彭罗斯的演讲,激发了霍金的灵感,但那时,他的灵感只是一点点的碎片,无法连接起来。但是想着想着,霍金忽然有了一点灵感,他对西阿玛说:"如果把彭罗斯的奇点理论用到整个宇宙上,而不只是用在黑洞里,那会发生什么呢?"

这个想法对霍金来说是至关重要的,他要研究这个题目,他的科学大师之路就从这里开始了。奇点理论的研究题目得到了西阿玛的支持,他认为这个想法很好,并希望霍金能把奇点理论写成博士论文。

要把奇点理论写成论文谈何容易,但有了老师的支持和鼓励,霍金有了更大的信心和勇气。越有困难越要去挑战,这就是霍金的性格。霍金曾说过:"我一生中第一次开始努力工作。出乎意料的是,我发现我喜欢这项工作。"

经过刻苦的努力后,霍金的博士论文终于写完了,这篇论文的结论是:"宇宙过去曾经有一个奇点。"教授们仔细阅读后,对霍金说:虽然论文还比较粗糙,但最后一章是最精彩的。最终,霍金的博士论文通过了。于是,23岁的霍金,成为了博士。他又申请了凯斯学院研究员,但是,申请并不顺利。按照规定,博士申请研究员,要有两个人推荐。第一个推荐人是他的老师西阿玛,这不会出现任何问题;第二个推荐是找谁呢?霍金陷入了思考中。当时,西阿玛希望邦迪教授作为推荐人。

在国王学院召开的学术会议上,邦迪见过霍金,他很欣赏霍金敢于挑战霍伊尔的勇气,邦迪还把自己写好的论文拿出来听取霍金的意见。霍金决定去找邦迪做第二个推荐人。所以，邦迪来剑桥大学讲课时，霍金找到了他，希望邦迪能够推荐他当研究员，邦迪听完霍金的话后，只是说了一句："我会写的。"霍金那时候还是个年轻人，没有社会经验，他以为邦迪不会忘记这件事情。

可后来麻烦出现了，几个星期后，霍金接到了凯斯学院的来信，信中的内容大体是这样的：凯斯学院请邦迪教授作为推荐人给霍金写推荐信，邦迪的回答是，他不了解申请人霍金，无法写推荐信。

但是，霍金没有放弃，他思考再三，决定给邦迪教授打电话。西阿玛与邦迪联系上了，他对邦迪说："难道你忘了要给一位有发展前途的年轻研究员写推荐信的事情了吗？"后来，邦迪还是给霍金写了一封推荐信，这封推荐信写得很有激情，不管是谁看了都会被打动的。从此以后，邦迪和他的夫人就成为霍金科研研究的支持者。

霍金成为了凯斯学院的研究员，他将在学院里带薪研究应用数学和理论物理。他有了稳定的收入，也有了幸福的小家庭。

1965年，对于霍金来说还有一件开心的事情，霍金申请到了"万有引力奖"，这个奖是由美国绅士出资建立的，专门奖励在物理研究方面有成就的科学家。其实，这位美国绅士设立这个奖项的目的是为了治好他的痛风症。可是，后来他发现论文不能减少他的痛苦，不过，却为社会培养了很多优秀的年轻的物理学家，这也让他感到高兴。

笔者认为：美国绅士只是在调侃自己罢了，能拿出钱来为科学做贡献的人，实在是太少了。当年没有成名的霍金，他参加这个奖项的目的也是想得到钱来改善生活，因为那时候他和妻子的生活不是很宽裕。

获奖的消息传来，简在厨房里跳了起来，万有引力奖的鼓励奖的奖金是100磅，能得到这笔钱，简和霍金很开心，简的父亲给她存了250磅，简在21岁的时候就能得到这笔钱，现在，他们又有了350磅，这样，他们就能偿还霍金的透支，剩下的钱还能买到一辆汽车，这能不高兴吗？

第二章 宇宙之王的青春岁月

霍金有了名气,他开始被邀请到处讲学。1965年7月下旬,霍金接到了美国康奈尔大学的邀请,他要去参加在那里举办的学术会议。当他们到达纽约的时候,却发生了一件尴尬的事情:空姐仔细看完了霍金和简的护照后,却说他们的名单上没有霍金和简的名字,这让他们很吃惊,因为空姐把他们当成了未成年人。

康奈尔大学成立于1865年,是美国的名校,也是私立大学,如果有人问,康奈尔大学的哪个学院是世界上最优秀的?那肯定是农学院。访问期间,简和霍金都觉得不像他们想象得那么完美,教室离公寓有一公里,对于身体健康的人来说,没有任何问题,可对于霍金来说,那就成了大问题,霍金只能靠妻子的搀扶,勉强行走,但就是这样,霍金还是坚持参加完了会议和活动。

当霍金实现他的理想,进入凯斯学院成为研究员的时候,他发现,在任何有人类的地方,即使是在高级知识分子聚集的地方,也会有矛盾和分裂。对于霍金来说,他是个热爱科学、一心想探索宇宙奥秘的科学家。他在自传里提到凯斯学院的时候,他这样写道:"那个时期凯斯学院的境况使人联想起斯诺小说中的一些情景。在研究员中出现了所谓农民起义以来的最严重的分裂,一些较年轻的研究员联合一起使老研究员落选。存在两个阵营:一方是院长和财务主任,另一方是较进步的一方,后者要求把学院相当的财富较多用于学术的目的。进步的一方利用学院理事会一次院长和财务主任双双缺席的会议选出六名研究员,包括我在内。"

学院内部存在的矛盾和分裂,最终导致院长内维尔·莫特爵士辞职,接任院长的是李约瑟,他用自己的聪明智慧平息了这场争议,从此以后,学院开始走向正规,学术研究的氛围更加浓厚了。

霍金把所有的精力和时间都用在研究方面,他的研究成果越来越多。1968年,霍金成为理论天文研究所的成员,后来,研究所换了新的领导,改名为天文研究所。霍金在天文研究所里有一间属于他一个人的办公室,他名气越来越大，很多知名的天文学家和理论物理学家都来研究所与他一起探讨。

霍金虽然研究天文学，但是，他最没兴趣的是观测天文学。对于观测天文学，很多读者都不陌生，就是通过天文望远镜观测天空。霍金在牛津大学读书的时候，就曾经观测过，但他看到的只是两三个光点，而且还是模模糊糊，无法吸引他。从那以后，他就开始研究理论物理，并取得了很大的成绩。

成名后的霍金，也很少拿着望远镜观测天空——并不是每个天文学家都要整天趴在望远镜前遥望天空的。对于普通人来说，天体物理的理论太过抽象，他们更喜欢的是拿着望远镜看星星，这也就是大师和普通人的区别。

1970年，霍金与彭罗斯合作，开始研究黑洞，他很想在黑洞研究方面有所突破。两人用了两年的时间，使得黑洞物理学方面的研究有了重大的突破。

20世纪80年代，霍金的名气越来越大，获奖次数也越来越多，一时之间，他成为天体物理学界耀眼的明星。霍金获得过爱因斯坦奖章、富兰克林奖章等各种奖章，还有各种荣誉学位。霍金的前妻简在谈到他的奖项时，打了一个生动有趣的比喻："数量之多可与莫扎特的《唐璜》中列波来洛列出的唐·乔瓦尼追求的异性媲美。"

由于霍金的才华和名声，英国BBC的《地平线》曾做过两期节目专门介绍霍金的事迹。随着节目的播出，霍金在英国成为家喻户晓的人物。1981年6月10日，霍金的家里来了一位贵宾，他就是剑桥大学校长菲利普亲王，这天也是亲王的60岁生辰，简亲手做了水果蛋糕，蛋糕上插着6支蜡烛——一支蜡烛代表10岁，六支蜡烛就是60岁。蜡烛点燃了，简的小儿子蒂莫西有幸与菲利普亲王一起把生日蜡烛吹灭，因为亲王还要去会见其他的人，所以，当时他没有吃蛋糕，而是把蛋糕带走了。

第二章 宇宙之王的青春岁月

1981年的秋天，梵蒂冈教廷科学院举办会议，邀请霍金参加。教廷科学院专门为教皇提供科学方面的指导，那次陪同霍金参加会议的不是护士，而是澳洲的博士后研究者伯纳德·怀汀，他的任务是要照顾霍金并给他解释演讲的内容。

1982年，伊丽莎白女王要把大英帝国司令勋章授予霍金，2月23日在白金汉宫举行隆重的仪式。简决定带着孩子陪他一起去参加仪式。不过，因为蒂莫西年龄太小，不能去了，简把他送到父母家。为了参加授予仪式，罗伯特穿上了西装，这是他第一次穿西装，他觉得自己长大了。露西从小被简当成假小子养，她最喜欢穿的衣服是T恤衫和牛仔裤，但为了能参加父亲的授予仪式，她只好穿上了裙子和外套。

简带着两个孩子，陪着霍金，提前一天来到伦敦。他们住在皇家学会大楼的顶层，那里有专门为会员提供的客房。在这里，他们能看到阅兵场，那是专门为皇家骑兵阅兵准备的地方。晚上，当简整理第二天仪式上要穿的衣服的时候，却发现，露西的皮鞋找不到了，此时，简看了一眼露西脚上已经磨得很破的鞋子，发起愁来。

这时候，客房管理员告诉简，摄政街有家卖鞋子的商店，可是，她也不知道那里是否有儿童穿的鞋子。第二天，简的儿子罗伯特在客房里照顾霍金，简带着女儿去了摄政街卖鞋的商店，很快就买到了合适的皮鞋，皮鞋的颜色是棕色的，简觉得非常适合去参加仪式。

没想到的是，去往白金汉宫的路上发生了交通堵塞。幸运的是，霍金一家人可以享受特权，开车进入白金汉宫大门。白金汉宫的院子中间，简把车停在那里。简看了一眼自己的车，它有点旧又有点脏，简忽然觉得很难受。

很快，霍金一家人被人带到白金汉宫的入口处，坐上看起来很老的电梯。有侍者把他们带进大厅，在富丽堂皇的大厅内，简和露西坐在长毛绒椅子上，罗伯特推着父亲霍金去排队，等待女王的接见。

一会儿，女王驾到，军乐队演奏国歌，每位获得奖章的人缓慢向前拜见女王。就在这时候，站在女王身后的一位年龄稍大的士兵因为中暑晕倒了。短暂的骚动后，侍卫被人抬出去，授予仪式有序地进行着。

半个小时以后，女王给霍金颁奖，她看到的是一位身患疾病坐在轮椅上的天体物理学家，身后站着一个身材高大、脸上略带害羞的大男孩。也许此时，霍金的心情很复杂，因为他年轻的时候反对保守党，支持社会党，但是，让他没想到的是，保守党竟然会把代表最高荣誉的奖章授予他，这真的是不可思议的事情。

仪式结束后，霍金一家来到伦敦市一家非常高档的饭店吃饭。简和孩子们边吃饭边仔细看勋章，勋章上刻着六个大字："为上帝和帝国。"简仔细阅读了与勋章配套的说明书才发现，露西可以享受在圣保罗大教堂举行婚礼的特权。

罗伯特看了看妹妹露西说道："到时候，你千万别再把鞋子丢了。"

天文，对于普通的大众来说是神秘的。20世纪70年代中期以后，随着大众对天文的爱好日渐加深，这个学科开始受到大家的关注，霍金进入大众的视野，有人称他为身体残疾的黑洞太空人。霍金的魅力让大众着迷，此时的霍金开始出现在报纸杂志上，他撰写的黑洞方面的文章在报刊发表，电视台播放了霍金的电视纪录片。霍金的微笑成为一道亮丽的风景，激励着很多年轻人奋发向上。

第三章
宇宙之王的人生

作为研究自然科学的著名科学家，在不了解他的人眼里，他也许就是一位奇怪的名人。在熟悉他的人眼里，他热爱生活，热爱艺术，除了宇宙研究，他兴趣广泛，爱好音乐和表演。在电视剧《辛普森一家人》和《生活大爆炸》中，他扮演了不同的角色，他的表演也赢得了观众的认可。高端大气的霍金，在几十年的生活中，却过得并不容易，每一天，他都在同疾病搏斗，但是，他面对疾病，却是乐观向上的。

12. 婚姻那些事儿（一）

英国的两位作家写的《霍金传》的序言里，曾这样写道："霍金从不愿意多谈他的残障，更不愿谈到私生活。他希望人们首先将他视为一位科学家，其次是个科普作家。总而言之，希望能把他当成一个正常人，有着与其他人相同的欲望、动机、梦想与雄心壮志。"

在笔者的这本书中，谈到这个问题的时候，会尽量地贴近事实，不会去虚构一些不切实际的东西。谈到婚姻的问题，大家都认为婚姻是个麻烦的事情，更有幽默大师钱钟书先生把婚姻比喻成围城，他说："城外的人想进去，城里的人想出来。"他的话幽默风趣，让很多人明白了，其实婚姻就是这样。

对于霍金的婚姻，最有资格谈论的是自己，这正像中国的一句俗话说得那样，"鞋子是否舒服，只有脚知道。"很多中国人总是喜欢拿这句话调侃自己的婚姻，那是一种比喻，说白了，就是婚姻是否美满，只有生活在婚姻中的自己才知道。

翻开霍金写的《我的简史》，在谈到婚姻的时候，他这样写道："1979年我旅行到科西加给暑期学校讲课以后，我们第三个孩子蒂莫西出世。之后简的情绪变得更低落了。她担心我很快会死去，希望找到某个人在我死后养活她和孩子并和她结婚。她找到乔纳森。我本应反对这件事，但是我也以为自己会早早死去，并且觉得需要有人在我死后养活孩子们。"

在《我的简史》第91页，霍金是这样描述的："然而，我对简和乔纳森之间日益密切的关系越来越不高兴。我最后不能再忍受这种情形,并且在1990年,我搬出并和我的一位护士伊莱恩住到一个公寓里去。"

霍金和简是在大学时代相爱的,从相爱到结婚,再到漫长的婚姻生活,互相的磨合确实不容易。作为霍金的妻子,她要付出更多的时间和精力照顾丈夫。尤其是对于简来说,她是一个热爱艺术、喜欢写作的女人,她想在自己的领域有所成绩,一边是需要照顾的丈夫和孩子,一边还有工作和事业。世界上有哪个女人能够两方面都顾全,我想,这样的超级女人是存在的,就算存在,那恐怕也只是极少数的。

霍金在谈到第二位妻子伊莱恩的时候,这样写道:"1995年伊莱恩和我结婚,9个月后简嫁给乔纳森。一天上午,当我在脱开呼吸器时昏迷过去。值班护士以为我没事,倘若没有另一位护理传唤伊莱恩,伊莱恩使我苏醒过来的话,我大概早已死去。伊莱恩为这一切危机耗费了大量的情感。我们在2007年离婚。离婚之后我一直单独和一位管家住在一起。"

霍金的第二位妻子在他病重的时候,给了他专业的医学护理,这对于重病的霍金来说,确实是最及时的。很多人在考虑结婚对象的时候,总是把女医生女护士放在第一位,很多男人都想在身边拥有一个白衣天使,在他们生病的时候,能得到更精心的照顾。从1995年到2007年,在这段时间里,伊莱恩确实履行了作为妻子作为护士的职责,精心照顾既是病人又是丈夫的霍金。

不必去猜想霍金与伊莱恩离婚的真正原因,其实,中国还有句俗话说得好:有缘则聚,无缘则散,缘来缘去,就是这么简单。忽然想起一句歌词:爱过就不要说抱歉。曾经爱过,就足够了,在茫茫红尘中,能在那时那刻遇到一个爱你或者你爱的人,携手一起走过一段美好的时光,已经是一件很幸福的事了。

夫妻间真能相守百年的其实并不多,即使离婚了,还能宽容对待对方,

第三章 宇宙之王的人生

还能成为朋友,还能互相帮助,要达到这种至高的境界,那也不容易。

有人曾问过霍金关于婚姻的问题,他只说了一句:"也许是我不太了解女人。"

简在《飞向无限》中,回忆了与霍金一起走过的岁月,也写了很多她年轻时候的事。这本书让笔者对这个伟大的女人有了更多的认识,之所以笔者觉得她伟大,那是因为:当她嫁给霍金的时候,他只是一个普通的博士,没有房子,没有车,没有存款,只有一颗超强的大脑,有一颗勇敢追求梦想的心,更有百折不挠的勇气和在逆境中不服输的精神。

简出身于英国的官员家庭,从小在优越的环境中长大。她年轻的时候,经常参加上层的聚会,经常出国旅游。对她来说,可选择的男人会很多。但年轻的简,却没有嫁给达官显贵,而是选择了霍金,那就证明了她不是一个虚荣的女人。

简后来回忆说,打动她的,是霍金脸上的微笑。

其实,支撑霍金活下去的,不仅是他的梦想,他的研究,更是他的自信和微笑。

霍金曾在自传里回忆他和简婚后的日子。简要跟着霍金到处搬家,那时候真的是有过一段漂泊的日子,那段日子真的很艰苦。后来,霍金有了名气,到处讲学。但由于身体的原因,简需要付出更多的时间来照顾他。1967年,霍金和简结婚两年后,他们的第一个孩子罗伯特出生了,这让霍金品尝到了做父亲的滋味,既兴奋又忐忑。就在罗伯特出生不久,霍金要去西雅图参加会议,简和孩子随行,他发现自己犯了一个很大的错误。

那段时间,霍金的病情越来越严重,他根本没能力照顾婴儿。简既要照顾霍金,又要照顾孩子,很是疲惫。西雅图会议结束以后,霍金开始了在美国的旅行,这让简精疲力竭,霍金在自传里谈到这件事情时是这样写的:"西雅图会议之后我们在美国进行的更多旅行使她精疲力竭。现在,罗伯特和他的妻子卡特里娜还有孩子乔治以及罗斯都住在西雅图,显然这个经历没有给他留下创伤。"

1970年,霍金的第二个孩子露西出生了,她是一个女孩,她出生的地点是在老救济院里,当年,那里是产科医院。

在霍金的自传里,有两张让人感到特别温馨的照片。一张是霍金抱着罗伯特的合影,照片上,可爱的婴儿靠在霍金的怀里,霍金微笑着看着自己的儿子,他感到的是作为父亲的责任和作为父亲的喜悦。另外一张照片是霍金的前妻简抱着儿子罗伯特的照片,简把孩子抱起来,把孩子的额头贴在自己的额头上,那种幸福的味道,只有做妈妈才能体会到。

在婚姻生活里,孩子是夫妻的结晶,家庭里如果没有孩子的笑声,这个家庭就不算完美。如今,中国社会流行的丁克加一条狗的生活模式,让很多老人大跌眼镜。

当年的英国,丁克并不流行,很多人结婚后,还是愿意生育很多孩子的。即使像霍金,他也有了三个可爱的孩子,孩子带给霍金很多快乐。后来,霍金开始写作《时间简史》的目的之一,就是他想挣钱养活自己的三个孩子。

简后来爱上了另外一个男人,那时候她的目的也很单纯,她担心如果霍金去世了,她的三个孩子就没人抚养了,她要给孩子们找一个爸爸。谁都没有预料到,霍金的生命是顽强的。如今他已经73周岁了,依然活着,当了祖父和外祖父,对他来说,他是生活的强者,也是赢家,他赢得的是世界人民对他的尊重。

两位英国作家撰写的《霍金传》,在写到霍金的婚姻的时候,他们曾这样写道:"霍金的女儿露西也打破沉默写了一篇很带揭示性的文章登在全国性的报纸上。文中她叙述了因父母离异而压抑着的悲痛与怨恨。同时她也指出她从未有过别人可能认为的'正常的'童年。尽管她的父母作了最好的努力,她还是被卷进了父亲的名人地位的支流中去。"

在霍金与伊莱恩结婚的时候,露西在布拉格,其他的家里人都各忙各

第三章 宇宙之王的人生

的事情，简也没去参加霍金的婚礼。也就是说，在他二婚的时候，没有一个亲人参加婚礼。

霍金的儿女还是和父母相处融洽的，读者们后来看到了霍金和女儿露西合作的科普童书系列《乔治的宇宙》，如果关系不融洽的话，那套合作的丛书就不会诞生了。

后来，出现了很多对霍金婚姻不符合事实的报道，对于这些现象，笔者认为：那都是在利用名人的名气来吸引眼球，以达到谋利的目的。

作为公众人物，既有好处也有坏处，好处就是名利双收，坏处就是无论你做了什么，全世界都会知道。越是知名度大的人，做的事情越容易曝光，如果哪位名人婚姻出现了问题，就会被大肆炒作。霍金也因为成了名人，各种负面报道就出现了，有人认为，霍金要忍受这些，因为他是名人，是公众人物，就必须承受。

霍金的母亲曾这样说："斯蒂芬与伊莱恩从未说过这伤害了他们，但是我想确实这使他们痛苦。"

霍金是一位科学家。笔者认为，对于科学家应该多一些尊重，因为，霍金毕竟不是好莱坞明星，也不是摇滚歌星，虽然，霍金上过电视，在电视剧里客串了角色，那也只是业余爱好，不能这样拿科学家炒作，那是不尊重科学的表现。

在这场狂欢中，最大的赢家恐怕还是某些媒体，因为，他们的收视率又增长了，他们的广告也多了，腰包鼓起来了，哪管科学家的心里在呐喊。

笔者忽然想到一句话：尊重知识，尊重科学。

这句话说起来容易，做起来却很难，当那些拿霍金狂欢的媒体都安静下来的时候，也许他们才会真正读懂霍金，读懂这位坐在轮椅上的宇宙之王内心的苦闷。

13. 婚姻那些事儿（二）

简曾把自己比喻成涟漪，把霍金比喻成池塘里溅起的水花。那时候，在外人看来，霍金就像红花，而简就是绿叶，每个赏花人看到的都是花的美丽芬芳，谁会去关注绿叶呢？其实，红花有红花的价值，绿叶有绿叶的价值。

在简的自传《飞向无限》一书中，曾这样深情地写道："斯蒂芬的事业要比我自己的重要得多。他注定要在物理的池塘里溅起一大片水花，而我如果能在语言研究的领域荡起一点点涟漪就已经很幸运了。"

70年代初期，虽然霍金成了名人，但由于是残疾人，也遭遇过很多不公平的待遇，甚至是蔑视的目光。但是，当这些嘲笑歧视霍金的人，看到那三个健康可爱的孩子的时候，就会感到难堪。从孩子们的微笑里，霍金找到了对生活的热爱和活下去的勇气。支撑霍金走到今天的，不仅仅是他热爱的事业，还有三个可爱的孩子，孩子们的爱给了他活下去的动力，在逆境中，站在霍金身后支持他的永远是爱他的家人。

笔者记得电影《万物理论》里有这样一个场景，当霍金被检查出患有严重疾病，医生告诉他只能活两年的时候，他是那样的萎靡不振。简知道后，来到宿舍看望霍金，为了让他快乐起来，陪他在校园内打球。简对霍金说："即使你只能活两年，我也会陪伴着你。"当简要和霍金结婚的时候，霍金的父亲对简说："你真的考虑好了吗？"简回答道："我

第三章 宇宙之王的人生

希望陪伴他。"

简和霍金离婚后，不管某些人是怎样丑化简的形象，当年的简的做法，的确是让人感动的。有几个女孩在面对一个病重的男友会做出这样的选择？有人说，这是简的怜悯，因为简是虔诚的教徒。那是不对的，当年，简确实爱过霍金，就像霍金也爱过简一样，至于后来离婚后的矛盾，还有所谓的财产纠纷，不是当事人，谁又能说得清楚。

在简的自传《飞向无限》中，她用朴实的语言回忆霍金在成名前的日子，她写道："没过多久，我得回到威斯特菲尔德学院开始最后一年的学习。每周一早上和斯蒂芬分别时总是痛苦不堪。这样的两地分居对我们俩而言都很艰难。"从字里行间可以看到当年两人曾经是相爱的，两人因为学习和工作的原因不得不分开，心里更是写满相思。简时常牵挂着霍金，担心他一个人腿脚不好，独自一人生活会不方便，担心他一个人外出吃晚饭时会发生什么危险。

都说婚姻会经历不同的阶段，新婚是蜜月期；过了一年后，婚姻中的两个人就会开始产生摩擦；婚后七年就是七年之痒。进入21世纪，对于婚姻，很多人又做了具体的分析，出现了诸如纸婚、木棉婚之类的新词汇，让人听了一头雾水。

简和霍金结婚没多久，斯蒂芬的妹妹菲利帕生病住进了牛津医院，霍金的家人没有把菲利帕住院的消息告诉简，简不知道菲利帕究竟得了什么病，那时候，简和菲利帕之间发生了矛盾。因简深爱着霍金，她希望能和菲利帕关系融洽，这样家庭才能更和谐。让简没有想到的是，处理好姑嫂关系竟然是一件这么难的事情。

婚姻就是这样，有人曾经这样说过：爱情是两个人的事情，婚姻是两个家庭的事情。两个人的事情处理起来都不简单，何况两个家庭的事情，想让两个家庭都能和谐相处，那更是难上加难。

那天，简和霍金约好一起去医院看望菲利帕，没想到就在简和霍金准备去医院的时候，霍金的母亲对简说：菲利帕只想见霍金，不想见到简。霍金的母亲说完这句话，又对简说；"没有人想破坏你们的婚姻，菲利帕也不会。"

站在一边的霍金听了这些话，也没有去安慰简。

当时简的心里很难过，她想要跑到父母身边大哭一场，发泄一下伤心的情绪。不过，那天简还是跟着霍金和霍金的母亲开车去了牛津医院。但是，简没有去医院看望菲利帕，既然她不想见到简，简又怎么好去见她呢？在等候室里，简就安静地坐在那里，她的心里反复吟诵着《熙德之歌》，那是一首描写英雄被流放的诗歌，诗中充满了英雄主义精神。

简从牛津回到家后，她不再提起这些事情，日子还要继续过下去的，她想：婚姻还是两个人的事情，只要她和霍金相爱，那就是最幸福的事情。

聪明的简也发现了一个问题，后来在《飞向无限》的回忆录里，她道出了自己的心声："按照这个家庭的传统，它和许多其他心结和情绪的碎石一起，被扫到了地毯下面，渐渐被灰尘覆盖。情绪问题在这里被视为微不足道，这个家庭需要的是纯粹的智慧氛围。由于情绪可能对智慧产生威胁，因此从来不是谈论的话题。"

刚结婚的简还在大学里学习，期末考试刚刚开始，她就收到了菲利帕写来的信，信中表达了一个意思：她希望能和简处理好姑嫂关系，她会尊重简和霍金的婚姻。后来，简回信表达了对菲利帕的感谢，至于和她友好相处，她的心里还是有困惑的。

婚后两年，简怀孕了，她在回忆录里说她怀孕期害喜症状很明显，需要躺着才能缓解。有朋友告诉她：治疗害喜的办法就是起床前喝上一杯茶。简的父母带来了一份礼物和一个泡茶机，喝了茶的简感觉好了很多。

简的身体很健康，霍金的身体却需要治疗了，他开始定期吃药和注射针剂。他的手指开始蜷曲，已经没法握笔写字了。霍金的导师在物理系替

第三章 宇宙之王的人生

霍金争取到了系里的慈善基金,并用这笔基金给霍金找了私人理疗师。这样,他们就不用去医院了,私人理疗师会按时登门给霍金注射。

霍金性格孤僻,不喜欢和邻居、亲戚聊天,得罪了很多人,邻居们都觉得霍金为人古怪,简看在眼里,急在心里,她只能对邻居和亲友说,霍金不打招呼的原因是因为他身体有病,走路怕摔跤,所以要集中精力。

只有简最了解丈夫霍金。那段时间,他晚上要工作到很晚才回家休息,他在办公室里默默思考,计算控制宇宙起源的公式。他用大脑牢记那些理论,慢慢地,练成用大脑计算宇宙公式的能力,这也算是付出就有回报。

在霍金忙碌的日子里,简在身边陪伴着他,关心着他。同时,一个小生命在简的身体里慢慢地长大,瓜熟蒂落。1967年5月28日,那是一个周日,晚上二十二点整,霍金的长子罗伯特出生了。孩子的降生带给全家的是快乐和幸福,霍金也异常高兴,他把简生了儿子的消息告诉了他的邻居。

做了母亲的简更加忙碌了,她要一边照顾儿子,一边写博士论文,还要照顾丈夫、干家务。那段时间,简的作息时间都被打乱了,黑白颠倒,每天要等到儿子睡着了,才能勉强睡一会儿。

霍金开始成名了,他要去世界各地参加各种活动,简则带着孩子陪着丈夫到处旅行,这种辛苦的滋味,只有简自己才能明白。在简的回忆录里,我看到这样一个场景:在机场候机大厅等候登机的时候,罗伯特坐在霍金的大腿上玩耍,忽然,霍金的脸上出现了痛苦的表情。简领了免费三明治回来的时候,她发现:霍金的新裤子湿了,那是他们的儿子尿湿的,霍金的鞋子里也都是湿乎乎的。简把手里的三明治扔到了一边,大声喊叫起来,她是用叫喊来发泄心中的苦闷。

简的叫喊声喊来了护士,护士帮简处理了这场"事故",护士给婴儿洗得干干净净，简给霍金擦洗干净。广播里开始播送登机的消息，护士给指挥中心打了电话，说明了发生的情况，请航班等等霍金和他的家人。那个时候，他们的儿子罗伯特出生只有七个星期。

这些婚姻里的酸甜苦辣，作为妻子和母亲的简，无时无刻不在经历着。作为一位著名科学家的妻子，她还要陪伴丈夫到处讲演，此时的她，完全变成了绿叶。她有时候也很苦恼，她也有她喜欢的事业。

在事业和家庭面前只能选择其一，这对于任何一个有事业心又有爱心的女人来说，都是很难抉择的。简再坚强，也是一个弱女子，她有时候真的希望她丈夫能从轮椅上站立起来，挑起家庭的重担。不能放弃事业，也不能离开家庭，更要做一个好母亲，简就这样咬牙坚持着，她相信自己一定能走出内心的挣扎。

此后，霍金和简又生了一个女孩和一个男孩，这就是1970年出生的女儿露西和1979年出生的蒂莫西。1979年，37岁的霍金成为剑桥大学的卢卡斯教授，能坐到这个教授宝座的人可不简单，在英国，除了发现了万有引力定律的牛顿、发现了反物质粒子狄拉克，霍金是第三个。

霍金毕生的精力，都在研究宇宙问题，但是，家庭这个"小宇宙"，他却越来越看不懂了，他以自己的超能力发现了宇宙中的黑洞，在他的家庭里却出现了"黑洞"，而且这个"黑洞"无法填补。

1989年，霍金被英国女王授予"勋爵"，这是英国最高的荣誉，这份荣誉是奖励给公职人员和知识分子的。但是，在这些荣誉光环的背后，却是简的痛苦和泪水，获得光环的是霍金，而简获得的又是什么呢？

霍金和简婚后的第一个圣诞节。那时，简特别开心，霍金答应陪简和父母一起去教堂做礼拜。在欧美，圣诞节去教堂做礼拜是很正常的事情。但是，霍金妹妹菲利帕的一句话，却让简觉得很不舒服："你现在是不是觉得自己特别圣洁呢？"

第三章 宇宙之王的人生

霍金没有回答,这时候,霍金的妈妈却开口说道:"你哥哥认为自己是最圣洁的人,因为有一位圣洁的女人陪伴在他身边。"

在霍金的家庭里,他们虽然有时候也会参加宗教活动,但是,绝对是自愿的,想信教就信教,不想信教也无所谓。霍金全家信仰的是社会主义,所以,霍金的父母会到中国来,霍金也三次来到中国。

简和父母都是虔诚的教徒。当简听到这些话的时候,她觉得很难受,不知道该说什么。后来,她在回忆录里写道:"我不知道如何对待这些话,因为这些话似乎有某种共谋的味道,似乎在针对一个很重要而基本的问题——我的信仰。"

面对霍金的家人,简觉得和他们产生了距离,这种距离似乎遥不可及。当时的简以为,新婚都需要磨合期,不仅是夫妻之间,两个家庭之间也需要。她以为岁月会把这个鸿沟慢慢填平,心与心的距离也会缩短,但是后来,简才发现,两个来自不同家庭并且有不同信仰的人,距离只会越来越远。

另一个让简离开霍金的原因是,因为当霍金从科学家成为科学明星之后,带给简的烦恼。成为科学明星的霍金,每天都要接受媒体的采访,简和孩子们也要配合"演出"。这让简开始受不了,她不愿意对着镜头伪装自己,那些拍摄出来的场景与家里的实际生活并不是一样的。当真实的生活被篡改的时候,她就只剩下厌恶的恶劣情绪了,时间久了,她想逃离。

有人说:霍金是带着光环的科学明星,简却不想成为科学明星身后的幕布,她希望能有一份稳定的工作,摆脱科学明星妻子的头衔,能够独立自强自尊地活着。作为一位知识女性,一位女博士,她更懂得,女人要想获得丈夫的尊重,除了必须要有自己的家庭地位,还必须有经济收入。

有句话是这样说的:经济基础决定上层建筑。在家庭里,虽然说夫妻是平等的，可夫妻间收入的差距，也会带来一些家庭问题。有时候财富的多少，就意味着一个人会生活在哪些群体里？富豪有富豪的阶层，中产阶级有自己固定的圈子，贫民也有贫民的阶层。随着霍金名气越来越大，出版的图书越来越多，版税给他带来了可观的收入。简想办法封锁消息，不让任何人知道霍金现在的收入状况。她这样做的目的就是不想失去现在的生活，失去那些与他们在苦难岁月里同甘共苦并且帮助过他们的朋友。一旦霍金的经济收入被公布出去，简担心会有一些他们不想交往的人登门拜访。

都说男主外，女主内。在霍金家里，似乎也是这样。自从霍金和简结婚后，霍金的精力都在研究方面，家里的财务一直由简管理。因为霍金一直坐在轮椅上，简每天都在精打细算地过日子，因为她也担心，假如有一天，霍金病重没办法工作了，那家里就没有了稳定的收入。如果没有钱，三个孩子谁来抚养，他们以后的生活该怎么办？

但是，随着霍金出版了畅销书，一切都开始悄悄发生改变。简后来在传记《飞向无限》中，很清楚地写了她这段时间经历的事情。回忆这些事情，再把痛苦往事写出来，对于简来说，滋味也是不好受吧！

《时间简史》一书的出版合同是1985年签订的。那时候没有手机，没有互联网，更没有微信和QQ，简与纽约的出版商联系，靠的全是书信，那些书信的内容都是关于霍金出版图书的版税问题的。突然有一天，简发现一个重要的问题：霍金不让她管理关于版税的信件了。简急忙与纽约出版商进行了联系，得到的答复是，以后会把版税的信件直接邮寄给霍金，不再邮寄给她。

简在回忆录里写道："我不知道是什么造成了这样的改变，斯蒂芬什么都没解释。似乎经过了这么多年的相互信任，我能有效并谨慎地管理财务的能力受到质疑。"接下来，一件让简不解的事情发生了：版税信件都

第三章 宇宙之王的人生

摆在桌子上,所有人都能看到,临时工也可以拆开并阅读霍金的私人信件,在简的心里,她认为这是霍金在她面前显示天才的权威。

那一年的春天,霍金去了美国,这是他的第二次美国之行。简终于有了自己的生活空间,她的生活变得规律起来。她白天当老师,业余时间会听音乐,有时候去参加讲座,还有学习的时间。她似乎不再生活在霍金的世界里,她找回了真实的自己,她不再感到疲倦,也没有了霍金成名后带给她的空虚感,家里也没有了喜欢和她争吵的护士。

周末的时间,简会陪着小儿子蒂莫西去丹麦的乐高积木城玩耍,那是蒂莫西最大的心愿。简终于满足了他的心愿,蒂莫西很开心。后来,他们全家还一起去了法国度假。在法国,简终于实现了自己的梦想,拥有了一座带有英国风格的乡村花园,还有一个专门给霍金使用的独立卫生间。在法国的那座乡村花园里,简是那样地沉醉其中,她在花园里种满了美丽的花朵。

简是如此深爱这座乡村花园,在她出版的自传《飞向无限》一书中,她用诗意的语言描写了在那里的生活:"在那里,剑桥的狂乱漩涡不复存在,取而代之的是悠闲而缓慢的生活节奏;那里有大地和天空,唯一的声音是云雀的歌唱,它迎着晨曦从绿色的草地直冲云霄,消失在蔚蓝色的天空之中。"

从简的字里行间,笔者读懂了一个喜欢安静的女人的心声。自从霍金成名后,媒体和摄影机一直围绕在霍金和简的生活中,记者会时不时地出现在他们家周围,提出的问题有些是难以回答的。有人觉得,简喜欢的生活已经过时了,但是,她偏偏喜欢乡村,喜欢对着蓝天寻找儿时的梦幻,喜欢遥望无边无垠的天空,喜欢看着落日消失在树林里,喜欢那种惬意悠闲的生活。

简在花园里种植玫瑰,此时,她忽然发现,自己竟然能和伏尔泰小说里描写的人物找到共鸣，这的确是不容易的事情啊！面对生生不息的大自然，简的心胸开阔了很多，她开始对未来充满期待，她认为，她的未来完全掌握在自己手中。

当年，霍金在天文学研究所工作的时候，每到夏天，简经常带着孩子们去研究所看望霍金，天文台外面有片草坪，阳光照在草坪上，能闻到草清新的味道，那抹绿色，映在眼里，就再也无法抹去。

简在自传里用优美的语言，写出了当年他们在草坪上野餐的情景："夏天，我和孩子们有时会去天文研究所探望斯蒂芬，然后我们在天文台外面的草坪上野餐。孩子们人还未到，清脆的嬉闹声已经抢先一步，穿过铺着长绒地毯的走廊，像一阵清新的春风飘到办公室，告诉那心花怒放的父亲，他的孩子们来了。斯蒂芬脸上的表情往往比他的语言更能表达他的心情。这个时候他的脸上总是挂满了笑容，那是对孩子们毋庸置疑的宠爱。"

在天文台周围，有美丽的花园和散发着诱人香味的果园，都安排了专门的人员来照看。简喜欢植物，尤其是喜欢各类花草。在家门前有个花园，花园里种满了玫瑰和百合，微风吹来，美丽的玫瑰和洁白的百合在微风中起舞摇曳。这是每个爱美的女人都想拥有的浪漫的家庭小花园，简觉得自己真的算是幸福的女人。

简还想在门前小花园种植蔬菜。于是，她带着孩子们，一边聊天，一边把种子撒到地里去。然后，就是定期给蔬菜施肥、浇水，看着蔬菜在太阳的照耀下，茁壮成长。蔬菜成熟的时候，尤其到了傍晚，简和孩子们拿着胡萝卜、豆子和生菜，走进斯蒂芬的办公室。这个时候的他在研究了一天的天体物理学之后，看到抱着蔬菜的孩子们，会很开心，然后简带着孩子们先回家，在家里等斯蒂芬回来。

到了70年代初期，小圣玛丽路已经不再是安静的地方了。由于那条路变成了繁华的街道，很多的货车都会经过这里，经常会发生货车误闯这条路，然后就是停在半路不能行驶，只能慢慢挪动，司机想把车退回到路口，倒车也是有危险的，让简害怕的是：有一次房子差一点就被货车撞翻了，汽车尾气充斥在每个房间里，那呛鼻的气味，实在让人难受。

14. 陪伴是一种幸运

20世纪90年代，曾经流行过一首歌曲，曲名叫《最浪漫的事儿》，歌词是这样的："背靠着背坐在地毯上，听听音乐聊聊愿望，我希望你越来越温柔，你希望我把你放心上。我能想到最浪漫的事儿，是和你一起慢慢变老，哪怕老得哪儿也去不了，你依然把我当成手心里的宝。"

歌词浪漫温馨，曲调优美，很快这首歌就在大街小巷传唱。有哪个女人不想拥有这样的浪漫事儿，找一个相爱的男人，相伴到老，"山无棱，天地合，乃敢与君绝。"

不过，愿望归愿望，想找到能够相伴到老的爱人，确实不是一件简单的事情。有人说，缘分之事强求不得，时间到了，该来的人总会来的。但是，多少男女在红尘中寻寻觅觅多年，却依旧是孑然一身。

我的书桌上放着一本《飞向无限》的书，作者是简·霍金，封面上有两支暗色玫瑰，有很多人喜欢这种玫瑰，它看起来是那样神秘，有一种超凡脱俗的味道，它的名字叫黑色妖姬。我不喜欢这个名字，我更喜欢粉色和红色还有黄色的玫瑰，有人说粉色太嫩，红色太过娇艳，黄色又过于陈旧，但我还是喜欢那种浅浅的粉色，放在阳光下，会有一种生命静默绽放的温暖。

我不知道简究竟喜欢什么颜色的玫瑰，但是，我从她的自传里读懂了她。霍金成为享誉世界的名人，简非但没有高兴起来，反而变得越来越苦闷。就在这个时候，她参加了圣马克教堂的唱诗班，成为了唱圣歌的女高

第三章 宇宙之王的人生

音。在这里,她认识了一位音乐家——唱诗班的音乐指挥乔纳森。那时候,霍金的研究生开始照顾他,简就能抽出时间做一些自己喜欢的事情。

乔纳森在得知简的丈夫是霍金以后,他提出要去当志愿者,表示愿意尽自己的力量去帮助他们。简同意了,乔纳森就利用空余时间去帮助霍金,乔纳森的到来确实让简轻松了不少。两个男人和一个女人一起生活,在一些不熟悉他们的陌生人眼里,便成了荒唐的事情。流言开始流传,终于在简生了小儿子之后,她和霍金父母的矛盾爆发了。

那天,在婴儿室里,简和霍金的母亲坐在那里照看婴儿,简想告诉霍金的母亲:乔纳森是来家里做志愿者的,他的妻子患白血病去世了,他一直在与痛苦搏斗,并无私地照顾霍金。但是,让简意想不到的事情发生了,霍金的母亲用冰冷的目光看着简,突然问道:"简,你能告诉我,蒂莫西到底是谁的孩子?他真的是斯蒂芬的孩子吗?"

简愣住了,她没想到霍金的母亲会这样问她。她努力让自己的情绪平静下来,她说她没有和乔纳森做出过任何出格的行为,她一直爱着斯蒂芬,她不会抛弃他。

霍金母亲后来说了一句话,这也许就是导致两人最终分手的原因:"我们从来没有喜欢过你,你不适合我们的家庭,也不适合做我们的儿媳妇。"

简听完这句话才终于明白:她要离开斯蒂芬了,不管她是否愿意。

1990年,霍金与简分居;五年后,两人离婚。1997年7月,简和乔纳森举行了婚礼。后来,简离开英国来到美国的西雅图。当年,她曾陪着霍金在那里旅行,如今,她看淡了过去的一切,她要写一本自传。在英国的一个电视节目中,斯蒂芬向简表示了敬意,这个举动打动了简,她知道,在斯蒂芬的心里,他是感激她的,感激她二十五年的相伴。

曾经有网友调侃:在民政局办离婚是件痛苦的事情,甚至有时候要劝架拉架,有时候还要准备纸巾,让那些悲伤不至于流得满地是泪水。不管是名人还是普通人,对于婚姻,需要的是包容,即使是离婚了,也要友好分手，没必要见面就互相攻击谩骂，那是没道德没素质的人才会做出的事情。

离婚后还能平和地对待一切，不管怎样，对前妻抱着感恩之心，笔者认为只有像霍金这样的人物才能做出这样的举动。

霍金的婚姻也带给很多人启示。如今，霍金由管家照顾着生活，他能解开宇宙的奥秘，却读不懂女人的内心世界。难怪霍金会在七十周岁的生日聚会上公开说："女人完全是个谜。"

很多女人都想说："男人也是一个谜。"

有位教授在他写的《霍金传奇》一书中这样写道："其实，女人并不是一个谜，而是霍金不可能细心去琢磨女人的内心。"

也许，这才是霍金两次婚姻失败的原因。但是，我们不能责怪他，因为他把所有的精力都用来研究宇宙了。

简曾经公开说：她不愿意写传记，传记会让她失去隐私。后来，她明白了一个道理：作为名人的前妻，无论她是否愿意，都已经没有选择的余地，无数的媒体记者都想挖掘霍金成名前后的故事和他活下来的奇迹。

关于那段二十五年的婚姻生活，简在自传《飞向无限》里这样写道："但是我无法轻易忘却那二十五年生活在黑洞边缘的感受，无法轻易忘却那二十五年中取得的卓越成就，尤其那活生生的证明就是我们共同养育的三个漂亮可爱、适应力强、充满爱心的孩子。这是20世纪末期一个英国家庭的故事，大部分都是很普通的，和大部分人的生活没有两样，除了两个元素：运动神经元疾病和天才。"

在霍金的家庭里，很多的故事感动着笔者。霍金的二女儿露西结婚后剖腹产下了一个可爱的男孩，名叫威廉。可爱的小威廉却被检查出患有孤独症，这让简和露西都很痛苦。这又是一个挑战，但简和露西都没有放弃对威廉的治疗，慢慢地，威廉能看到电视上的画面，能听到电视里传来的声音，他还在学校里获得了进步奖章。现在，威廉是个人见人爱的好孩子，

第三章 宇宙之王的人生

遗憾的是，他还没有流利的语言表达能力，不能说完整的话。为了更多的像威廉这样的孩子能得到治疗，简出资建立了一个名为"支持神经回授疗法"的基金会，她希望这样的基金会能在英国普及。

如今，作为单身母亲的露西，在事业上取得了很大的成绩。她写了两部小说《疲倦》和《突如其来的马拉松》，在报纸发表了很多篇文章，还和父亲霍金合作写了一套名叫《乔治的宇宙》的系列丛书。

霍金和伊莱恩离婚后，他又开始和简以及孩子们来往了。他经常会去简的家里参加家庭聚会，有时候也去孩子们的家里聚会，这让简感觉，好像他们又回到了过去。

简仿佛又回到了那条街上，又看见了那个低头走路的男孩，那个男孩对她微笑着；她仿佛又坐在那辆"玻璃马车"上，带着他们的欢笑也带着他们的甜蜜去参加舞会；她仿佛又回到了两人的婚礼上，身披洁白婚纱，手捧花束的简和拄着拐杖的霍金站在那里，接受大家的祝福；她仿佛又回到了陪伴霍金的日日夜夜……

著名作家张爱玲曾经写过一部小说《红玫瑰白玫瑰》，把女人比喻成玫瑰。在霍金的心中，谁是红玫瑰，谁是白玫瑰并不重要，重要的是这两位女人都曾伴他走过风雨人生，在他最困难的时候对他不离不弃。

笔者想起简在《飞向无限》的自传里写的几句话："当他在失重状态下悬浮在空中、摆脱一切束缚时，他脸上的笑容几乎能让群星动容。我也被深深打动着，我想，在他向着无限进发的征途上，我能够陪伴着他走过一段短暂的旅程，也是一种幸运。"

陪伴是一种幸运，是一种责任，更是一种幸福，若能相携到老，便能相信岁月静好。

婚姻就是一场陪伴，有的人是一生只有一个人陪伴在身边，有的人在一生中却会有几个人陪伴在身边。每个女人在披上婚纱的那一刻，都希望今生今世只有一个男人陪在身边，但是，有时候，现实比想象要残酷的多。

所以，牵手以后的路途，一定要好好走。

在简的自传《飞向无限》的结尾，简用心写道："和西街5号的房子和花园一样，我们的生活也被铲除了，不过家庭的核心精神——事实上也是对我青年岁月的肯定——依然存在，尤其当我们大家还能相见并享受相互之间的陪伴时，这种精神展示了其不可撼动的权威。"

第三章 宇宙之王的人生

15. 与疾病搏斗

提起运动神经元症,很多读者都会感到陌生,这种可怕的疾病现在已经成为了绝症,霍金自从21岁患上运动神经元症,他就在与疾病搏斗。笔者可以想象:全身不能行动,坐在轮椅上,吃饭喝水都成了问题,慢慢地等待死亡,这种滋味是非常痛苦的。

初患病的时候,霍金还可以拄着拐杖行走。很多朋友还记得在霍金和简的婚礼上,霍金拄着拐杖站在新娘的身边,脸上带着微笑的情景。就在结婚后不久,霍金的病情开始恶化,他说话越来越艰难,走路也越来越困难。面对儿子的疾病,作为医生和父亲的弗兰克开始研究这种病。经过仔细研究,弗兰克研究出一个药方,它是用类固醇与维生素调配的。霍金相信父亲一定能治好他的病,坚持服药,直到1968年父亲去世,他才停止服药。

在电影《万物理论》中有这样一个镜头:霍金和朋友们在家里聚会,霍金听到儿子的哭声,他想到楼上照顾儿子,可是他要到达二楼却是非常困难的,他只能坐在楼梯上,使出全身力气向上挪动,那小小的楼梯,竟然变成了"高高的山峰",他的脸上露出痛苦的表情。

现实生活中的霍金确实也是这样承受着疾病带给他的折磨的,有位朋友记得很清楚:当年刚刚得病的霍金,从第一级楼梯走到卧室花费了十五分钟的时间。朋友们都想走过去搀扶他,但是,他拒绝了,他不允许朋友们把他当作病人看待,他更不想让人觉得他是个残疾人,他觉得,正常人能做的事情，他也能很好地完成。

在身体不能动的情况下，霍金将全部精力投入到研究宇宙的本质和起源中去。有人把他的这种研究称之为"宇宙游戏"，他是想在研究中忘掉自己是个残疾人这件事。霍金不会感到难过，因为他的大脑里装满了宇宙和天体。他曾说过："我努力去做我想做的事，这样我就会有一种成就感。"

不知不觉间，霍金失去了语言的能力，肌肉萎缩了，可是，在家人和朋友们的眼里，在导师和同学们眼里，他依然是那个脸上带着微笑的大男孩。后来，霍金扔掉拐杖，坐上了轮椅，他的病情继续恶化，他的内心却是不屈服的。霍金的朋友说："他在面对神经元症的时候，只有肉体是屈服的，他的精神永远不会屈服。"

简也说过："霍金不向他的病做任何让步，我也不向他做任何让步。"

笔者终于明白了：这就是霍金战胜疾病，让他的灵魂遨游宇宙的法宝。

霍金的朋友施拉姆曾回忆说："霍金很会自娱自乐，在20世纪70年代初期，霍金和简去纽约开会，会议结束后，施拉姆带霍金去参加一个朋友举行的宴会，他竟然转动轮椅和简跳舞，跳得很尽兴，丝毫看不出疾病带给他的痛苦。

凯思学院每年都要举行一次舞会，霍金每年都要参加，即使是学生们举办的圣诞晚会，伴随着迪斯科的音乐，他也会旋转轮椅伴着音乐一起狂欢。霍金的朋友施拉姆把他称作"派对迷"。

1985年，霍金去瑞士旅行患上了肺炎。他被送进了医院，医生们都认为霍金的病已经非常严重了，提出关掉呼吸机结束他的生命。简反对医生这样的做法，在她的要求下，急救飞机把霍金送回剑桥的阿登布鲁克医院。医生切开了霍金的气管，手术做得很成功，这次霍金能够被抢救过来，简的功劳是最大的，如果没有简的坚持，后果不堪设想。

气管切开的手术，虽然保住了霍金的生命，但是，他的语言表达能力全部丧失了，他唯一能和人进行交流的方式就是，当他看到拼写卡上的正

第三章 宇宙之王的人生

确字母时,就扬扬眉毛。

在霍金的自传《我的简史》中,他写道:"我的言语在手术之前就变得更含糊,所以只有熟悉我的人才能听懂我。然而,气管切开手术把我的讲话能力全部消除。有一段时间,我仅有的能交流的方法是,有人指着拼写卡,指到正确的字母时我扬一下眉毛,就这样逐个字母地拼出单词来。这样交流是相当困难的,更不用说写篇科学论文了。"

后来,加利福尼亚的一位电脑专家得知了霍金的病情,把自己写的一套名字叫作"均衡器"的电脑程序送给了霍金。这样,霍金就可以按动手中的开关,屏幕上就会出现一个菜单,霍金可以从菜单里选择词汇。霍金的眼镜上安装着一个微小传感器,霍金说:"在我的眼镜上有一个微小的传感器,对我的面颊运动作出反应,由此控制整个程序。当我把要说的都聚集好,就能将其送到语音合成器去。"

霍金还没有成为家喻户晓的人物之前,在美国西雅图参加活动的时候,曾经遇到过一件让简厌恶的事情。

在西雅图矗立着一座太空针塔,那是当地的地标建筑。它建于1962年,世界博览会在西雅图举办,主办方就在这里建起这座太空针塔。它的高度有三百英尺,顶端有个观光平台。远远看去,它的形状就像太空飞碟一样,在银色光辉中,带给观光游客一种神秘感。

星期六,霍金和简还有简的同学吉莉安一起去太空针塔观光旅游。简搀扶着斯蒂芬,吉莉安抱着霍金的大儿子罗伯特。景色虽然美丽,但是,阳光渐渐强烈起来,他们都受不了强烈阳光的照射。无奈,简决定:还是乘坐电梯,赶快避开酷暑。坐下行的电梯要排队,这时候,一群年轻女孩出现在简的身旁,看起来也就是十几岁的样子。当她们看到简搀扶着霍金的时候,便开始用眼神交流。乘上电梯以后,这些女孩开始嘲笑霍金,语言非常粗俗。此时的霍金靠墙站着,全身没有力气。简听到这些恶意的嘲笑,真想冲上去痛打她们一顿,告诉这些无知的女孩:她的丈夫虽然是残疾人，但他的大脑没有残疾，他是一位伟大的科学家，那些女孩身体没有残疾，在她的眼里，她们的大脑却是残疾的。

电梯快速地下降，很快到了底层，要走出电梯的时候，一个女孩看了看罗伯特，对简说："这个孩子是你的吗？"简回答："当然！"

然后，那个女孩和同伴们走远了，简的心里还有愤怒的情绪，那种情绪压抑在心里，让她有些难过。

简的同学吉莉安抱着罗伯特说："这真是些奇怪的人，为什么问你这样的问题？"

霍金没听到这些话，因为简和吉莉安站在那些女孩和霍金中间，起到了隔音的作用。霍金不知道发生了什么事情，他只知道太阳暴晒后，他觉得很虚弱。经历了这件事情后，简就非常想回英国，暑期课程结束的前一个晚上，研究所为了让大家放松心情，特意举办了鸡尾酒会。后来，加州大学伯克利分校邀请霍金去那里，一位来自巴西的学者还给霍金和简提供了一幢房子，那房子是空的，无人居住。

简觉得，既然已经在西雅图待了一段时间，再去西海岸住上两个星期也没什么不妥。于是，她又有了当年独自在西班牙旅行时的冒险精神，陪伴霍金开始了另一场旅程。他们拖着很多行李向旧金山出发，简驾驶巨型轿车，对于她来说，道路就像图画书里的迷宫，她要开动脑筋，仔细寻找，才能找到方向。不过，霍金不是路盲，他坐在车里，当起了导航员，感觉自己仿佛回到了牛津大学那艘木船上。

成名后的霍金开始被世界各地的大学邀请去讲学和参观，还要到处发表演讲。但是，此时的霍金已经不会说话了，他需要专门的语言治疗专家来帮助他。在生活中，霍金完全依赖于简，从穿衣服到吃饭，甚至是洗澡。睡觉的时候，霍金需要简把他抱到床上；吃饭的时候，简要把食物切成很小的块儿，他就能自己拿着勺子吃，他吃饭要花费很长的时间。医生鼓励霍金自己上楼梯，这样可以锻炼他的肌肉和身体。

第三章 宇宙之王的人生

但是，简开始觉得疲倦，不愿意跟着霍金到世界各地旅行。这也让简深深地自责，他们之间开始缺乏交流，此时的简，像是进入了生活的黑洞里，她感到焦虑，也感到绝望。她感觉自己就像站在悬崖边，时刻都会跌落下去，而无人来救助她。简曾这样写道："我觉得我自己就像跌入黑洞一样，被无法控制的强大力量拖曳成一根意大利面。"

霍金的感觉越来越像思想者罗丹，他时常把脑袋靠在右手上，他的大脑穿越到另外一个时空，解密黑洞。他时常对记者说："黑洞并不神秘。"

在霍金的身边，总有很多好心人想要帮助他。但是，让简不理解的是，霍金拒绝外人来照顾他，只会接受他父亲提出的一些建议。简觉得霍金很顽固，这种精神支撑着他，让他看上去更加坚强。简心里何尝不明白，如果霍金承认自己是个重度残疾的人，那他就没有勇气继续和疾病搏斗下去。

每天早晨起床，霍金都是在挣扎。简的内心，也是在苦苦地挣扎。她的孩子还小，她还要独自一人照顾霍金。原来那个喜欢旅行、喜欢艺术的女人，慢慢地变成了一个家庭主妇，她希望得到别人的帮助，这也能让夫妻关系更融洽一些。

简的医生在听了她的倾诉后，找到了霍金的医生，他们商量出一个办法，做出了一个轮班的表格，聘请有护士资格的男护士来霍金家给他洗澡。但是，男护士只能在下午五点照顾霍金，这个时间正是霍金工作的时间，让霍金停止工作显然是不可能的事情。

疲倦的简没有办法了，她在等待奇迹。很快，在复活节那天，简想到了一个办法，那就是让霍金的学生们住在位于加利福尼亚州的房子里，给他洗澡，喂他吃饭，学生们可以免费住在大房子里。其实，这也是互相帮助。在学生的帮助下，霍金开心起来，他不喜欢陌生的护士来照顾他，那对他来说，是难以启齿的羞辱，而圈子里的人来帮助他便不一样了。

1976年春天的一个星期六的早晨，霍金和家人都感到喉咙疼痛。到了星期日，霍金开始发高烧。他心里一直不相信医生，他对医院的恐惧就像简对飞行的恐惧。他每呼吸一次，都要不停地咳嗽，他不能吃饭也不能喝水，身体已经撑不住了，但是，他还是坚决不找医生来给他治疗。霍金的身体越来越差，简不忍心看着丈夫就这样被病痛折磨，急忙叫来了值班医生，医生让他服用止咳的药物。但是，霍金都摇头拒绝，他的理由是，药物会压迫自然的生理反应，比咳嗽带给人的危险更大。霍金自己给自己看病，他相信自己，他觉得医生不了解自己的身体，自己的身体自己最了解。

这天还是简的生日，没有鲜花，没有派对，没有生日蛋糕和祝福。因为霍金的病很严重，他的脸色苍白得像一张白纸，还不停地咳嗽，却始终坚持不找医生来看病。后来，他实在支撑不住，又知道了这天是简的生日，才答应了让医生来给自己看病。那天晚上十九点三十分，一位名叫斯旺的医生来到霍金的家，初步检查后，直接叫来了救护车，把他送进了医院。

霍金住进了医院。简忍着痛苦，用手抚摸着他的手臂，安慰他。这时候，一位熟悉的医生出现在他们身边，这位医生名叫约翰，经常护送罗伯特去学校。第二天，医生告诉简，霍金是急性胸腔感染。在医生的治疗下，他的病症减轻了，开始进入恢复期，就像简在自传里的比喻：好比霍金爬上了楼梯的第一格。两天后，霍金的精神很好，可以出院回家了。

刚刚康复的霍金把学生召集起来，要去牛津参加一个五天的会议。简站在门口目送霍金离开，她认为她的行动是鲁莽的，此时的简想逃离这个家，跑得越远越好。这段经历，简写在《飞向无限》的书中。她写道："我和孩子们飞奔到伦敦，在帕丁顿车站上了一辆火车。火车载着我们不断向南，过了埃克塞特，车速慢了下来，以蜗牛的速度沿着蜿蜒曲折的支线挪动。我忘记了缓慢流逝的时间，看不见孩子们在嬉戏，听不见他们的欢声笑语，我只是茫然地盯着车窗外，看着康沃尔宽阔的农田里星星点点的报春花丛，陷入精疲力竭的麻木和沮丧。"

就在简陷入某种沮丧中的时候，援助之手出现了，那就是简和霍金的大儿子罗伯特。九岁的罗伯特开始变得成熟，他学会了帮助妈妈分担家务，

第三章 宇宙之王的人生

开始洗衣服、给爸爸喂饭、帮着妈妈打扫家庭卫生、帮着妈妈去买东西。霍金很高兴,有儿子的帮助,比找个陌生护士要好得多。可对于简来说,她的内心很痛苦,她曾在自传里回忆:"我非常难过,童年是不可重复的无忧无虑,而罗伯特的童年却就这样草草结束了。"

简很敬佩霍金,很多年来,他一直靠着坚强的意志与疾病搏斗,疾病就像可怕的恶魔,只有意志坚强的强者,才能打败它。但是,简有一点难以理解,那就是,"他要把意志的顽固作为与家庭斗争的武器"。

秋天到了,霍金的肺炎治好了。但是,他的肌肉萎缩,吞咽更加困难,他的呼吸也出现了问题。但这丝毫不影响霍金去参加研讨会,而且,他在学术界的声望愈响。研讨会需要一年的时间,霍金非常有兴趣,这样,他就能得到很多的研究经费,剑桥会请来全世界著名的科学家,他可以与科学家们商量合作的事情。

终于,霍金还是接受了一个名叫尼基的护理团队的家庭服务。他们的到来,让简放下了照顾霍金的重担,恢复了正常的生活。霍金每次吃饭的时候,都会咳嗽,只有喝热水才能缓解过来,继续把饭吃完,所以他会把所谓的刺激喉咙的食物丢在一边。

20世纪80年代初期,霍金收获了巨大的成功,他是一个与疾病搏斗的勇士。在轮椅上,他没有放弃,他给自己赢得了很多的荣誉。后来,他的颁奖仪式都是在美国进行的,护士团队都伴随左右。颁奖典礼后,霍金会与来自世界各地的科学家交流,但是后来,有人说这不是开会,这是工作室。

2009年4月,67岁的霍金呼吸衰竭,停止呼吸竟然达到20分钟,但是在很多人都以为他快要去世的时候,他竟然奇迹般地活了过来。这确实是不可思议的奇迹,有人说,他体验了死亡的滋味。

纵观霍金的大半生,辉煌荣誉的背后是他的付出和心血,他与疾病顽强搏斗的精神,感染了一代又一代的年轻人。笔者对霍金是敬佩的,他用生命谱写了一首强者之歌，那种永不屈服的精神，值得每个人为他点赞。

霍金经历了几次大的手术，甚至有一次割开了喉咙，他的顽强的生命力，让很多人叹服。面对困难，面对病痛，很多弱者选择了放弃生命，在霍金的面前，那些轻言放弃生命的人，确实是不值得一提的懦夫。

这段时间，我与父亲谈起霍金，他对我说："你知道霍金的寿命为什么会这样长吗？因为他一直在用脑，一直在做科学研究，这也许就是他能坚持活着的原因，他找到了自身的价值，如果只是碌碌无为地活着，他的生命也不会这么顽强。"

霍金的前妻简也曾经说过："在霍金的大半生中，他最挚爱的是数学和音乐，他一次又一次赶走了死神，几十年来，一直坚持科学研究，我想，那就是他战胜病魔的法宝。"

简还写道："18个月前，斯蒂芬存活的概率被认为是微乎其微的，不过他再一次挫败了悲观的预言：他不仅活了下来，而且还回到了科学研究的第一线，为一个深奥的假设建立理论：在颠倒的宇宙中，想象的粒子是如何在想象的时间（虚时间）里运动的。这个宇宙并不真实存在，它只存在于理论物理学家的头脑中。"

霍金一边工作，一边学习使用电脑，用电脑写作。他了解自己的病情，他还能做到自己控制用药的量。简说："斯蒂芬自己可以控制所有用药。确实，他比任何医生都更加了解自己的状况。"

霍金在回首往事的时候，他绝对不会因为碌碌无为而感到难过和自责，他是宇宙之王，用灵魂遨游宇宙的人，谁能不敬佩他呢？

16. 超级巨星霍金教授

在某些人的眼里,科学家都是一些性格孤僻古怪的人,有时候还带点神经质,霍金曾在他的演讲中说过这样一段话,他说:"一位在实验室中制造弗兰肯斯坦机器人的疯子科学家的卡通人物便是这种不信任的明证。"这是因为对于很多人来说,他们不理解科学家,不信任科学家。理解、信任和尊重科学家,应该是每个人最起码的道德和修养,如果没有科学发明,这个世界就不会如此繁荣。

熟悉中国历史和世界历史的人都知道,中国古代的四大发明,曾经给古老的中国带来飞跃,也给如今的中国带来荣光;如果没有爱迪生发明电灯,世界还在烛光中摇曳;如果没有瓦特发明蒸汽机,蒸汽火车就不会出现。

但是,科学家并不像某些人想象的那样,他们也会生活,也有自己的兴趣和爱好。

霍金,在外人的眼里,他还是著名的理论物理学家。对于理论物理学,在霍金没有出现之前,大家只知道爱因斯坦。霍金出现了,他就像一轮太阳,照亮了理论物理界的天空,除了研究理论物理学,他的兴趣爱好是很多的,比如:听音乐、当演员、参加电视和广播电台的栏目当嘉宾。

在霍金很小的时候,他的父母就带他去剧院听歌剧,培养了他在歌剧方面的爱好;霍金的父母买来很多书,又培养了他读书的爱好。在霍金成名后,他的兴趣爱好就更多了,他参演了多部电视剧和动画片,在电视剧中，他扮演的就是物理学家，也有人称他为天才的演员。

霍金最喜欢瓦格纳的音乐，尤其是《齐格菲田园乐曲》。从他21岁患病到如今，瓦格纳的音乐陪伴他走过了人生的风风雨雨。当年，瓦格纳的乐曲回荡在研究生宿舍的时候，他的人生正是低谷期，身患重病，博士论文还没有写完，工作和事业都没有起步，未来一片迷茫。那时候，霍金与简认识没多久，爱情的火花在他们心中燃烧，他却被查出了疾病，他的内心在挣扎。

1995年8月，当功成名就的霍金教授出现在阿斯本音乐节上，热爱他的人们呼喊着他的名字，那些掌声和欢呼声，带给霍金巨大的幸福。霍金坐在轮椅上报幕，第一个节目就是瓦格纳的作品。霍金用语音合成器为观众们介绍这部作品，他是这样说的："《齐格菲田园乐曲》是瓦格纳在1870年写的，专为在圣诞节之晨在他的新婚妻子卧室演奏的。我现在与我的未婚妻伊莲在这里，我们将在九月结婚，我想这乐曲将会是非常合适的。"

当熟悉的旋律在舞台上响起的时候，这位被大家称赞的最伟大的物理学家，他的内心是沸腾的，就像他的灵魂能遨游宇宙，此时的他，灵魂一定遨游在音乐的殿堂，与瓦格纳在音乐的世界中飞舞。

20世纪90年代，霍金频繁在广播电视上露面。一位科学家，逐渐变成为大众眼里的科学明星，他从学院和研究室走上了荧幕，借助媒体的传播和影响，成为了所有人都熟悉的超级明星。他是前无古人的科学家，笔者不知道他会不会后无来者。随着霍金在媒体上的频繁出现，在英国国内，也出现了另一种批评的声音。有人说，霍金曾经是顶尖级的物理学家，但是近些年，他的能力正在减退，没有了学术成果的霍金，只能依靠媒体的炒作来成名发财。

有两部电视剧，曾经在中国国内引发过追剧热潮，一部是科幻电视剧《星际旅行：下一代》，另一部是情景喜剧《生活大爆炸》。在电视剧《星际旅行：下一代》第六季中，他在第二十六集扮演的角色是自己；《星际旅行》还有个剧名叫《星际迷航》，故事发生在24世纪，让·卢克·皮卡德舰长率领企业号–D探索天空的冒险故事。霍金扮演的自己，在太空船里，他正和牛顿、爱因斯坦等大师下棋。

这部关于太空旅行的电视剧，在各大网站的收视率都很高，而且都是付费才能收看的。笔者记得：去年和前年，我的两个外甥女曾经疯狂地追过这部电视剧，她们攒下零花钱，只为了能收看此剧；她们花钱在网站上购买星际旅行的模型，自己拼装起来，摆在家里作为观赏品。甚至该剧的乐谱都成为各大购物网站的畅销乐谱，在青少年当中掀起了太空热潮。

有时候，很多青少年都会想象：假如有一天，他们也能乘坐企业号，在太空中旅行，那会是多惬意的事啊！不过，太空旅行即使能在未来开发出来，也不是所有的人都适合去做的。太空旅行毕竟是冒险的事情，对于身体的要求是相当苛刻的，假如没有健康的体魄，是不可能遨游到太空的。

霍金参加演出的另一部热播剧是《生活大爆炸》，这部剧在美国国内就是收视率很高的电视情景剧之一。在其中，霍金扮演的角色就是自己。男主角谢耳朵是物理系的客座教授，他是霍金的粉丝，为了能见到霍金，他甘愿做任何事，甚至把自己打扮成女仆的样子，上演了一系列搞笑的故事。

虽然霍金在该剧中只出现了两分钟，但是，他坐在轮椅上，给了谢耳朵一个犀利的眼神，那个眼神的杀伤力，迷倒了很多观众。网友们调侃道："那是霸气侧漏的小眼神，眼神绝对到位。"

霍金教授为什么要用那么犀利的眼神看谢耳朵呢？原来，谢耳朵给霍金看的论文里，出现了低级的错误，被霍金教授看了出来，并且指出了错误，谢耳朵当时晕倒在地，霍金看着谢耳朵，调侃他为"晕倒粉"。于是，热爱霍金的粉丝们发现：教授竟然也有不错的表演技巧，一分钟就可以秒杀谢耳朵。

早在1992年，霍金就做客英国广播公司的《荒岛唱片》节目。这个节目是一个有50年历史的老牌节目，节目时长40分钟，1942年开播到现在，拥有很多忠实的听众，采访了很多的作家、电影演员、科学家。采访霍金的这一期节目是作为1992年圣诞节特别节目播出的，当年的访问者名叫苏·洛雷。

下面，笔者就摘录几段当年的采访，让更多的读者了解一个更加真实的斯蒂芬·霍金。

苏问：斯蒂芬，你在许多方面已经非常熟悉荒岛的寂寞，脱离了正常的身体动作以及被剥夺了自然的交流手段。你有多孤单？

霍金答：我认为自己没有脱离正常生活，我以为周围的人也不这么认为。我不觉得自己是个残疾人，只不过我的运动神经细胞不能运作罢了，不如讲我仿佛是个色盲的人。我想我的生活几乎谈不上是寻常的，但是我觉得精神上是正常的。

苏问：尽管如此，你已经向自己证明了，不像《荒岛唱片》上的多数落难者那样，你在精神和智慧上是自足的。你的理论和灵感足以使自己忙碌不停。

霍金答：我觉得自己天性有点害羞，而且我交流的困难迫使我依赖自己。但是小时候我是个多话的孩子。我需要和他人讨论来激励自己。我觉得向他人描述自己的思想对我的研究大有助益。即使他们没有提供任何建议，仅仅组织我的思想使他人理解，就时时将我引向新的方向。

苏问：但是，斯蒂芬，你情感上如何得到满足呢？即便是杰出的物理学家也必须从他人处得到这些啊！

霍金答：物理学尽管美妙，却是冷冰冰的。如果我除了物理学外一无所有，则无法活下去。正如所有人那样，我需要温馨和爱情。还有，我是非常幸运的，比许多患相同病的人幸运得多，我受到大量的关爱。音乐也是我生活中的重要部分。

苏问：请告诉我，是物理学还是音乐带给你更多的快乐？

第三章 宇宙之王的人生

霍金答：我要说，我把物理学问题全部澄清后获得快乐的强度，是音乐从未曾带给我的。但那是一个人生涯中可遇不可求的现象，而你想听音乐时只要把光碟放在唱机上即可。

当主持人问霍金如果在荒岛上他会听什么唱片的时候，霍金想了想回答道："帕伦克的《格罗里亚》。"1991年夏天，霍金在科罗拉多的阿斯平第一次听到这首乐曲。那一年夏天，物理会议在那里召开，靠近物理中心，有一个音乐节，这个音乐节与众不同，地点是在巨大的帐篷内。当霍金和科学家们在研究如果黑洞蒸发宇宙会发生什么问题的时候，演奏的音乐声就会传到他们的耳朵里，此时的霍金会感到无比的快乐，因为他最喜欢音乐和物理的完美结合了。

霍金在节目里调侃，假如在荒岛上，他能同时拥有物理和音乐，他不想离开荒岛，也不希望被拯救出来。

在谈到霍金已经失声七年的问题时，他是这样回答的："那是1985年的夏天，我在日内瓦的欧美核子中心访问，那是一座巨大的粒子加速器。那年，我得了肺炎，被送到医院急诊。日内瓦的医生告诉我妻子，我不能再活下去了，他们准备撤走维持我生命的生命维持系统。但是，我妻子不同意医生这样做。我被用飞机送回到剑桥的爱登布鲁克斯医院。在那里遇到一位医生，他做了手术，救了我的生命，但是，从那以后，我就不能说话了。"

在节目快要结束的时候，主持人祝霍金教授圣诞快乐。霍金也祝主持人圣诞快乐，并说了这样一句话："我敢打赌说我的天气比你的更加怡人。"这最后一句话，笔者读了很多遍，总觉得有些难以理解。

霍金在无线电广播电台做完嘉宾后，他不再满足只在电波里听到自己的声音，又把目光投向了荧幕。有一年春天，英国电信公司邀请霍金成为他们公司的代言人，为英国电信公司做广告宣传，这个广告片时长90秒，广告片想要表达的主题是交流信息在人们的生活中是非常重要的。主要的目的是要人们用电话来交流，电信公司就可以挣到更多的钱。

霍金的这次商业广告让他有了一笔不小的收入。对他来说，他终于从幕后走到了幕前，为以后获得更多的宣传机会打下了基础。在很多的英国人的心里，提起霍金，让他们想到的不是著名的天体物理学家，也不是写出畅销科普读物《时间简史》的作者，而是英国电信公司广告代言人。

很多人认为：霍金始终处于矛盾之中难以走出来，他一方面很喜欢接触媒体；另一方面，他又觉得媒体泄露了他太多的隐私。这位从理论物理学研究室走出来的科学家，在大众的眼里，已经成为了明星。

1997年，一部《斯蒂芬·霍金的宇宙》在电视台播放，这是他首次正式亮相荧幕，并再次成为了英国观众眼中的巨星。

如今的霍金，既是科学家，又是科普作家，还是娱乐界明星。他还成为互联网上的明星，世界各地的网友们，很多都是他的粉丝，普通的网友也会和霍金教授讨论关于宇宙的问题。有支持者必然会有反对者，那些反对霍金的人也会把他们的反对观点发在网站和论坛上。

超级巨星霍金教授之所以选择接触媒体，是因为媒体能给他更多更广泛的宣传，就像当年霍金教授出版《时间简史》，就是想用通俗的语言向大众普及宇宙的科普知识；这些年，他把研究宇宙的成果，制作成电视纪录片，在电视台播放。借助电视这个大众娱乐平台，能更好地普及他的天体物理学，何乐而不为呢？

不管有多少人站在霍金的对立面去批评他、指责他，霍金这个名字都是一个不朽的传奇。除了他，谁能够抱病坐在轮椅上坚持几十年来研究天体物理学？谁能够带病到处演讲，把演讲的收入用来帮助更多患有运动神经元疾病的人？

笔者想起《霍金传》结尾的一句话："一个人必须足够成熟才会认识到，人生是不公平的。不管你的境遇如何，你只能全力以赴。"

人生有时候又是公平的，它给每个人的时间都是一样的。我们每个人

第三章 宇宙之王的人生

活在世界上，都是一年要过三百六十五天，有人会珍惜，有人会荒废，有人碌碌无为，有人为梦想努力奋斗。想要人生精彩，就必须努力，付出一定会有回报。

17. 霍金的大爱

霍金曾说过,"人类基因中携带的'自私、贪婪'的遗传密码,破解这种遗传密码很难,但是,如果地球上的每个人都能心中有份大爱,就能战胜更多的自私和贪婪。纵观古今,很多人触犯法律都是因为心中的自私和贪婪,贪婪让人变得疯狂,自私让人变得狭隘。自私和贪婪就像魔鬼,它们吞噬着人类的良知,吞噬着美好和善良。"

著名作家托尔金,曾经在他的畅销书《霍比特人》里,对贪婪和自私进行了鞭挞。在这个故事里,他讲述了矮人国灭亡的经过,以及矮人国王对财富的贪婪导致最后亡国的悲剧命运。

霍金成名后,名气带来了巨大的财富,但是霍金并没有一般人对财富的那种渴望,他去世界各地演讲,都可以得到报酬。有一次,霍金在艾伯特大会堂进行演讲,但他一分钱也不要,而是把所有的收入都捐给了运动神经元疾病研究机构,积极地做慈善事业。从90年代开始,霍金到处做慈善活动,把钱都捐给了身体有残障和患有运动神经元疾病的人,他不仅自己去做,还借助媒体宣传,呼吁更多有爱心的人都来关爱他们。

在霍金患上运动神经元疾病后,他心里的痛苦只有他自己能懂。后来,当他得知世界上还有很多像他一样患有这种疾病的病人后,他就有了目标:只要他活着,他就要献出他的爱心,帮助那些和他一样面临不幸的生命走出病魔的阴影。

霍金的前妻简在她的回忆录《飞向无限》中,曾写过这样一段话:

第三章 宇宙之王的人生

"1970年，政府通过了《慢性病患者和残疾人保障法》，尽管这在全世界范围内被当作是为残疾人争取权益所迈出的重要一步，但是在之后很多年，政府都拒绝全面施行这个法案，于是那些本已处于困境中的人们不得不自己行动起来，为法案在地方上施行而奔走呼号。"

霍金和简都是有爱心的人，申诉一直没有结果，于是，夫妻二人开始行动。简把还是小婴儿的露西放在吊兜里背在身上，推着坐在轮椅上的霍金，只有三岁的大儿子罗伯特在他们身后跟着。一家四口走上大街，他们这样做，不是在无理取闹，而是在为残障人士争取更多的权益。

霍金居住的这个城市，到处都有台阶，简的力气不大，既要抬着轮椅上台阶，还要抱着小婴儿，这对她来说，真的是非常困难的事情。有时候，简实在没办法，只能向周围的人求助。让简感到开心的是，很多时候，都是别人主动上前帮忙的，也有人会感到惊讶，问简给霍金吃了什么东西，看起来很瘦，实际上却很沉。

霍金夫妇写给市政府的信件没有得到答复，这让他们很气愤。简认为那些官员不能理解为什么残疾人还要去位于市中心的超市买内衣，认为在超市建立残疾人专用通道是没有意义的。霍金夫妇觉得政府官员对待残疾人是不公平的。于是，简在回忆录里质问当时的政府官员："为什么那些目光短浅的官僚要让他的困难变本加厉？"并且在书中指出："那些官员就是20世纪70年代英国的祸害。"

经过霍金夫妇的不懈努力和斗争，艺术剧院和电影院终于有了可以放得下轮椅的特殊观众席；后来，大学和很多学院修建了专门供残疾人使用的通道；英国国家歌剧院也修建了残疾人特殊通道。有一天，霍金去皇家歌剧院看演出，剧院门口站着的两位年纪稍大的服务人员赶忙过来，想帮助简搬轮椅，结果，他们失手了，霍金从轮椅上摔了下来。

很多年后，当霍金成为名人的时候，市政府才开始到处修建起残疾人通道，态度比以前也有了很大的改善。有些学院不肯为修建残疾人通道而投资，有的理由是缺少资金，有的理由是学院不能为了修建残疾人通道破坏历史建筑。在学院这样的地方，轮椅要想进入学院的食堂，必须通过厨房。每到吃饭的时候，厨房里堆满了杂物，放满食物的餐车也摆在那里。就这样，当简推着霍金来到食堂，找到位置坐下来吃饭的时候已经晚了，很多人对他们投来鄙视的眼神，这让简心里很难受。

即使出去散步，那些坑洼的道路，也会成为阻碍他们前行的障碍物。有一天，意外发生了，简推着霍金出去散步，露西坐在父亲的腿上，走着走着，轮椅的前轮卡在了路上的沟里，霍金和露西同时摔倒在路上。

后来，政府开始给残疾人一些福利。有一次他们得到一个消息：残疾人如果有驾驶执照的，可以把办理驾照的钱要回来。简知道这个消息后，急忙找到霍金的医生询问这件事情的真假，得到的答复是：这种事情没听说过。又过了好几年，这个政策才真正实施。

很快，霍金有了电动车，他能自己控制电动车，虽然他的行动还是受限制，但是电动轮椅解决了他的出行问题。这种残疾人电动车的速度比自行车要快，只是它的性能还不稳定。虽然有人指责电动车的坏处，但自从有了电动车，霍金开心多了，他想去哪里就能去哪里。晚上下班回家的时候，把电动车停在家门口，然后，他就坐在电动车上按动车铃，罗伯特听到车铃的声音，就会从家里跑出来，迎接父亲。

电动车的坏处是：它经常会出现问题。有一次，电动车忽然翻倒了，把霍金吓坏了，值得庆幸的是，他身上没有摔伤。

白天，霍金会遇到各种各样的问题，到了晚上，霍金就能安静下来吗？那也是不可能的。霍金家附近有个彼得学院的音乐教室，就位于教堂花园的旁边，教室里常常有人演奏摇滚乐。虽然这个摇滚教室离学院的教学楼有一定的距离，但是，摇滚教室靠近居民住的房子，半夜里的号叫让周围的居民无法忍受。有一天，霍金的邻居指着彼得学院的方向对简说："亲爱的，你看，他们又要开舞会了。"周围居住的老人和儿童让这种声音吵

第三章 宇宙之王的人生

得无法入睡,即使是在下午,还有一群年轻人聚在那里吹口哨、弹吉他。

无奈,简又开始为居民的利益写申诉信,她给彼得学院的领导写信反映了这个情况;半夜的时候,实在无法忍受的简就把电话打给彼得学院看门的门卫;事情迟迟得不到解决,简便在半夜的时候直接把电话打给了院长。最终,彼得学院的院长出面解决了问题,让那些玩乐器的年轻人在半夜十二点以前把音量降下来,降到最低,并且减少他们的演奏时间。

简又发现,家里三个孩子喜欢在附近玩耍,但是周围经常会来往大型车辆,这对孩子造成了危险。没办法,简只能带着孩子去邻居家做客。处理这种邻里问题,显然比处理学院的问题更复杂,申诉信写了很多,却没有任何用处。

直到1972年,大火烧毁了花园酒店,饭店的管理层开始想办法扩建,这又出现了盖酒店会影响周围居民生活的问题。街上的居民联合起来,反对酒店的扩建,双方都不肯放弃,后来,只好协商谈判解决。最后,居民和饭店的领导坐下来谈判,地点是在小圣玛丽路9号的撒切尔家。

大家都有自己的小算盘,俗话说:"事不关己高高挂起。"从不关心他人的事情,即使自己的利益遭到侵害,也只是得过且过,这种思想,带来的危害是巨大的。假如社会中的每个人都是这样自私麻木地活着,这个社会还有继续发展的希望吗?

有人指责霍金:作为一个物理学家,不好好做研究工作,反而在媒体面前说三道四,到处演讲,捞取金钱。但是,当霍金把挣来的钱都用来做慈善的时候,大家才真正明白他的意图,如果每个人都能用自己的能力挣到钱,然后,拿出钱来做慈善,那才真的是心中有大爱。

在这个浮躁又充满竞争的社会,有的人是拿慈善作秀,但是,霍金不是这样的人,他知道残障人士需要什么,他更能理解他们的内心世界。

只要心中有大爱,再苦再难又算得了什么呢?

18. 超级讲演家

霍金是一位超级讲演家，他到全世界各地去讲演，有些地方的讲演是要收门票的，他会把卖票的收入拿去做慈善。霍金在世界各地的讲演出版后，竟然成为畅销书。

1987年10月在伯明翰召开的英国运动神经细胞病协会会议上，霍金针对他的病情，做了讲演，讲演的题目是《我的病历》。开头他是这样说的："人们经常问我：运动神经细胞病对你有多大的影响？我的回答是，不很大。我尽量地过一个正常人的生活，不去想我的病况或者为这种病阻碍我实现的事情懊丧，这样的事情不怎么多。"

霍金回忆，他上大学的时候，发现患上了运动神经细胞病后，他的心情很糟糕。他说，他在童年的时候，他的动作就不是很自如，他不擅长各种球类运动，他对体育运动很不在乎。在他进入牛津后，他开始划船和掌舵，那时候，他已经达到了学院之间比赛的水平。在牛津第三年的时候，他的身体变得笨拙，有一两次他竟然跌倒在地，他刚过完21岁生日不久，他去医院做检查，医生告诉他得了不治之症，活不了几年的时间。

谈到这些问题，霍金在讲演中是这样说的："不知什么灾难还在前头，也不知病情恶化的速率，我不知所措。医生告诉我回剑桥去继续我刚开始的在广义相对论和宇宙学方面的研究……但是，我没死。事实上，虽然我的将来总是笼罩在阴云之下，但我惊讶地发现，我现在比过去更加享受生活。我在研究上取得进展。我订婚并且结婚，我还从剑桥的凯尔斯学院得

第三章 宇宙之王的人生

到一份研究奖金。"

在下面的讲演中，霍金谈到了他在学院里的遭遇，他觉得学院对研究员的态度有问题，让研究生住宿舍还要收取房租。后来，霍金和妻子为了找到合适的房子到处搬家。以后，霍金得到了学院的赏识，才给他们提供了一幢房子的底层公寓，里面的房间很大。霍金可以驾驶电动轮椅到学院去工作，非常方便，三个孩子也很开心。

霍金的每次讲演，时间都不是很长，他使用语音合成器来讲演，说话的时候带有美国口音，但这并不影响霍金讲演的受欢迎程度。霍金曾说：他的整个成年，都是在与运动神经元疾病做斗争中度过的，他感谢他的妻子、孩子以及朋友和组织，他们都帮助他，幸运的是，他的疾病恶化变得缓慢了。这表明，当一个人患上绝症的时候，也不要绝望，因为，有希望就会有奇迹发生。

霍金的这次讲演，激励了很多残疾人奋发向上，他是真正的励志王。科学普及读物《时间简史》畅销后，他在西班牙奥维多接受阿斯特里乌斯王子协和奖金时讲演，时间是1989年10月。这次讲演，题目是《公众的科学观》，他谈了一些看法，他说道：

"不管我们喜欢不喜欢，我们生活其中的世界在过去一百年间发生了剧烈的变化，看来在下个世纪这种变化还要更厉害。有些人宁愿停止这些变化，回到他们认为是更纯洁单纯的年代……无论如何，即便人们向往也不可能把时钟扳回到过去。知识和技术不能就这么被忘却。人们也不能阻止将来的进步。即便所有政府都把研究经费停止，竞争的力量仍然会把技术向前推进。……如何利用这些兴趣向公众提供必需的科学背景，使之在诸如酸雨、温室效应、核武器和遗传工程方面做出真知灼见的决定？很清楚，根本的问题是中学基础教育。"

霍金针对中学的科学教育问题，提出了尖锐的看法，他说："可惜中学的科学教育既枯燥又乏味。孩子们依赖死记硬背蒙混过关，根本不知道科学和他们周围世界有何相关。"

在接下来的讲演中，他又谈到了对大众普及科学知识来说，出版图书后，能阅读到他的著作的人，只能占到一小半，如果借助电视来传播科学知识，那将是更好的事。霍金在讲演中针对这个问题，发表了他的看法，他说："电视中有一些非常好的科学节目，但是其他节目把科学奇迹简单地描述成魔术，而没有进行解释或者指出它们如何和科学观念的框架一致。科学节目的电视制作者应当意识到，他们不仅有娱乐公众，而且有教育公众的责任。"

后面的讲演部分，霍金谈到了核武器，这是让很多政府首脑都头疼的问题；紧接着又谈到了温室效应的问题。相对于温室效应，核武器带给世界的危害是巨大的，霍金说："核战争意味着地球的全人类在几天内被消灭。冷战结束带来的东西方紧张关系的缓解意味着，核战争的恐惧已从公众意识中退出。但是只要还存在把全球人口消灭许多遍的武器，这种危险仍然在那里。"

从这次讲演中，我们不难看出，霍金想要表达的意思是：科学技术的快速发展，会给人们的生活带来改善，但是，如果把科学技术用在核武器方面，那人类就会走向灭亡，这也就是科学技术发展带给人们的另一个反面的影响。在这次讲演结束的时候，霍金教授提出了更明确的观点："如果我们避免了核战争，仍然存在把我们消灭的其他危险。有人讲过一个恶毒的笑话，说我们之所以未被外星人文明所接触，是因为当他们的文明达到我们的阶段时会先毁灭自己。但是我对公众的意识有充分的信任，那就是相信我们能够证明这个笑话是荒谬的。"

讲演的结尾，霍金教授用了一个笑话来提醒大家，核武器的杀伤力是巨大的，它会毁掉人类创作的一切精神和物质的财富；霍金教授一直反对核武器的制造，这也说明了他不是一个只会待在工作室里计算公式的书呆子。

第三章 宇宙之王的人生

当世界上的人们都还在品味霍金教授的《公众的科学观》的讲演时，1992年5月，五十岁的霍金教授在他的母校英国剑桥凯斯学院，进行了一次讲演，这次讲演的题目是《我的立场》。霍金每次讲演，都会带给人启发，开头他是这样说的："我将讨论我对人们如何理解宇宙的认识：作为'万物理论'的大统一理论的现状和意义。这里存在一个真正的问题。研究和争论这类问题应是哲学家的天职，可惜他们多半不具备足够的数学背景。"

霍金在讲演中阐述了一个令他感到苦恼的问题：在天体物理学领域，在某些人的心里，存在着重视观测实验而轻视理论物理的倾向。这也就是为什么杰出的科学家霍金教授很难获得诺贝尔物理学奖的原因：很多获得诺贝尔物理学奖的科学家都不是从事理论研究的，他们都是从事实验物理学的，能看到实验的成果。而理论物理学，即使是霍金发现了宇宙中的黑洞，可依然无法获得诺贝尔奖。

当年，霍金教授就在讲演中对轻视理论物理研究的态度，表明了自己的立场，他说："在实际中，人们非常犹豫放弃他们已投注大量时间和心血的理论。通常他们首先质询观测的精度。如果找不出毛病的话，就以想当然的方式来修正理论。该理论最终就会变成丑陋的庞然大物。然后某人提出一种新理论，所有古怪的观测都优雅而自然地在新理论中得到解释。"

霍金教授还举出生动的例子来说明这个问题。1887年有个莫雷实验，实验指出，光源和观测者，不管他们是怎样运动的，光速都是相同的。霍金认为：这种手法简直是太不可思议了。霍金说："朝着光运动比顺着光运动一定会测量出更高的光速。实验的结果是，两者测量出完全一样的光速。"

"接下来的18年的时间，后代的两位物理学家又想出了一个办法，他们想把这个观测融入到空间和时间观念的框架中，因为空间和时间观念容易被人接受。他们甚至还得出了一个笨拙的假定，那就是：物体在高速运动的时候会缩短。1905年，爱因斯坦提出了一种观点，时间自身是不能完全独立的。相反，它和空间结合成称为时空的四维的东西。"

早在1980年4月29日，霍金在剑桥担任卢卡斯数学教授，就是他写好就职讲演，由他的学生来宣读。霍金就职讲演的题目是《理论物理已经接近尾声了吗？》。在讲演稿中，霍金谈到在20年代末，有一群科学家访问哥廷根，马克斯·玻恩对这群科学家发表了自己的预言，他说：物理学会的寿命只有六个月。

马克斯为什么发表这样的预言呢？这是因为，在霍金担任卢卡斯数学教授之前，前任的教授狄拉克，他发现了狄拉克方程，按照霍金的话来说，那就是："以他命名的方程制约电子的行为。人们预料类似的方程会制约质子，质子是另一种当时仅知的假设为基本的粒子。然而，中子和核力的发现又使那些希望落空。事实上不管是质子还是中子都不是基本的，它们是由更小的粒子构成的。"

在就职演讲结束之前，霍金给同行们提出了一个警告，他说："也许给他们留下的时光比这个也多不了多少了。现在计算机是研究的好助手，但是它们必须服从人类的指挥。然而，如果人们夸大了它们当前突飞猛进的速度，那么它们很可能会把理论物理完全取代。所以，如果不是理论物理已经接近尾声的话，便是理论物理学家的生涯快到尽头了。"

霍金教授的这个警告，不知道同行们是否牢记在心，但是霍金教授依然保持乐观的心态：虽然，进入新世纪，计算机的出现让人们能更多地接触到丰富的知识，大开了眼界，但是，再好的计算机也取代不了伟大的科学家，很多的科研成果，甚至是机器人，都是科学家发明出来并且进行操控的。从目前来看，计算机也只能是研究的助手，它永远不会超过斯蒂芬·霍金教授的超强大脑。

1991年1月，霍金来到东京，在日本电话电报资讯交流系统公司的模式会议上做了讲演，这次讲演的题目是《爱因斯坦之梦》。而最让人们牢记的霍金的最经典的讲演是《宇宙的起源》,时间是1987年的6月,地点是在剑桥,这是在纪念牛顿《原理》出版300周年的会议上发表的讲演。

霍金讲演的开头很有趣味性,当他谈到宇宙起源的问题时,他说:"是先有鸡呢,还是先有蛋?换句话说,就是何物创生宇宙,又是何物创生该物呢?也许宇宙,或者创生它的东西永远存在,并不需要被创生。"

关于宇宙起源的问题,宗教和科学家各有各的说法,霍金研究的宇宙起源,是建立在科学的基础上的,在讲演的结尾,霍金这样说道:"虽然科学能解决宇宙如何起始的问题,它仍然无法回答这个问题:为何宇宙要在乎其存在?我对此没有答案。"

讲演的结尾,他又留下了一个谜,在霍金粉丝们的眼里,他和他的宇宙学,都是无法破解的奥秘。

19. "霍金热"的思考

从古至今,世界上诞生了很多科学家。很多科学家虽然很有名气,但是,他们的知名度仅限于学术界,用简单的话来说就是:科学家们也只是被小圈子里的人认可,出了圈子,普通民众就不认识他们了。

霍金却与其他科学家不同,在天体物理学领域,他是导师,是大师;出了圈子,他被普通大众熟悉和喜欢,尤其是青少年都把他当成偶像。针对在全世界掀起的"霍金热",笔者想带领读者们思考一下蕴含在表象后面的深层次的东西。

古人曾说过这样的话:要想成功,必须具备三个条件,天时、地利、人和。霍金的成功,具备了古人所说的这三个条件。首先,霍金的形象是阳光向上的。残疾人奋发向上的故事不少,但是,残疾科学家奋发向上的故事却是很少有的;其次,霍金的微笑。有记者说,每次见到霍金的时候,他的脸上总带着灿烂的笑容,他曾提出婴儿宇宙的概念,其实,霍金的笑容看上去就像婴儿般纯真;第三,霍金总能讲出让人震撼的东西,比如,他对未来的预言。

读过霍金的文章、听过霍金讲演的人都会陶醉在霍金建造的宇宙世界里不能自拔。他是一位科学家,却擅长用作家的视角和想象力去思考问题,把本来枯燥的理论形象化,用生动的语言说出来,有时候是采用好莱坞大片的手法来讲解宇宙的奥秘。比如,1988年4月,他在柏克莱的加利福尼亚大学曾做过一次生动的讲演,讲演的题目是《黑洞和婴儿宇宙》。

第三章 宇宙之王的人生

有时候，我也在想象：如果人类乘坐宇宙飞船进入太空，此时，飞船掉到黑洞里，那会发生什么情况？那会像好莱坞科幻冒险片里描写的那样，黑洞会吞噬一切吗？科学就是科学，科学和科幻还是存在差异的。科学是精确的；科幻，顾名思义，就是建立在科学基础上的大胆的幻想。

霍金在他的讲演《黑洞和婴儿宇宙》中，用生动的例子阐述了自己的观点，他说："不少人认为，如果黑洞在旋转的话，你便可穿过时空的一个小洞而到宇宙的另一个区域去。这显然产生了空间旅行的巨大可能性。"接下来，霍金却认真地告诉人们一个道理：人类梦想在星系旅行，但星系旅行不像科幻小说里写的那样快速，即使人类到达离地球最近的恒星，最少的时间也得八年，八年的时间，如果一个孩子诞生了，那他活了八年，也是八岁的儿童了。

霍金在他的讲演《黑洞和婴儿宇宙》中曾这样说："另一方面，如果人们能穿过一颗黑洞，就可在宇宙中的任何地方重新出现。怎么选取你的目的地还不很清楚，最初你也许想到处女座度假，而结果却到了蟹状星云。"

霍金指出：如果星系旅行家们总有这样的想法，那就要让他们失望了，这样的场景只能出现在想象中，在自然的宇宙中是无法实现的。霍金提醒人们："如果人类跳进一颗黑洞，就会被撕得粉碎。"

最近，我在思考"霍金热"。在百度搜索霍金，会弹出很多的网页，有的网站在探讨霍金的宇宙学，有的网站对霍金做了完整的介绍，更多的网站关注的是霍金的婚姻。很多中国网友在网站留言跟帖，大多数都是在研究霍金的婚姻和财富问题。

在我的眼里，我更愿意把他当作一位伟大的科学家，而不是一个娱乐明星，虽然他也参加了电视剧的演出，但也只是客串演出，而且扮演的角色还是自己。如果很多人把霍金当成明星任意调侃的话，那是不尊重他的表现。

从《时间简史》到《果壳中的宇宙》再到与人合作的《大设计》，霍金的著作让中国的天体物理学家也学到了很多的知识。

说实话，为了写好这部霍金传记，我阅读了霍金写的所有书，虽然都是中文版的，但是他的学问确实让人叹服，而他的宇宙理论，即使认真地读了，不是专业的人士，也仅仅只能看到冰山一角，只是看到了一种现象。

我时常在想：普通读者对霍金感兴趣的原因究竟是什么呢？是霍金对未来的预测？还是霍金身残志坚的品格打动了他们？还是霍金的宇宙研究让很多国人着迷？还是只是抱着窥探名人隐私的心理？

最近，我在网上看到了一本书，书名是《霍金究竟知道了什么？》。书中对霍金对未来的预测，对是否有外星人以及近几年频繁发生的自然灾害都做了详细的分析，读完这本书，我忽然明白了霍金会在普通大众中走红的原因。

早期的霍金，在宇宙领域写了很多论文，发表了很多精彩的讲演，那些东西在普通人那里，却显得有些曲高和寡的味道。进入90年代，步入中老年的霍金开始与媒体频繁接触，经过大众传媒包装后，很快就得到了普通大众的认可，粉丝越来越多。

人们喜欢霍金，是因为他是一个讲真话的科学家。他不伪装、不做作，他能把自己的研究成果与大众想知道的东西结合起来，围绕世界发生的各种事情，从政治到自然灾害，他都能分析得头头是道，贴近大众心理。在很快的时间里，他就吸引了公众的目光。所以，"霍金热"开始了，从英国本土传到欧洲再传到中国。

"霍金热"还有一个原因，那就是他研究宇宙的起源问题，并且在剑桥大学发表过讲演。霍金的宇宙起源之所以会引发争论和轰动，那是因为里面涉及到一个受到广泛关注的问题。在没有解密之前，先看看霍金在《宇宙的起源》的讲演吧，他是这样说的："关于宇宙是否并如何起始的争论贯穿了整个有记载的历史。基本上存在两个思想学派。许多早期的传统，以及犹太教、基督教等都认为宇宙是在相当近的过去创生的,用以支持这个近世起源观点的事实,是人们认识到人类一直在文化和技术中进步。事实上,圣经的创世日期和上次冰河期的结束相差不多,而这似乎正是现代人类首次出现的问题。"

霍金在他的讲演中,对牛顿的引力定律也提出了质疑。他说:"根据牛顿的引力定律,宇宙中的每一颗恒星必须被其他每一颗恒星吸引。如果是这样的话,它们怎么能维持相互间的恒定距离,并且静止地停在那里呢?难道它们不落到一起吗?"

霍金认为:牛顿是知道这个问题的,他不想指责牛顿,因为牛顿生活的时代对他的观测发现起到了限制的作用,牛顿提出的引力定律是在宇宙膨胀之前的250年。霍金说:"不管是牛顿还是爱因斯坦都失去了预言宇宙不是在收缩便是在膨胀的机会。"

1929年,哈勃在宇宙膨胀方面又有了新的发现。于是,关于宇宙起源的问题又开始了新的讨论。霍金认为:"宇宙现状之所以这样是因为它过去是那样。但是科学不能解释为何它在大爆炸后的那一瞬间是那个样子的。"

霍金的讲演以及霍金研究的问题,都是热点问题。比如追踪热的新闻报道有了影响,采访新闻报道的记者和主持节目的主持人也会跟着走红。"霍金热"的实质,实际上就是公众更想了解深层次的宇宙起源问题,而霍金,能给他们解开这个问题。

21世纪,人类开始了对太空的探索,美国、俄罗斯以及中国的宇航员都开始了太空行走,太空在人们的眼里不再是神秘的,宇航员在太空中就会一帆风顺吗?

霍金在谈到婴儿宇宙的时候,他讲了这样一个例子:一位航天员掉进了黑洞里,会发生什么呢?引力差会作用到宇航员的头上和脚上,这种引力差会把航天员撕开,这一定是个悲剧。

霍金是这样说的:"在实时间里,一位落进黑洞的航天员的结局是悲惨的。作用到他头上和脚上的引力差会把他撕开来,甚至连构成他身体的粒子都不能幸免。它们在实时间里的历史会在一个奇点处终结。但是,粒子在虚时间里的历史将会继续。它们将进入并通过婴儿宇宙,而且作为从另外一颗黑洞发射出来的粒子而重现,这样,在某种意义上可以说,航天员被运送到宇宙的另一个区域。"

在谈到婴儿宇宙对空间旅行的用处,霍金的观点是:"虽然婴儿宇宙对于空间旅行没有什么用处,但对于我们寻求能描述宇宙万物的完备的统一理论的尝试却意义重大。"

那么,究竟有多少婴儿宇宙存在并能与我们的宇宙区域连接起来?科学家也无法观察清楚。婴儿宇宙,从名称上来看,就是很小很小的宇宙,粒子包含在婴儿宇宙之中。婴儿宇宙太微小了,即使是他们出现了连接和分叉,科学家也不能观察出来。正如霍金所说:"它们连接上后就改变了诸如一颗粒子所带电荷的量的表现的值。"

霍金曾在他的讲演中提到了黑洞和婴儿宇宙的关系,他说:"粒子能够进入黑洞,然后黑洞蒸发并从我们的宇宙区域消失。这些粒子进入婴儿宇宙中。这些婴儿宇宙从我们的宇宙分叉出去。这些婴儿宇宙可以连接回到其他的什么地方。它们对空间旅行无甚用处,但是它们的存在意味着我们预言能力比所期望的更差,即便我们真的找到了完整的统一理论。"

其实,关于婴儿宇宙的研究,并不是一个新的课题。几年前,也有天体物理学家对婴儿宇宙进行过研究,但是,霍金认为,那些人研究的角度太过死板,如果从空间旅行的角度去研究,再申请专利,肯定会带来一笔财富。霍金预测:关于婴儿宇宙和空间旅行的研究,是非常好的研究方向,也是一个值得投入很大精力和时间去研究的课题。

20. 关于《乔治的宇宙》

在霍金众多的著作中,我更喜欢他和女儿合作的这套系列儿童科普图书。因为,那是当了祖父和曾祖父的霍金,送给孙辈们的礼物,包含着他对后代的爱。霍金和女儿合作的《乔治的宇宙》,也是献给世界上所有儿童的珍贵礼物,他的内心深处,还有一颗纯真的童心。

在成人的眼里,很多人把童书看成很低幼的东西,把童书作家说成是小儿科。我从事儿童文学写作多年,深深地体会到,写出一本或者一套深受少年儿童喜欢的图书,绝对不是一件容易的事情。

当我们告别童年,踏入成人世界,即使再纯真的人,或多或少都会用成人的眼光看待孩子,孩子的世界再美好,成年人真的能读懂吗?如果无法驾驭儿童文学写作,写出的东西让孩子看着别扭,那就会出现一种奇怪的表演,就是捏着鼻子装纯真。

大概每个人小时候都有过一个飞天的梦想,想知道金星到底是什么样子?想知道水星上面是不是真的有水?想知道木星上面到底有没有生物?想知道火星是不是真的适合人类居住?

孩子们的大脑里会有一个又一个问号,这些问号,就像乘坐宇宙飞船去太空探索。

我还清楚地记得,在我上小学高年级的时候,我写了一部幼稚的童话《小布娃娃奇遇记》,写了一个布娃娃在太空里的奇遇,后来,由于小学升初中的考试，那部童话就没有写完，现在彻底不知道丢到哪里去了。

推开儿童世界的大门是很难的。但是，真正打开了这扇门，进入到孩子的世界里，你会看到另一种快乐，就像我们又回到了童年，感受到了春天和夏天带给我们的乐趣，带着快乐跑进了幸福小屋，在摇曳的树叶下面，做着一个关于遨游宇宙的梦。

《乔治的宇宙》这套书共三本，分别是《秘密钥匙》《寻宝记》《大爆炸》。每本书都十七多万字，每一本带给孩子的都是不一样的天空。我们先来看看《秘密钥匙》，在这本书里，我似乎找到了霍金童年时代的影子，封面上，一个男孩带着一只宠物猪漫游宇宙，也是有着深刻涵义的。作者引用了爱尔兰作家奥斯卡·王尔德的一句名言："我们都在深沟中，但其中的一些人却在仰望星空。"

少年乔治出生在一个普通的家庭，父母都是环保人士，他们家里没有一件像样的电器。乔治父母不追求时尚，他的衣服和学习用品都不时髦，他的性格内向，在学校里，经常遭到同学的欺负和嘲笑。乔治热爱科学，他根本不在乎同学的嘲笑，他照样生活得很好，内心世界永远充满阳光。

有一天，乔治养的宠物猪跑进了邻居家，他为了找到自己的宠物猪，敲开了邻居家的大门，由此认识了宇宙学家埃里克和他的女儿安妮。埃里克有一台超级电脑，在超级电脑的帮助下，乔治带着宠物猪实现了畅游太空的梦想，他们乘着彗星来到了木星、土星等行星上旅行，遭遇了小行星暴，遇到了危险。他们见到了很多的宇宙中奇特的景象，让乔治大开眼界。

乔治遇到了一个名叫雷帕的博士，他是一个没有道德的科学家，为了自己的利益可以伤害别人的生命。科学家埃里克被雷帕骗到黑洞，黑洞把埃里克吃掉，乔治、安妮和她的妈妈在地球上到处寻找，终于找到了被坏人偷走的超级电脑，超级电脑很神奇，它能从太空中收集那些落到黑洞里的信息,并把它们恢复成原来的样子,埃里克从黑洞里逃了出去,雷帕博士的阴谋破灭了。

乔治回到校园后,在学校的科学比赛中获了奖,他的科学主题就是他自己的太空历险经历。乔治在讲演中说道:"我们要开启宇宙,实际上不需要实体的钥匙,但需要一个非实体的钥匙——物理学。"

作者的寓意很清楚:埃里克战胜雷帕,象征着正义战胜邪恶,科学一定能战胜愚昧。我很喜欢这三本书,虽然是写给儿童的,但是成年人也喜欢充满童趣的语言和超级的想象力,更喜欢那些通俗的科普知识。不是每个成年人都能看懂专业的科学书籍,通俗的科普知识,更容易让人爱不释手。

这本书的翻译杜欣欣曾经在书的译者序里写道:"为孩子写书,作者必须具有一颗童心。童心中最宝贵的一部分便是好奇心,而霍金教授就是一个具有强烈好奇心的人。好玩儿的人才能写出好玩儿的书。"我认同她的看法,只有心怀童心和梦想的人才能写出这样的好书。

《秘密钥匙》这本书,吸引人的不仅是乔治在太空经历的惊险故事,还有丰富的科学知识和新奇的天文知识。比如,提起冥王星,很多读者都会想到我们在地理课上学过的内容,围绕太阳公转的有9颗行星,分别是:金星、木星、水星、火星、土星、地球、天王星、海王星、冥王星。2006年8月,冥王星从9大行星中删除了,国际天文学联合组织不再把冥王星称作行星,它有了一个新名字,叫作矮行星。

在书中,像这样的天文知识很多很多,孩子们看了这些知识后,就像手中有了一把开启天文学的万能钥匙,打开了通往宇宙的大门,让爱科学的孩子们越来越聪明。当小读者拿到这把神奇的钥匙,带着好奇走进宇宙世界的时候,他们会惊讶地发现:原来,宇宙是这样的,月亮和行星都是按照一定的规律升起落下的。

《寻宝记》讲述的故事和外星人有关。这个故事的主角是三个孩子,除了第一部出现的乔治和安妮,又出现了一位9岁的电脑天才艾米特,三个孩子的冒险故事就此开始了。

科学家埃里克告别英国,来到全球空间部工作,这个地方位于佛罗里达。学校放暑假了,于是,安妮和乔治也跟随埃里克来到了佛罗里达,安妮此行的目的,是要带着乔治再来一次太空探险。这些年来,埃里克一直在研究火星上是不是曾经有生命存在过,目的是为了把人类送到火星上居住。于是,埃里克研究出了名叫"荷马"号的机器人,它载着一种非常特别的仪器到火星探测。

"荷马"号飞向天空,9个月后,"荷马"号成功在火星上登陆,遗憾的是,它不能成功地把到达火星的信号发回到地球上,埃里克很着急。安妮为了帮助父亲,悄悄打开了超级电脑。安妮竟然收到了示意图,她产生了怀疑,她认为:一定是找到了外星人,外星人用"荷马"号给她的父亲埃里克发来的信息。

这时候,安妮解读信息,忽然发现一件可怕的事情:外星人妄想彻底毁灭地球,她把这件重要的事情告诉了埃里克。但是,父亲听完她的汇报后,却摇了摇头,说那是"荷马"号发生了故障,所以才会给他发来错误的信息。埃里克认为,那些外星人的故事都是作家和编剧想象出来的。

安妮不同意父亲的想法,她决定做拯救地球的英雄,于是,安妮和乔治做出了一个重大的决定:跟踪线索。在航天基地发送航天飞机的时候,安妮和乔治联手9岁的艾米特,通过超级电脑的帮助,到达了火星北极地区。在那里,他们见到了来到火星后就遭遇了风暴的"荷马"号。"荷马"号联系超级电脑来帮助他们,超级电脑把他们救出来以后,立刻将他们送到土卫六。两个孩子在土卫六上面又发现了新的线索,超级电脑又快速地把他们送到了人马座阿尔法星上,它是一颗行星。

埃里克发现两个孩子的行踪后,立刻赶来救援,他们又去了卫星,准确地说是:巨蟹55A的第五颗行星的卫星。在那个地方,埃里克没想

第三章 宇宙之王的人生

到的事情发生了,他竟然遇到了他的仇敌雷帕博士,这个雷帕博士就是在《秘密钥匙》中把埃里克骗入黑洞的那个没有道德的科学家,故事由此进入高潮。

《乔治的宇宙》第一部《秘密钥匙》出版后,霍金曾经这样说:"给儿童解释科学要比较容易些,因为他们没有成见,乐于学习……我从来没有听说过有与《乔治的宇宙之秘密钥匙》类似的著作。我认为我们的著作可能是独一无二的。"

霍金的女儿露西曾这样说:"我父亲认为,现在有太多的科学幻想(描述宇宙),而我们只讲述科学事实。我们要做真实的科学。"

西蒙 & 舒斯特联合出版社副总裁罗宾·普费弗说过:"就像《时间简史》激励了全世界数百万的成年人一样,《乔治的宇宙之秘密钥匙》将让更多的少年儿童对宇宙物质产生兴趣,从而了解神秘复杂的宇宙。"

在第一部《秘密钥匙》中,埃里克和雷帕博士是敌人;在第二部《寻宝记》中,他们在行星上通过谈判化敌为友。他们从地球带来的氧气已经很少了,眼看着要消耗光了。在氧气还有一点点的时候,他们一起回到了地球。这两个人的经历,不禁让人想到冷战时期,让人啼笑皆非的故事:实际上,苏联和美国两个国家是对手,但是,从表面上看,两方的宇航员都在太空行走,他们还在空中握手。

这些年来,人类一边在探索宇宙的开始问题,一边寻找地球之外是否还有生命存在。如今,地球还是我们赖以生存的美丽家园。霍金也一直在研究其他星球上是否还有生命。"寻宝记",从字面上理解,是在寻找宝贝,这不是普通的宝贝,而是来自天外的生命。

这本书对孩子的纯真、善良和勇敢点赞,同时,也对某些成年人的自私和不道德进行了讽刺。翻译这本书的翻译家,她在序言中表达了自己的想法,她说:"培养孩子并非使他们变成百科全书,而是让他们保持敏锐的好奇心。"其实,全世界的孩子都应该有一颗好奇心,而不是像一本又一本的百科全书。

《寻宝记》这本书对生命起源和太空航行,都进行了新的研究。最有趣的是"宇宙用户指南",这些顶尖级的大师,用通俗易懂的语言,让孩子们了解了宇宙,这才是大师们应该做的事情。与其夸夸其谈,不如安静下来,真正给未来的孩子们留下一些有价值的东西。

在"宇宙用户指南"中,详细地叙述了读者应该怎样去理解宇宙,对电磁力、弱力、强力和引力都进行了具体的分析。想要了解这些知识的读者,可以打开《寻宝记》的"宇宙用户指南",仔细研究一下。

《寻宝记》出版后,立即在美国引起了很大的轰动,《今日美国》曾这样评论说:"更年轻读者的更简明的《时间简史》。"

《出版家周刊》给出的评价是:"由世界上最著名的理论物理学家之一将自己的学科作为一本童书的核心,还有比这更能激励年轻读者对科学兴趣的好方法吗?"

《洛杉矶时报》的评价很幽默:"两年前阅读《内裤队长》的孩子都会喜爱的一部小说。"

《纽约》杂志的评价更加简明扼要:"科盲父母的及时雨。"

很多的父母可能都会头疼,孩子会遇到很多的问题,不是所有的父母都是天才,都是科学家,如果当好奇的孩子遇到科盲父母的时候,那真的是很让人郁闷的事情。如今,这套书的出版,对科盲父母来说,真的就是下了一场及时雨。

在第三部《大爆炸》中,故事就更加精彩了,这个故事是从乔治的宠物猪弗雷迪开始写起的。宠物猪弗雷迪长大了,它长得就像一头小象那么大。乔治不能再把它带在身边当宠物了,乔治的父亲只好把宠物猪弗雷迪送到动物农场。宠物猪弗雷迪在动物农场的日子是不开心的,这时候,乔治和安妮就想在宇宙中给宠物猪找一个适合它居住的地方。在超级电脑的帮助下,两个人开始在宇宙中寻找适合宠物猪住的地方,结

第三章 宇宙之王的人生

果,他们竟然发现了一个反科学的组织。这个组织反对安妮的父亲,也就是研究宇宙的科学家埃里克,埃里克的父亲发明了大型强子对撞机,这个组织的成员准备炸掉它,并且也要炸死埃里克和所有研究科学的人。这个大型强子对撞机不是一般的机器,而是在进行一种实验:宇宙从大爆炸到创生的实验。

第三本书的情节更加紧张惊险好看,其中他们的新朋友文森特说过这样一句很经典的话:"任何人试图改变过去把自己变为正确,把他人变为错误,那么都是不可信任的。"书中还有一句经典名言:"超级电脑具有同情心,同情心使它具有创造力。"

翻译家杜欣欣女士在《乔治的宇宙大爆炸》的译者序中说过这样的话:"这个系列是他人更是前人无法比拟的。生命出现在这个世界上,正如文明降生在宇宙中,其面临的最奇妙问题显然是,我们从何而来,我们为何在此?这是儿童也是所有人最想得到答案的问题。霍金一生最大的使命和成就便是向这个答案推进一大步。"

在《大爆炸》的第七章,安妮的父亲埃里克做了一次科学讲演,题目就是"大爆炸",他是这样说的:"又过了45亿年,从该恒星往外的第三颗行星,将是在已知的宇宙中人类可以舒适存在的唯一地方。他们——你们——会看到恒星、气体和尘埃云、星系和太空中无所不在的宇宙微波背景辐射——但看不到暗物质,虽然它们在物质中占大部分。你们也不可能看到如此深远,因为甚至从其远端发出的 CMB 光子尚未到达我们这里,真的,在宇宙中可能还有不少地方,那里发出的光将永远到达不了我们的行星。"

在我的眼里,这是一套让成年人看了也会觉得好看的书,如果大家看不懂成人版的《时间简史》,那就看看这套《乔治的宇宙》,一样会给读者带来震撼。

霍金和他的女儿撰写的这套系列的科普童书,并不是科幻童书,因为作者给小读者讲解了很多科学知识，更有意思的是，这本书还有点童话的感觉，这就让小读者们更加喜欢。如果在童年时代，有这样一套作品相伴，孩子们的生活将不会单调，他们会学到书本上没有的知识，用丰富的想象力打开一扇通往科学殿堂的大门。

第四章
通往自然科学之路

从十七岁考入牛津大学,开始接触自然科学,一直到七十三岁,还在研究宇宙。在长达五十六年的科学研究中,霍金取得的成绩是巨大的,他发现了引力波,发现了黑洞,提出时间旅行的说法,还用通俗易懂的语言写出了一本畅销书《时间简史》。如果把霍金比喻成科学界的星星的话,他绝对不是流星,也不是彗星,他是恒星,永远闪烁在科学的星空中。

21. 宇宙大爆炸和黑洞理论

在谈论宇宙大爆炸之前，先让我们普及一下宇宙学的基本知识。最先，有人提出了地心宇宙观，接着又有人提出了日心宇宙观。时间进入 20 世纪，通过不断地探索和研究，专家们发现太阳就是一颗普通的恒星。在古代，人们都认为地球是宇宙的中心，但是，到了 1543 年，哥白尼否认了这种说法：地球可能不是宇宙的中心。于是，哥白尼宇宙原理诞生了，被人称为宇宙论的基石。有位美国天文学家希尔克曾说："哥白尼宇宙学原理是大爆炸理论的基础。大爆炸理论实际上先于宇宙膨胀的发现。按照大爆炸理论，宇宙在过去一定要比现在致密得多炽热得多。"

在霍金研究宇宙大爆炸的时候，很多天体物理学家都研究过希尔克研究的这个问题。宇宙学中的大问题是什么呢？那就是宇宙有没有起始。围绕这个问题，许多科学家不停地展开辩论，有很多科学家对这个观点都提出反对的意见。后来，霍伊尔提出了稳态理论。

关于稳态理论，霍金在他的自传《我的简史》中说："人们提出了两种可选择的场景。一种就是稳态理论，在该理论中，随着宇宙膨胀，暗物质被连续地创生以使得密度在平均上不变。因为稳态理论需要一个负能量场去创生物质，所以它从未拥有非常坚实的理论基础。这会使它不稳定并容易导致物质和负能量无法控制地产生。但这个理论有一个巨大优点：它能给出确定的能够由观测来检验的预言。"

到了 1963 年，卡文迪许实验室的马丁·赖尔的射电天文学小组经过观测，发现了稳态理论存在问题。霍金教授在他的著作《我的简史》中用专业的语言对稳态理论进行了科学的分析，那就是："这些源在整个天空分布得相当均匀。这表示它们可能在我们的星系外面，因为否则的话它们会沿着银河系的方向集中。但是源的数目和源强度对比图跟稳态理论预言不相符合。存在太多的微弱的源，表明源密度在遥远的过去曾经较高。"

1965年，有专家发现了微波辐射的微弱背景，这给稳态理论带来了沉重打击。霍伊尔想出了很多办法，但他不能解释清楚关于辐射的问题。霍金得知这件事情以后，庆幸自己没做霍伊尔的学生，如果霍伊尔收留了他，到现在，他一定会去支持稳态理论，即使明明知道这个理论是根本不可能站稳脚跟的。

霍金在《我的简史》这本书中写道："我起初不理解要点是什么。彭罗斯证明了，濒临死亡的恒星一旦收缩到一定的半径，就会不可避免地存在奇点，空间和时间在奇点处终结。我想，我们确实已经知道，没有任何东西可阻止大质量冷的恒星在其引力的作用下坍缩，直至它达到无限密度的奇点。"

后来，霍金认为：他和彭罗斯的奇点定理很原始，他们假设宇宙有个柯西面。但是，随着他们进一步研究，他们发现了一个重要的问题。在《我的简史》中有记载："彭罗斯和我自己的原始的奇点定理需要假设，宇宙有个柯西面，那就是一个和所有粒子路径相交一次并仅有一次的面。因此可能我们的第一条奇点定理只不过证明了宇宙不具有一个柯西面。尽管有趣，但在重要性上，这根本不能和时间有开端或终结相提并论。因此我着手证明不需要一个柯西面假设的奇点定理。"

于是，霍金把研究的结果整理成一篇论文。凭着这篇论文，他在剑桥获得了亚当斯奖，那是1966年，霍金当年只有二十四岁。如此年轻，就获得了这样大的成就，确实是有着不一般的才华。那时候的他，已经患上了运动神经元疾病，但还能拄着拐杖行走；那个时候的他，刚刚和简结婚，

第四章 通往自然科学之路

他们的孩子还没有出生；那时候的他，二十四岁的年龄，却已经在天文物理学界崭露头角。

后来，霍金和乔治·艾里斯合著的《时空的大尺度结构》就是在这篇论文的基础上写成的。这部专著在 1973 年由剑桥大学出版社出版，从那以后，霍金就不再探讨时空因果结构，这就成为了他在这个研究课题方面的最后作品。

霍金在《我的简史》这本书中，谈到时空的因果结构的时候，写道："时空的因果结构是时空的哪些点能够影响其他点处的事件。我愿意告诫一般读者不要尝试查看该书。它是高度专业性的。"

霍金和乔治合作的那本书，确实是一本专业性很强的书。宇宙大爆炸也是属于专业性很强的东西，笔者为了能更精确一些，在涉及这方面理论的时候，都引用了霍金在自传里写的内容。引用这些东西，只是让读者了解宇宙大爆炸其实是存在的。

美国天文学家希尔克在他的著作《宇宙的起源与演化——大爆炸》这本书中，谈到大爆炸理论的时候，是这样说的："早期宇宙非常炽热、非常致密，同时也许还是很不规则的。这种不规则性和各向异性逐渐消失了。在大爆炸后数分钟内出现了一些核反应，宇宙中几乎所有的氦就是在那时合成的。随着膨胀的进行，宇宙逐渐变冷，就像热空气边膨胀边冷却一样。"

时间进入 1970 年，在霍金的生活和事业中有两件重大的事情，一是他的女儿出生了，二是他对黑洞理论的研究成为他最著名的科学成果。与研究宇宙大爆炸不同，黑洞被证明是确实存在的，早在 1967 年，加拿大的专家伊斯雷就对黑洞进行过研究，他认为黑洞应该是球形的。

提起黑洞，有的人认为黑洞就是黑的，它不会发射出任何光芒。对于黑洞，在二百多年前，也就是 1783 年，有位叫约翰·米歇尔的教师，就曾在当时的《伦敦皇家学会哲学学报》发表过一篇题为《暗星》的论文，他在论文中写道，"有一颗恒星，它有很强的引力场，里面没有光。"米歇尔认为，宇宙中会有很多这样的恒星存在，其实，他发现的这种恒星就是后来被天体物理学家称之为"黑洞"的东西。

几年后，法国科学家拉普拉斯侯爵也有了与米歇尔相似的想法，这位法国侯爵把发现黑洞的想法写进了书里，不过后来，他的书《世界系统》中把黑洞的设想去掉了，后人不知道这位侯爵删除的原因是什么。霍金对公众说："也许侯爵认为他的想法一定是疯狂的。"

1915年爱因斯坦的广义相对论出现，得出了一个理论：引力如何影响光的协调。但是，爱因斯坦从没接受黑洞理论。以后，二战爆发了，原本对黑洞感兴趣的奥本海默开始研究原子弹，战争改变了专家学者的研究方向。

二战结束后，人们对原子和核物理产生了浓厚的兴趣，很多专家都开始研究这些学问，黑洞的研究被专家们遗忘了，就这样，又过去了二十年。

从1960年开始，随着类星体的发现，人们又开始关注天体物理学，沉睡的天体物理学重新苏醒过来。

什么是类星体？霍金在《我的简史》中做出了回答："类星体是非常致密和具有非常强大的光学和射电的源的极遥远物体。物体落入黑洞是仅有的能够解释在空间这么小的区域里产生这么多能量的貌似有理的机制。"此时，奥本海默的研究又被人们重新发现了，专家们开始继续进行黑洞理论的研究。

霍金在应用数学和理论物理系的门上贴了一张纸，上面写着一句话："黑洞是看不见的。"系主任看到这张纸，非常生气。

霍金的黑洞理论是在1970年11月的夜晚诞生的。那天夜晚，关于黑洞方面的研究终于有了想法，他感到特别兴奋。于是，整个晚上，他都在思考这个问题，终于明白了：他的因果结构理论适合于黑洞。

第四章 通往自然科学之路

霍金在《我的简史》中写道:"这个理论的一切都是在黑洞毫无观测证据之前发展的,这表明费恩曼讲的,活跃的研究领域必然由实验来驱动的说法是错误的。证明宇宙监督假设是一个从未解决的问题,尽管一些去证伪它的企图都失败了。它对于所有黑洞研究都是基本的,所以我对它是真理具有强大的既得利益。"

围绕着这个问题能有什么样的结果,霍金与基普·索恩以及约翰·普列斯基尔打赌。霍金知道,他能成为赢家,那不是一件容易的事情;他如果输掉了,那倒是很可能的事情,他们很容易找到裸奇点的反例。

霍金是个幽默的人,他把他的观点"自然厌恶裸奇点"印在了T恤上,作为彩头,这让他的对手心情很不好。

霍金发表论文《时空的大尺度结构》后,时间到了1973年,他的女儿露西3岁了,大儿子罗伯特6岁了,他忽然感觉到没有事情可以去做,心里空荡荡的。以后要进行什么研究,霍金又陷入了思考。下一步,霍金打算将广义相对论与量子论结合在一起,也就是说,将大理论与小理论结合起来。遗憾的是,当时的霍金没有量子论方面的背景,他从没有专门研究过量子论。

那个时候,霍金就觉得,如果他先研究奇点定律,似乎有些困难。在霍金的自传《我的简史》中有这样一段:"作为热身准备,我转而考虑由量子论制约的粒子和场在邻近黑洞时会如何行为。特别是,我极想知道,能存在在极早期宇宙形成的极微小的太初黑洞为核的原子吗?"

为了寻找这个问题的答案,霍金开始认真研究,接下来的研究结果,却让他吃惊不小,他发现了从黑洞出来的辐射是存在的。霍金以为可能是计算出现了错误,但是在经过仔细地计算以后,他终于承认从黑洞出来的辐射是存在的这一个观点,确实是真实的。

霍金得出一个结论,他在《我的简史》中写得很清楚:"源自黑洞的辐射会携带走能量,黑洞因此而损失质量并缩小。看来,黑洞最终会完全蒸发并消失。这引起了直插物理学核心的一个问题。我的计算暗示，辐射是严格的热性的和随机的，如果黑洞的面积是黑洞的熵。情况就必须如此。"

这就给天体物理学家们出了一道有趣的智力问题：黑洞内的信息留下的辐射是如何把信息带走的呢？这个观点争论了三十年，在霍金没有找到解决这个问题的办法之前，争论了三十年，没有任何进展。后来，霍金提出了自己的观点，他在《我的简史》一书中写道："信息并没有丢失，不过不以有用的方式返回。"霍金打了一个形象的比喻：有人烧掉了一部百科全书，然后把焚烧的书灰收藏起来，从技术上来说，百科全书中的信息没有损失。但是，如果有人再想去阅读这本百科全书，那就是不可能的了。

有趣的是，霍金喜欢和同行打赌的毛病又犯了，他又和索恩以及普列斯基尔打赌了。结果，普列斯基尔赢了，霍金又输了。霍金送给他一套关于棒球的百科全书，但是，他个人还是认为，给他的是棒球百科全书的灰烬。

第四章 通往自然科学之路

22. 访问美国加州理工学院

中国有句俗话说得好：天道酬勤。霍金在天体物理学中默默努力着，他顶住了来自物理学界某些人的歧视，也顶住了各种各样的压力，克服了疾病带给他的折磨和痛苦，集中所有的精力，在天体物理学界拼搏奋斗。

霍金的刻苦和努力，终于给他带来了丰硕的成果。在三十二岁那一年，他入选皇家学会。霍金的前妻简在她的自传《飞向无限》里对霍金入选皇家学会是这样描写的："次年春天，年仅三十二岁的斯蒂芬入选了皇家学会，这是前所未有的。17世纪时，还有12岁就入选皇家学会的例子，但在那个年代，衡量标准是身份地位而非学术功绩。"

在英国，每位专家学者都渴望能成为皇家学会院士，这对学者们来说，那是至高无上的荣誉。以前入选皇家学会院士的专家，都是获得过荣誉博士头衔的专家，而且还在科学顾问委员会任职。在简的眼里，似乎只有这样的专家才能获得这项荣誉。这项荣誉对于科学家们来说，仅次于诺贝尔奖，也是能给科学家带来荣耀的最高奖励。

3月中旬，霍金接到入选皇家学会的通知，不过，离对外界正式公告的时间还有几个星期。简决定趁着这段时间给霍金准备一个意外的惊喜，那就是给他准备一个派对，她知道，霍金是个喜欢热闹的人。

派对前，简邀请父母和朋友在家里举办了家庭聚会。他们吃的是自助餐，喝的是1945年生产的"古堡拉菲特"葡萄酒，这种酒是凯斯学院专门提供给学院研究员开派对用的，价格也很贵，一瓶酒标价是四十五先令。

这次参加自助餐的人不是很多,原因不是因为家里的地方不够大,也不是因为刀叉的数量不够多,而是因为只有两瓶好酒,每人只能品尝一口。

1974年3月22日,那是一个美丽的夜晚,皎洁的月亮高挂在夜空中,洒下点点银光。在凯斯学院高贵典雅的会客厅内,简为霍金举办的派对开始了,学生们推着坐在轮椅上的霍金来到学院,他的家人、同事还有学生,都在向他欢呼,此时的霍金,感受到的是英雄凯旋的味道。

两个可爱的孩子跑过来,把美味的食物端给来宾,有酥皮陷阱、芦笋卷、烟熏三文鱼,还有上面抹了美味鱼子酱的烤面包。这些美味佳肴都是凯斯学院的厨师们制作的。有位教授把霍金在科学方面取得的成就一一讲给大家听,然后举杯向霍金祝酒:"斯蒂芬,如果你不能得到皇家学会这个荣誉,那么你在科学方面取得的成就也能让你对未来的生活充满信心。"

此时,简和孩子们站在那里,他们的脸上带着灿烂的微笑。在简的眼里,丈夫是最棒的;在孩子们的眼里,虽然爸爸不能到处行走,不能陪着他们做游戏,不能陪着他们旅游踏青,不能陪着他们在大海里游泳,但是,他们的爸爸比任何人都厉害,他不用计算机,就能在大脑内计算出复杂的数学题。

接着,霍金在凯斯学院的派对上讲话。他和简结婚之前,是不习惯在公共场合讲话的;和简结婚后,渐渐地习惯了在公共场合讲话。在派对上,他没有准备任何演讲稿。那天晚上,霍金用微弱的声音讲了很长时间的话,他说话非常慢,但是吐字还是很清晰的。他谈到在剑桥十年的学习和研究生活,他的研究都是以一种不同寻常的方式展开的,那都是不可预见的;他感谢丹尼斯·夏玛对他的支持,也感谢夏玛对他的启发,感谢朋友们能抽出时间参加他的派对。

对丈夫的发言,简在心里有些小小的失落。她心里特别期待霍金能够转过脸来对她微笑,或者说几句话表达对她的感谢,感谢结婚九年来她对

第四章 通往自然科学之路

他的照顾和对他付出的爱,感谢她陪伴他走过青春时光。遗憾的是,这次派对上,自始至终,霍金都没有想到要感谢妻子。后来简以为,那个时候霍金可能太激动了,把她和孩子暂时忘记了。

此时,站在一边的简看着大家都在对霍金鼓掌,便把那种失望悄悄埋藏到了心底,她也是真心替丈夫高兴。两个可爱的孩子还是那样的快乐,他们太小,还不懂什么。派对带给孩子们的是热闹和美食,热闹可以满足孩子们的精神世界,美味的食物满足了孩子们对美食的渴望,这样的聚会,最开心的应该是孩子。

皇家学会新入选学者名单终于公布了。刚刚公布的那周,霍金就接到了美国加州理工大学的邀请函,邀请霍金担任访问学者,待遇非常优厚——一份不错的薪水,一座宽敞的房子,里面的家电样样都有,不需要交纳房租,还有一辆轿车,可以随便使用,还专门为霍金准备了电动轮椅,保证霍金在美国加州可以自由行动。这就意味着霍金将要在美国加州开始一年半的生活。

加州理工大学还为霍金准备好了医务和理疗设备,两个孩子可以在加州上学。此外,霍金的两个学生也被邀请一起去。那时候,简和霍金都认为:他们的生活需要做出改变,改变会给这个家庭注入新的生机和活力,能开阔眼界,孩子们也能得到去美国加州学习的机会。那时候,去美国对孩子有好处,因为露西还不是小学生,而且从明年开始,罗伯特就不上公立学校了。

那个时候,霍金在剑桥遇到了很多危机。简的一位好友告诉她,在一次聚餐会上,一位资深研究员来到简的好友身边,他的脸上带着冷漠的表情,对简的好友说:"你想知道斯蒂芬教授未来在剑桥的命运吗?如果他想继续留在剑桥做研究,那就做好他的本职工作,不要整天发表一些奇谈怪论,不要说什么黑洞并不像它们看上去的那么黑。如果他不本分做研究工作,那就要离开剑桥。"

当好友把这些话告诉简的时候,简就开始为霍金的未来担心。如今,他们接到美国加州大学的邀请去做一年半的访问学者,这对霍金来说,是一件改变他命运的事情。一年半后,因为霍金在美国加州大学受到尊重,剑桥又重新对他发出了返回的邀请,抛出了橄榄枝。重新返回剑桥的霍金,又受到了应有的尊重。

美国加州理工学院是一所知名的私立大学,该校建立于1891年,位于加利福尼亚州的帕萨蒂纳,学生不算很多,在校的本科生有900多名,在校的研究生有1000多名,它在全世界的理工类学院中是最顶尖级的,有31个人获得32次诺贝尔奖,是一个精英集聚的地方。家喻户晓的CBS美剧《生活大爆炸》的背景地就选在美国加州理工大学,加州理工学院的物理排名全美第一。

简去美国加州之前最大的心理问题就是要克服坐飞机时的恐惧——这一次,她必须勇敢面对飞机恐惧症,她还要照顾好两个年幼的孩子。而且,简的心里还埋藏着一个更大的恐惧,这次去美国,她要照顾霍金还要照顾两个孩子,她要照顾他们一年半的时间。在英国,简在生活中遇到困难可以求助父母和邻居,可是在美国,万一她生病了,那可怎么办?谁来照顾霍金和孩子们?

简忽然有了一个很好的想法,邀请霍金的学生们一起去加利福尼亚州,请他们一起住在宽敞的房子里,有他们帮忙照顾霍金,那问题便迎刃而解了。她有了这个想法以后,感觉心情舒畅了。这些学生的帮助对霍金来说,是不可缺少的。霍金无法自己吃饭,这就需要有人一日三餐给他喂饭。

简把这个想法告诉霍金,霍金却拒绝了。但是后来,霍金经过仔细考虑后,还是同意了让他的学生来照顾他,因为他明白能不能去加州,取决于他是否能找到照顾他的人。简能敞开心扉说出她的难处,他就应该体谅并尽力替她解决。

简很快把这个好主意对霍金的两个学生伯纳德·卡尔和彼得·德阿瑟

第四章 通往自然科学之路

说了，两人考虑后愉快地同意了。

就这样，一行六人怀着对未来的希望飞往美国，他们的人生也开启了一个新的篇章。在英国凯斯学院举行宴会的时候，一位厨房主管曾经对霍金夫妇说：每次学院里举行宴会，给霍金夫妇安排座位都是一个难题，因为没有人愿意和他们夫妇俩坐在一起用餐。但是，在霍金和家人到达美国洛杉矶的时候，他们却受到了资深学者们的欢迎。

有一位名叫玛丽·卢的女士主动和霍金夫妇打招呼，她虽然个子不高，皮肤是棕褐色的，但她脸上的笑容灿烂温暖。这是在一个派对上，参加派对的都是居住在美国的英国人，此时，霍金和家人到达洛杉矶只有一个星期，对他们来说，从冰冷潮湿的地方来到温暖的地方，他们的心情很好。但是，由于来洛杉矶的时间不久，他们还不适应这种直接交流的方式。当年，他们在剑桥参加派对，用了十年的时间，才让大家认识他们。

很快，霍金夫妇离开洛杉矶来到了美国的加利福尼亚州，开始了他们的新生活。兴奋的简给她的父母写了一封信，信中，她表达了自己此刻的心情："亲爱的爸爸妈妈，一切都太令人兴奋了！飞行时间很长，但是和上一次飞越北极之行相比要顺利得多……飞机在英国时间凌晨两点降落，我们顿时精神一振，睁大眼睛看着眼前陌生而新奇的一切。"

当霍金夫妇到达了他们位于加利福尼亚州的家门前的时候，简发现：这幢房子看上去是那么漂亮，夕阳西下，落日的光芒照在窗子上，闪烁着五彩的光。屋内非常宽敞，有很大的沙发，卫生间有好几个，那些仿古的家具都是崭新的，甚至毛巾和瓷器还有厨房用的东西，看上去都很像古董。

这幢房子离霍金的办公室很近，对面就是孩子们上学的学校，这简直是太方便了。此时的霍金也特别开心，因为他的电动轮椅很好，他正在学会如何操控它，这个电动轮椅最大的特点就是速度很快，他可以自己操控轮椅，这样行动比以前方便多了。

这幢房子还有一个花园，几位园丁在整理草坪，给草坪浇水，他们采用的是地下灌溉系统，这就不需要再用喷水壶了。早晨，当简和霍金来到露台上，他们看到了美丽的景色，这些景色在英国是看不到的。

1974年12月，简的父亲退休赋闲在家。于是，简的父母来到加利福尼亚州，想和霍金夫妇一起住几天。在加州的日子，霍金夫妇很忙碌，他们要接待很多客人。霍金的博士生也来了，和霍金住在一幢房子里，会帮助简照顾霍金的起居。后来，他找到居住的地方，搬了出去。

在美国的加州，简最开心的事就是终于能得心应手地驾驶汽车了，即使去商店买了很多东西，店员都会面带微笑地把商品包好，再帮忙搬到车上。最有意思的是，7岁的罗伯特成为了优秀的导航员，他拿着高速公路的地图，就能很清楚地给简指明方向，并告诉她，应该在哪里拐弯。

在快乐美好的时光里，两个孩子要上学了。这是孩子在帕萨迪纳第一天上学，简很担心孩子们能否适应学校的生活。早晨，简把两个孩子送到学校的大门口。中午，简去接露西，露西在小学的幼儿园学习。中午，接孩子的妈妈们都开着私家车来到学校大门口，这些车停在门口，排成了队。

停车的道路上站着一个门卫，轮到简接露西了，简把露西的名字告诉了门卫，门卫手拿喇叭冲着学校大门高声喊着露西的名字，喊了好几遍，也没看见露西的身影。这时候，来接孩子的家长都在议论，是不是孩子被人绑架了？家长们有了这个想法，吓坏了院长和老师们，校门口开始有点乱。

于是，院长、老师还有家长们，开始在学校内到处寻找露西。后来，露西从学校走了出来，原来她在学校里吃了午饭后，在操场上玩得太开心，忘了回家的时间。幸亏露西找到了，简从紧张的情绪中解脱出来。

霍金很喜欢现在的生活，办公室里有空调，学院和家里都有斜坡，他能自己操纵轮椅进出自由，终于找到了对他来说很必要的独立的感觉。在这里，霍金有秘书，还有一位理疗师，照料他的工作和起居。

在美国加州理工学院，霍金感受到尊重，两个孩子也喜欢在加州的生活。在加州，房间内的电视机是彩色的，而在英国，他们只能看黑白电视机，而且那台黑白电视机也已经坏掉了。有了彩色电视机，霍金和简看了很多的电视系列片。当霍金刚刚看完英国系列片《人类的攀升》的时候，他得到消息，教廷科学院授予霍金庇护十一世奖章。刚开始的时候，霍金想拒绝这个奖项，因为他看到在《人类的攀升》中，伽利略被带到梵蒂冈审讯，最后，伽利略被终生软禁在梵蒂冈。但是后来，霍金还是去梵蒂冈接受了奖章。

当年，在加州理工学院物理系有两位获得诺贝尔奖的科学家，一位名叫理查德·费恩曼，一位名叫默里·盖尔曼，两个人因为竞争导致关系恶化，关系很不好。在每周研究班，盖尔曼刚开口说道："我只不过要重复去年曾经做过的讲演。"

费恩曼一听到盖尔曼说话，立刻站起来就走。等到费恩曼离开后，盖尔曼继续说道："现在费恩曼离开了，我可以讲我想要讲的东西。"

霍金在加州理工学院的时候，他又和索恩打赌："天鹅座 X-1 双星系统不包括一颗黑洞。"关于霍金和索恩打赌的事情，他在《我的简史》中写得非常详细："天鹅座 X-1 是一个 X 射线源，其中的一颗正常恒星正失去它的外层并落到一颗看不见的紧致伴星上去。随着物质朝着伴星落去，它发展出一种螺旋运动并变得非常热，而发射出 X 射线。"

霍金和同事打赌，如果是同事赢了，同事会收到由霍金订购的一年的《阁楼》杂志。打赌结果是霍金输了，他给同事订了《阁楼》杂志，这本杂志让同事的妻子非常生气。

在加利福尼亚，霍金和这个学院的一位研究生唐·佩奇一块儿从事研究工作，研究霍金预言过的从黑洞来的辐射能不能被观察到。

12月，霍金带着团队去达拉斯开会，简和孩子们留在家里。一天晚上，简在睡梦中，突然床不停地摇动起来，她醒过来，开始感到害怕，躺在床上不能动了。但是很快，简就反应过来，急忙跑到楼上去看护孩子们，孩子们还在睡梦中。简又回到自己的房间，刚躺在床上，床又开始摇晃起来。

终于，地震过去了。圣诞节那天，简和父母在加州团聚了，霍金也回到了加州，霍金的妹妹菲利帕也来到了加州，他们在家里开圣诞派对，一直玩到凌晨两点，大家才各自回屋休息。圣诞节过完，紧接着就是新年。新年那天，简和家人一起去帕萨迪纳看游行，然后又陪着孩子们去迪士尼痛快玩了一天。在美国加州的日子是充实快乐的，霍金在工作中过得很充实，孩子们在学校过得很开心，简也越来越开心了，虽然，她总是遗憾没有工作。

在当年的美国，妇女如果没有工作，在别人的眼里，那是很悲哀的事情。没有工作，没有事业，又不是科学天才，这些让简很难受，但是，她要照料霍金和孩子，参加各种活动，根本没有时间也没有精力工作。于是，她开始去图书馆借书，希望自己不落于人后。

在全家去海边度假的时候，霍金和同事在一边交谈，孩子们在沙滩上快乐地玩耍。简看着丈夫和孩子，又抬头望了望广阔无垠的大海，陷入对自己人生的沉思。她有了孩子，有了获得很多荣誉的丈夫，但是，她却没有感到与丈夫分享成功的快乐。简为了孩子，为了丈夫，默默奉献着，当霍金实现了梦想的时候，她却开始迷茫了。她在回忆录中说她迷失了自己，她感到自己得不到应有的尊重；她参加各种社交活动，也许就是想大喊那句话："请也注意我！"

对于女性，尤其是知识女性来说，家庭是重要的，事业也是重要的。如果一个女人没有工作没有事业，整天围着丈夫和孩子转，当孩子长大了，女人会有失落感。很多女人都是在失去工作的时候同时也失去了丈夫的爱，这并不是偶然的，也绝非巧合，而是因为男人更喜欢独立的女人。

1974年夏天，霍金在加州的访问学者生活结束，全家回到了剑桥。

23. 关于时间旅行和引力波

霍金曾在《果壳中的宇宙》这本书中提出过一个问题："时间旅行可能吗？一种先进的文明能返回以前并改变过去吗？"

时间旅行，听上去是很奇妙的事情，很多科幻迷都会想一个问题：人真的能旅行到过去吗？1990年，基帕·索恩提出一个观点：通过虫洞也许可能旅行到过去。对于这个观点，霍金认为：关于时间旅行，是值得去研究的，也就是说，时间旅行是否符合物理定律。

在《果壳中的宇宙》一书中，霍金写道："我的朋友兼合作者基帕·索恩和我打过许多赌。他不是一位人云亦云的物理学家。这种品格使他具有勇气成为讨论时间旅行的实际可行性的第一位严肃的科学家。"

我在网站搜索时间旅行，却意外发现了一个关于时间旅行的趣事：2009年6月28日，这是一个普通的不能再普通的日子，霍金发出请柬，邀请时间旅行者参加他举办的派对。遗憾的是，虽然桌子上有烤面包和香槟，却没有一个人来参加派对。后来，霍金公开说：时间旅行派对就是一个实验，没人来参加派对就是证据：时间旅行是不能实现的。

霍金在参加派对活动的现场还拍摄了照片，并且上传到视频网站上。在接受记者采访时，霍金说："爱因斯坦提出自己的观点，他说时间旅行是能实现的，那必须要扭曲时空，但是，扭曲时空是很可怕的事情，它可能摧毁时空。"

在谈到时间旅行这个话题，霍金在他的自传《我的简史》中写道："由于几个原因，公开思考时间旅行是微妙的。如果报界得知政府资助时间旅行的研究，那就会引起抗议，责备政府浪费公币，或者要求研究归类于军事用途。毕竟，如果其他国家已拥有时间旅行而我们却没有，那我们如何保护自己？"

通过虫洞去旅行，的确是一个大胆的想法，不过，还是觉得像科幻片里的情节。早在1689年，牛顿爵士就开始研究时间，他当年就是剑桥大学的卢卡斯教授，经过研究，他得出这样一个理论：时间是前进的，不会回到过去的年代。

关于时间旅行，霍金提出了自己的观点，他在《我的简史》一书中写道："允许这种情形发生的一种可能性是虫洞，这是可以把空间和时间中不同区域相连接的假设的时空管子。意思是你迈进虫洞的一个开口，而从处于不同空间和时间的其他开口迈出。"

霍金教授说：对于时间旅行者来说，必须通过虫洞来实现，如果它们存在的话。究竟在宇宙中是不是有虫洞存在？这确实是个值得研究的问题。假如，存在虫洞，一个人就可以通过虫洞到另一星系了吗？

在研究这个问题的时候，霍金在《我的简史》中提出了自己的观点。他说："人们可以证明，如果虫洞存在，你还能使用它们回到你出发之前。如果你回到过去，在你父亲被孕育之前就把你祖父杀死，将会发生什么？那么你在目前的状态下存在吗？如果答案是否定的话，那就表示你不存在，也不可能回到过去杀死你祖父。"

有些人梦想通过时间旅行回到过去的时空，或者通过时间旅行去往未来的时空，并且还想改变历史，那都是不可能的事情。霍金在《我的简史》中提出一个问题："物理定律是否允许虫洞和时空弯曲到这种程度，使得诸如太空飞船这样的宏观物体能够回到它自己的过去。"

霍金在三种水平上回答了能不能进行时间旅行的问题。先来谈谈第一种水平，那就是爱因斯坦的经典理论：广义相对论。在谈到这个问题的时候,霍金给出的回答是这样的:"对于经典广义相对论,我们对于时间旅行可能会如何运作有个相当完整的图像。然而,我们知道,经典理论不可能完全正确,因为我们观察到,宇宙中的物质受涨落支配,而它的行为不能被准确地预言。"

第二种水平是什么呢?霍金称它为半经典的理论。他在《我的简史》中写道:"20世纪20年代所谓量子论的范式得到发展,它被用来描述这些涨落并量化该不确定性。因此,人们可在这称为半经典理论的第二种水平上询问有关时间旅行的问题。人们在这种水平上考虑经典时空背景下的量子物质场。这里的图像较不完整,但至少我们拥有了某些如何前进的见解。"

在很多科幻电影里,常常会出现这样的场景,人类做时间旅行,都要先建造一台时间机器。在谈到借助时间机器进行时间旅行的问题时,霍金给了我们一个否定的回答,他在《我的简史》里写得很详细:"然而现在人们可以质问:一种先进文明为了翘曲时空以建造一台有限大小的时间机器需要哪种物质?它能到处都具有正的能量密度,正如在宇宙弦时空中一样吗?人们或许想象,可用宇宙弦的有限的圈建造一个有限的时间机器,并使处处的能量密度为正。"

接下来,霍金就告诉大家:如果想利用时间机器返回过去,肯定会失望的,因为根本做不到。霍金用轻松的话语在《我的简史》中告诉读者:"这是一个物理学家可自由讨论而不被嘲笑轻蔑的问题。即使最后结果是时间旅行不可能,我们理解为何它是不可能的也很重要。我们对完全的量子引力论所知不多……时空背景的量子涨落可在微观尺度上顺利创生虫洞和时间机器,但是根据广义相对论,宏观物体不能回到它的过去。"

霍金教授在经过一番推理和分析之后,在《我的简史》中对时间旅行下了最终的结论:"即使在将来发现了某种不同理论,我认为时间旅行将永不可能。如果那是可能的,时到如今,我们早就该备受来自未来的旅客的蹂躏了。"

关于时间旅行,霍金的合作者、美国加州理工学院博士基珀·S·索恩在谈到虫洞和时间旅行的问题时,举过一个有趣的例子:"你把自己想象成一只蚂蚁,生活在一个苹果的表面上。苹果用一根线悬在天花板之下,线细到你不可能攀援上去,这样苹果的表面就是你的整个宇宙。你不能到任何其他地方去。现在想象一条虫咬出一个穿过苹果的洞,这样你就能有两条路径从苹果的一边走到另一边去:绕过苹果表面,或者通过虫洞抄近路。"

索恩博士把宇宙比喻成苹果,而把读者比喻成蚂蚁,用这个简单的比喻,尤其是让小读者读懂他所要阐述的科学道理。不过,我们就在思考,宇宙看不见摸不着,究竟像什么东西?谁也说不清楚。

索恩博士提出了一个问题:"宇宙能像这个苹果一样吗?在我们的宇宙中可能存在从一处连接到另一处的虫洞吗?如果有的话,这种虫洞在我们看来是什么样子的?"

索恩博士认为,虫洞有两个入口,一边一个。他假设一个入口在伦敦的白金汉宫,另一个入口在加利福尼亚的海滩,而且入口的形状是球形的。关于入口的问题,索恩博士曾这样说:"窥探伦敦的入口,你能看到加利福尼亚海滩的无边波浪和摇曳的棕榈树。你的朋友窥探加利福尼亚的入口,他就能看到在伦敦的你,你身后是宫殿和卫兵。和水晶球不同,入口不是实心的。你可以一下子跨进伦敦的巨大球形入口,然后穿越某种奇异的隧道做短暂浮游之后,到达加利福尼亚海滩,可以和你的朋友一道冲浪一整天。拥有这样的虫洞不是很美妙吗?"

在谈到未来人类是否能在太空中旅行的问题时,索恩博士说:"今天离开人类工程师能制造虫洞并维持其开放还有多远?很远很远。虫洞工程,如果终究可能的话,对于我们的难度就和洞穴人进行太空旅行一样。但是,对于非常先进的文明而言,掌握了虫洞技术,那真是太美妙了:它是星际

第四章 通往自然科学之路

航行的理想手段!"

索恩在谈到关于时间机器的问题的时候,他是这样说的:"我们确实知道物理定律也许在两种方面阻止制造时间机器,而维护时序。首先,定律也许永远阻止最先进的工程师们收集足够的负能量去维持虫洞开放并让我们通过它。引人注目的是,斯蒂芬·霍金(用物理定律)证明了,所有时间机器都需要负能量,这就阻止制造任何时间机器,还不止是使用虫洞的时间机器。"

索恩告诉大家:如果有人试图制造时间机器并去开动它们,可能会发生巨大的爆炸,并且在爆炸中也遭到毁灭。所以,索恩说:"最后的结论还不清楚。我们不能断定,物理定律是否允许非常先进的文明制造供星际旅行的虫洞,或者旅行回到时间过去的机器。"

关于时间旅行,霍金和索恩曾经为了这个问题打赌。霍金说:"我不愿和其他任何人打赌。他也许来自未来并且知道时间旅行是可行的。"当然,这句话就当作是霍金的调侃吧!

关于引力波,引力波又叫引力波暴,是约瑟夫·韦伯在1969年利用检测器观测到的,它是由真空的铝棒组成的。霍金在《我的简史》中说:"当引力波到来时,它会把东西在一个(垂直于波行进)的方向拉伸,而在另一个(垂直于波的)方向压缩。这就使这些棒以它们的共振频率——1660赫振荡,而捆扎在棒上的晶体会检测出这些振荡。"

1970年年初,霍金来到离普林斯顿不远的地方见到了韦伯,并仔细检查了他观测引力波暴的检测器,那时候,他没受到过这方面的训练,他也看不出韦伯的检测器是对的还是错的。但是,韦伯宣布了惊人的结果。

后来,霍金在《我的简史》中,在谈到引力波这个问题时,这样写道:"强大的足以激动韦伯棒的引力波暴仅有可能的源应是:一颗大质量恒星坍缩形成黑洞,或者两颗黑洞碰撞并且合并。这类事件的早先估计是大约每世纪一次,但韦伯宣布每天观测到一两次暴。这就意味着,该星系正以一种巨大的速率损失质量,星系存在期不可能一直维持这样的损失率,那样的话现在根本就没有星系留下。"

霍金回到英国后,他和他的学生写了一篇文章,是关于检测引力波暴引力的。在这篇文章中,霍金和他的学生对检测设计提出了更好的想法。但是,事实却让霍金和他的学生失望了,因为没有人对观测引力波暴的检测器感兴趣,没有人愿意投资去建造这种东西。于是,霍金和他的学生采取了他们称之为鲁莽的行动,他们写了申请,并且交给了科学研究会,主要目的是申请资助,建造两台引力波暴检测器。

为什么霍金要申请建造两台检测器呢?在《我的简史》中,霍金用他那一贯的理性语言告诉我们:"因为来自噪声和地球振动的假信号的干扰,观察至少两个检测器结果之间是否符合是必要的。"

接下来,为了寻找可以做研究用的真空室,霍金的学生想到了利用战后存放剩余物资的地方来做实验室,霍金也在到处寻找适合做实验室的地方,两人分头寻找。最后,他们召开了一个科学研究会,用便宜的价格得到了办公室。很遗憾的是:霍金发现了还有一个小组在研究引力波暴,于是,他们果断放弃,收回了递交的申请。

后来,霍金身体越来越不好,变成残疾人,成为根本不能搞实验的物理学家。而且,他也发现一个问题:一位物理学家想要在实验课题上有新的突破,是相当困难的。而且,要做一个实验,需要投入很多的时间和精力,一个人是完成不了的,必须有一个十几人或者几十人组成的团队,大家一起实验,一起研究,才能够取得成功。

霍金觉得,他更喜欢研究天体物理学的理论,用他自己的话来说:"一个理论家可以在一个下午,或者在我的情形之下,上床之际突然得到一个想法,而独自地或者和一两位同事撰写论文,从而成名。"

这让我想到电影《万物理论》的一个镜头:有一天,霍金在穿毛衣的

第四章 通往自然科学之路

时候，他透过毛衣，忽然想到了一种理论。本来，我以为，这是导演为了塑造霍金的形象而编造的故事。后来，我读了霍金的前妻简的自传《飞向无限》，才知道，这段故事是真实的，霍金确实在穿衣服的时候想到一种理论。

从1970年以后，用来检测引力波的检测器越来越灵敏。美国已经拥有了两台检测器，虽然，这两台检测器比韦伯发明的检测器要敏感一千万倍，但是，令人遗憾的是，到如今，也没有检测到引力波。霍金开始庆幸，他选择了理论物理，而不是实验物理："我非常高兴我仍是一位理论家。"

24. 遭到质疑

在天体物理学界，每一个新理论的诞生，都会经历很多磨难。当一个新理论提出的时候，如果提出者不是知名度很高的大师级人物，就会遭到同行的质疑。1971年，霍金公布了他在黑洞方面的研究，结果遭到了约翰·惠勒的一名学生的质疑。当时这名学生在普林斯顿大学学习，他认为：霍金研究的黑洞理论与热力学理论相比较，二者有很多相似的地方，说白了，黑洞理论就是热力学理论。

霍金遭到质疑后，他认为那个学生的想法是荒唐的，他要拿出正确的答案反驳他，于是，他开始计算。但是，经过仔细地思考、研究与计算后，他发现之前的理论是不对的，黑洞辐射能量是正确的。

简在《飞向无限》中深情地写道："我和孩子们见证了斯蒂芬忘我的思考。经过这些思考，斯蒂芬推翻了以往的所有理论，认为黑洞能够辐射能量。随着向外辐射能量，黑洞的质量和能量衰减，同时它的温度和表面引力增强，最后体积缩小到原子核大小，重量却依然在一千到一亿吨之间，直到达到了无法估量的温度时，在大爆炸中消失。黑洞于是不再是无法穿越的黑暗，而它的演变过程也遵守热力学理论。"

霍金把这个理论比喻成婴儿，孕育的过程是漫长的，一切都是保密的。当它终于诞生的时候，简陪伴霍金参加了这个理论的出生仪式。那是1974年2月14日的夜晚，那天非常寒冷，夜晚的街上漆黑一片。简驾驶着汽车，车上载着霍金，朝着牛津郡哈维尔镇的方向驶去，原子能研究所有个

第四章 通往自然科学之路

卢瑟福实验室在那里举行会议。

霍金夫妇住在一座乡村小屋,这个地方离泰晤士河不远。当时,泰晤士河河水上涨,很多沿岸地区都在发洪水。那天,天气阴暗,大雨不停地下着。这样恶劣的天气,却丝毫没有影响霍金夫妇的心情,他们的内心燃烧着一把火,再大的雨也无法把它浇灭。

因为,在那晚的会议上,霍金将要宣布一个新的理论。这些年来,霍金一直有个很大的困扰,那就是黑洞理论和热力学理论之间的矛盾,今天,矛盾终于解决了,他找到了解决矛盾的办法。

霍金演讲的那天晚上,礼堂外面的休息室里静悄悄的。简坐在那里等待霍金的演讲,他的演讲是在 11 点。她一边等待一边看报纸。就在这时候,几个女人聊天的声音传进她的耳朵里,这些话语是那样的刺耳。

于是,简把目光投进一个角落里,只见几个打杂女工坐在那里,一边拿勺子搅动咖啡,发出叮当的声音,一边抽烟,不停地吐出烟圈,房间内到处都是烟雾。这几个打杂女工闲来无聊,开始聊天,聊天的内容却激怒了简。

一个女杂工说:"有个来开会的年轻人,长得那么瘦弱,坐在轮椅上,看那个样子,估计活不了多久了。"

另一个女杂工大笑起来:"我也看到了,看上去全身松软的样子,脑袋都抬不起来。"说完,她又笑起来。刺耳的笑声传进简的耳朵里,她忽然想起了霍金的父母曾经对简说过的话,也许霍金活不了多久,他不会陪她到天长地久。想到这里,简的内心变得脆弱起来,她看不到未来,她能拥有的只有现在。不过,简没有走过去痛斥她们,而是坐在那里,手拿报纸,让自己冷静下来,保持那份看起来不应该有的沉默。

沉默是金,在面对这种情况的时候,乱发脾气是不会解决任何问题的。保持沉默,也许看起来吃亏,但实际上却是最好的处理方式。在处理这件事情上,也看出简的冷静和大度。此时,霍金的轮椅从礼堂里出来,他想出来喝杯咖啡，然后再回到礼堂开始演讲。

简瞪大眼睛看着霍金，他不仅活着，脸上还带着兴奋的表情。在陌生人眼里，都觉得霍金活不了多久了。但是简相信，霍金是不会很快去世的，也不会那么容易倒下。简是了解他的，他活得很好，活得很快乐。

此时的霍金确实很开心，他的世界，那个充满宇宙天体方程和黑洞的世界，一般人是无法了解的。很多读者都有这样的体会，当一个人专心于某项研究或者从事某项有意义的工作的时候，他会忘记红尘俗世，甚至都会忘记今天。没有专注就没有成功，对于事业，对于工作，都是这样的，如果只是抱着滥竽充数的心态，不学无术，混充名家大师，到头来，总是会被揭穿的。

当时，简觉得自己的丈夫霍金就像塞万提斯笔下的堂·吉诃德，而霍金的学生，就像堂·吉诃德的忠仆桑丘。于是，霍金的学生推着坐在轮椅上的霍金，走进了礼堂，去参加属于物理界的战斗。一瞬间，那个身披盔甲、手握长矛、勇敢与风车搏斗的勇士堂·吉诃德不见了，她心中的勇士就是这位坐在轮椅上、戴着眼镜的瘦弱的教授。

礼堂里很安静，霍金坐着轮椅来到讲台上。讲台下面，简正襟危坐，她聚精会神地倾听霍金的讲演，他的学生给他放映幻灯片。霍金的演讲有两个阶段，第一阶段是霍金的演讲，第二阶段是用幻灯片将霍金想要讲的论点清楚地表达出来，他的论点是：黑洞不黑。

霍金的演讲很顺利。演讲结束后，礼堂里没有一点儿声音。简仔细看了一下在座的这些听众的表情，好似对霍金的观点并不感兴趣。就在这时候，伦敦大学国王学院的泰勒教授打破了沉默，他站了起来，大声说："霍金教授的理论太荒谬了！我从来没听说过这样荒谬的理论，我必须立即终止这一阶段的演讲！"

简内心在想：不是霍金荒谬，真正荒谬的是泰勒教授。这让简想到了天文学家们争吵的事情。1933 年的皇家天文学会议上，一位天文学家攻击

第四章 通往自然科学之路

另一位天文学家使用的词汇是"愚蠢";如今泰勒教授攻击霍金,把愚蠢换成了荒谬。

需要说明的是:在天体物理学界,有两位泰勒教授,与霍金发生分歧的这位教授全名是约翰·G·泰勒。按照会议的规则,每位学者演讲结束之后,主席都会给大家留出时间来提问,然后会对演讲人表示感谢,感谢他振奋人心的演讲。但是那天,霍金演讲结束后,却遭到了质疑。

演讲结束后,大家都去餐厅吃饭,伯纳德推着霍金来到餐厅的一个角落,简去排队拿食物,站在简后面的泰勒教授大声地对学生们说着什么。简正想要为霍金辩护,这时候,泰勒教授气愤地说:"我们必须马上发表我们的那篇论文!"

简拿着食物回到霍金身边,把她听到的泰勒教授的话都告诉了霍金,霍金听完那些话,只是耸了耸肩膀,脸上却没有不快乐的表情。霍金回到剑桥后,立刻把有关"黑洞不黑"的论文发给了《自然》杂志。

正所谓冤家路窄,在《自然》杂志审阅论文的正好是泰勒教授,霍金的这篇论文被退了回来。霍金知道这个情况后,他向《自然》杂志提出要求,要求必须由独立的专家审阅。虽然,经历了一点坎坷,但是很快,这篇论文在杂志上发表了。论文发表以后,引起很大的反响。正是这条黑洞蒸发理论,霍金入选皇家学会,在事业上获得了巨大的成功。泰勒教授的论文虽然也发表了,但是,没有一点儿影响。

通过这次会议,简看到了潜藏在学术界的暗流,而这些暗流就像海里的那些漩涡一样,时刻都会威胁到霍金的位置,她的心里开始有种不安的情绪。在西方天体物理学术界,不是所有人都欣赏霍金的。曾经有一位西方人士公开说:"霍金尽管不是为了欺世盗名,本人也负有责任。"甚至霍金说自己出生的日期正好是伽利略逝世300周年,也被某些人指责为"霍金想和伽利略平起平坐"。其实,那只是霍金的调侃。

还有一位西方大学教师说过这样的话:"霍金的理论从没有经过观测

证实，所以无法与爱因斯坦相比。至于20世纪的科学家中，根本没有他的一席之地，他无法同海森堡和仍然健在的贝特相提并论。在同时代的科学家当中，到目前为止，都认为是伟大的天体物理学家而且还健在的威藤；在与霍金同时代的科学家当中，都认为是彭罗斯是最杰出的。"

在我国，也有科学家对霍金的宇宙爆炸论提出质疑，有位院士曾这样说过："霍金提出宇宙开始于爆炸，这点他说的是正确的，但是，宇宙爆炸以前是什么状态，霍金并没有解释清楚，这就让他的理论站不住脚了。"

有人曾在网上发表文章，指责霍金教授戏弄了现代科学，也耍弄了大众和媒体，哪怕他是无意的。假如霍金在30年前后的两次关于黑洞的理论都是错误的，那他就是钻了天体物理和理论物理学术研究的空隙。

成功后的霍金在天体物理学界，始终都被质疑，当然，他也被很多人称赞。其实，在大师级人物的身边，围绕的不一定都是鲜花和掌声，还会有质疑和反对。面对质疑和反对，作为当事人绝对不能采取对骂和指责的方式，而应该冷静处理。能采纳的意见就采纳，不能采纳的意见就不去理会。

理论有时候是在讨论中前进的，理论也有理论的问题，很多理论的东西是无法证实的，尤其是天体物理理论，想要证实非常困难，这就需要一代又一代人的努力和探索。

不过，对于霍金来说，他的手脚不能动，他只能坐在轮椅上，日复一日用大脑去计算那些枯燥的公式。他其实是想用这些证明，自己活着是有价值的。我一直很佩服霍金，他顽强与命运抗争的那种不服输的精神，足以令人感动。

他坐在轮椅上，依靠电脑，写了很多著作，关于时间，关于宇宙。敲打键盘是一件很枯燥的事情，正常人都会厌倦每天面对冰冷的电脑和键盘；而坐在轮椅上的霍金，不会说话，每天只能靠电脑来和别人交流，那确实不是一件容易做到的事情。

质疑霍金的科学研究是可以的，但是，请大家不要过多地指责他的人品。如果他的内心是软弱的，他的品行是卑鄙的，他就不会坐在轮椅上研究这个让我们眼花缭乱的宇宙，也不会说出那些震撼人心的话语。

这个世界需要这样的科学家，他的心里没有太多的欲望，只有对知识的渴求。

我想说，做学问的人，最可怕的是心灵布满了垃圾，而自己却以为这是成熟了，圆滑了。把世故当成熟，把剽窃当聪明，把自私当伟大，甚至是把"同行是冤家"这句话装在心里，时刻寻找机会，去报复自己的同行，如果这样的学者多了，这个世界才变得可怕。

原子弹和核武器可以毁灭人类，自私贪婪的学者多了，毁灭的是人类的精神和灵魂，它比核武器更加可怕。

25. 果壳中的宇宙

霍金有一本书，被称为《时间简史》之后又一部伟大的著作，在没有读到这本书之前，我先看到了美国七家媒体对这本书的高度评价：

《芝加哥论坛报》发表评论说："霍金是一位极其明晰的大师……很难想象其他任何在世的人能将这些数学上令人生畏的主题表述得更清楚。"

《纽约书评》的书评是这样写的："他机智而清晰地阐述宇宙物理的奥秘……他拥有无与伦比的头脑。"

《图书目录》这样写道："这位因研究黑洞本性而名震天下的理论物理学家，作为科普作家正像他作为数学家一样游刃有余……其成果也许是大众天体物理学的最佳著作。多谢你，霍金博士！"

《果壳中的宇宙》是斯蒂芬·霍金在出版成名作《时间简史》之后的又一本书。霍金为什么要把这本书取名为"果壳中的宇宙"呢？说起书名，还有个很有意思的趣闻："果壳中的宇宙"来源于莎士比亚的名剧《哈姆雷特》，哈姆雷特在剧中有句台词："即便把我关在果壳之中，仍然自以为无限空间之王。"（《哈姆雷特》第二幕第二场）

很多熟悉和了解霍金的读者都知道，虽然他是天体物理学家，但是他不仅喜欢歌剧，更喜欢文学。在学生时代，他就迷恋莎士比亚的作品，很多记者都会吃惊，霍金会背诵很多莎士比亚的作品，而且非常熟练，可见他有多喜欢莎翁。尤其是作为一名理科生，背诵戏剧名段，更是让人敬佩。

第四章 通往自然科学之路

当年，霍金的著作《时间简史》出版后，它登上伦敦《星期日时报》的畅销书排行榜，竟然达到四年之久，没有一本书能够像《时间简史》这样畅销，霍金自己也感到吃惊，因为它不是一本通俗小说，而是一本科学书籍，而且不容易读懂。

此后，很多人都在关心一个问题，霍金什么时候开始写《时间简史》的续集。那时候，霍金不想写《简史之子》和《时间的稍长历史》，并且忙于科学研究，根本无暇写书。后来，霍金忙完了，他开始考虑要写一本能够让大多数读者都能读懂的而且区别于《时间简史》的书。

2001年5月2日，霍金在他的新书《果壳中的宇宙》里认真地写道："当1988年《时间简史》初版时，万物的终极理论似乎已经在望了。从那时开始情形发生了什么变化呢？我们是否更接近目标？正如在本书将要描述的，从那时到现在我们又走了很长的路。但是，这仍然是一条蜿蜒的路途，而且其终点仍未在望。正如古谚所说，充满希望的旅途胜过终点的到达。我们追求发现，不仅是在科学中，而且是在所有领域中激起创造性。如果我们已经抵达终点，则人类精神将枯萎死亡。但我认为，我们将永远不会停止：我们若不更加深邃，定将更加复杂。我们将永远处于膨胀着的可能性视界之中心。"

《果壳中的宇宙》分为七个章节，第一章主要写相对论简史；第二章写了时间的形状；第三章写了果壳中的宇宙；第四章是很多读者最关注的一章，就是预言未来；第五章写的是护卫过去，主要探讨的是时间旅行的问题；第六章是关于星际航行的问题，探讨星际航行的可行性；第七章写的是膜的新奇世界。

在这本书中，霍金用通俗的语言和有趣的故事，给读者上了一堂生动有趣的天文课。人类对宇宙的探索一直没有停止过。霍金引用了一个经典的神话故事，就是普罗米修斯盗取火种被惩罚的故事。霍金用这个故事开头，寓意深刻，又发人深省。

霍金在《果壳中的宇宙》中，写过这样一段话："尽管这些警戒的传说，我仍然相信，我们能够而且应该试图理解宇宙。我们在这方面已有了显著的进展，尤其是在前几年。当然，我们还未得到完整的图像，但已为期不远。"

自从哈勃望远镜出现后，人类就开始无止境的太空探索，尽管宇宙太空也会发生很多的变化，但是，有一点是不会改变的，那就是霍金说过的："每个星系都包含难以计数的亿万个恒星，其中许多恒星还被行星环绕。"紧接着，霍金又进行了具体的阐述："我们生活在围绕着一个恒星公转的行星之上，而这个恒星位于螺旋形银河系的外臂上，螺旋臂上的尘埃遮住了我们在银河系平面上的宇宙视野，但是我们在该平面的每一边的方向圆锥中的视线都非常清晰，而且能够画出遥远星系的位置。我们发现星系大体均匀地分布于整个太空，有一些局部的聚集和空洞。"

每到夜晚，当我们抬头看天空的时候，我们会发现一个问题：夜晚的天空很明亮，看起来就像白天的太阳。对于这个问题，霍金在书中写道："如果恒星已经辐射了无限长的时间，那么它们就会把宇宙加热到和它们相同的温度。因为每一道视线都会要么终结于恒星的表面，要么终结于被加热至和恒星一样炽热的尘埃云团之上，所以甚至在夜晚，整个天空都会和太阳一样明亮。"

有一个问题，曾经让著名哲学家康德陷入深深的思考之中："恒星为什么会在几十亿年前忽然点亮呢？"

霍金告诉读者："宇宙已经存在了无限久时间。但是对于大多数人而言，它和宇宙在仅仅几千年以前从和现在非常相同的初始状态下创生的观念相一致。"

1923年，哈勃用望远镜观测太空，发现了其他星系。它们看起来非常微小，一定离我们地球很远很远，光线到达地球都需要几十亿年的时间。

第四章 通往自然科学之路

科学家得出结论：几千年之前，是不会有宇宙起始的。

对于宇宙有没有开端的问题，很多科学家都保持了沉默，霍金在书中说："许多科学家不愿意面对这个问题。他们企图逃避它，要么像俄国人那样宣布宇宙没有开端，要么坚持说宇宙的开端不属于科学王国的范畴，而是属于形而上学或宗教。依我看来，这不是任何真正的科学家应该采取的立场。"

霍金认为，作为一位天体物理学家，在面对宇宙开端的问题时，应该抛开宗教的观点，给出一个科学的答案。他在书中表达了自己的观点："如果科学定律在宇宙的开端处暂时失效，它们不也可以在其他时间失效吗？如果定律只能有时成立则不能称之为定律。我们必须试图在科学的基础上理解宇宙的开端。它也许是超过我们能力之外的任务，但是我们至少应该进行尝试。"

霍金和彭罗斯进行研究，他们指出：宇宙是有开端的，是从一个大爆炸的一点起始，在大爆炸处整个宇宙和其中的一切都被挤压到这个无限密度的单一的点中。霍金在书中说："爱因斯坦的广义相对论在这一点失效，所以不能被用来预言宇宙是如何起始的。人们面临的局面似乎是，宇宙起源的问题属于科学范畴之外。"

霍金曾把宇宙比喻为一个庞大的赌场，他在书中这样写道："人们可以将宇宙认为是一个庞大的赌场，在每一个场合下骰子都在滚动或者轮子都在旋转。宇宙的情景也是一样。当宇宙尺度很大，正如它今天这样时，骰子被投掷的次数极为巨大，其平均结果就会得出某种可预见的东西。这就是为何对于大系统经典定律有效的原因。但是，当宇宙尺度非常微小时，正如它在邻近大爆炸的时刻，投掷骰子的次数很少，而不确定性原理则非常重要。"

物理学家理查德·费恩曼提出了一种观点："宇宙具有多重历史的思

想。"在很多人眼里，这似乎像科幻，如今，霍金明确表态："它现在被当作科学事实而广被接受。"

在书中的第五章，霍金带给读者的是另一个科学观点，那就是关于时间旅行的问题。霍金在第五章把时间旅行称之为"护卫过去"。每个人都有属于自己的过去，也有现在，更有未来；而人类的过去、现在和未来都是在时间的长河中度过的，这个问题，也是很多人关心的。

时间旅行这个问题真的就像某些人所说的是虚无缥缈的吗？答案自然是否定的。霍金告诉读者一个事实：时间旅行的讨论是建立在爱因斯坦的广义相对论的基础上，不是凭空想象，更不是海市蜃楼。

在书中，霍金用科学事实进一步证明了时间旅行不是科幻，他说："爱因斯坦方程描述宇宙中的物质和能量如何将空间、时间弯曲和变形，从而使空间和时间变成动力量。在广义相对论中某人由其手表测量的私人时间总是增加，这正像在牛顿理论或者狭义相对论的平坦时空中一样。但是现在有了可能性：时空能够弯曲得这么厉害，使你在乘航天飞船出发之前即已返回。"

霍金提出了虫洞的问题，他说："如果虫洞存在的话，将会是空间中解决速度极限问题的办法：正如相对论要求的，航天飞船必须以低于光速的速度行进，这样要穿越星系就需要几万年。但是你可以在一餐饭的工夫通过虫洞到达星系的另一边并且返回。"

提到虫洞，让我想起一部关于外星人的韩国电视剧，曾在2014年风靡中国，电视剧结尾的时候，编剧写到外星人本来想回到自己的星球，结果，他乘坐飞船进入了虫洞，最后，还是通过虫洞回到了地球。

电视剧终归是电视剧，那是想象和虚构的艺术，科学是容不得想象和虚构的。于是，围绕时空旅行的问题，霍金用专业术语来解释这个问题，他说："时空是否允许封闭的类时曲线——也就是说，它会一次又一次地

第四章 通往自然科学之路

返回其出发点吗？我将把这类路径称为"时间圈环"。

霍金在书中，从三个水平上回答了时间旅行的问题。他说："首先是爱因斯坦的广义相对论，它假定宇宙具有定义很好的没有任何不确定性的历史。我们对这一经典的理论有相当完整的图像。然而，正如我们已经看到的，因为我们观察到物质遭受不确定性和量子涨落的制约，这个理论不能是完全正确的。因此我们能够在第二水平，也就是在半经典理论上探索有关时间旅行的问题。在这个水平上，我们按照量子理论来考虑物质的行为，它具有不确定性和量子涨落，时空是明确定义的经典的。这里的图像不甚完整，但是我们至少有了如何进展的一些概念。最后，存在完整的量子引力论，而不管其最终是什么样子的。"

紧接着在第六章，霍金写到了关于未来、关于星际航行是否可行的问题，他说："生物和电子生命将如何不断加速发展其复杂性。"

《星际航行》是一部关于未来生活的科幻电视剧，剧中给观众们描写了一个完美的未来，用霍金的话说就是："《星际航行》展现了一个在科学、技术和政治组织远比我们先进的社会。在现时和那时之间一定会有巨大的改变以及与之相伴随的紧张和混乱，但是在剧中描述的时期，科学、技术和社会组织据说已达到几乎完美的水平。"

虽然，霍金在该剧中客串了一下，但是谈到这种完美的未来，他还是提出了自己的质疑，他说："我们是否会在科学和技术上达到一种最终的稳定的状态。"

霍金认为，从冰河时期到如今，在这漫长的时间里，随着社会的发展，科学技术和知识都在快速发展，同样，也出现过黑暗时代。但是，人类维持生命和养活自己的能力还是在不断提升的，除非是发生像黑死病那样的传染病。世界人口在以每年1.9%的速度增长，虽然看上去不是太多，霍金明确指出："这听起来似乎不很多，但是它意味着世界人口每40年要增加1倍。"

另一个严重的问题是电力消耗的问题。霍金认为，如果人口增长再加上电力消耗，那么到了2600年，这个世界上人口数量会很多很多，地球会发出红热的光芒，那是因为很多的人类在使用家用电器。到了2600年，纸质图书和报刊将逐渐消失，人类会接受电子出版物，很多论文会出现，甚至在理论物理领域，每秒钟就会出现10篇。

霍金在第六章进行的另一个讨论是，《星际航行》中的翘曲飞行真的能实现吗？谈到这个问题，霍金这样说："按照现在的观念，我们必须利用运动得比光还慢的航天飞船，以一种缓慢乏味的方式去星系探险；但是由于我们尚未拥有完备的统一理论，我们还不能完全排除翘曲飞行。另一方面，我们已经知道在除了最极端情形外都成立的定律：制约'探险号'全体船员的定律，如果不制约航天飞船本身的话。"

所以，霍金不相信《星际航行》这种科幻片会在未来社会成为现实，他认为，即使400年后，今天的人类和未来的人类在本质上不会有什么不同。霍金还认为，蚯蚓的大脑比计算机还要复杂，电脑与蚯蚓的大脑相比，是那样的简单。

面对未来，霍金有了一个大胆的设想，他在书中表达出来："我预料在100年内，我们将能够在人体之外养育婴儿，这样这个限制就被消除了。我仍然认为，我们可以比《星际航行》中的大部分人有智慧得多，那不是什么困难的事。"

在这一章节结束的时候，霍金写道："科学的未来不像在《星际航行》中描绘的那么令人宽慰的图景：一个充满了许多有人类特征的种族的，具有先进的但本质上静止的科学技术的宇宙。而我认为，我们将独自地但是快速地发展生物和电子的复杂性。在以后的100年间这方面的发展不会太多，这就是我们所能可靠预言的一切。但是，如果我们能够存活到下一个千年之末，那时候我们和《星际航行》的差别将会是根本的。"

　　与其展望未来，不如踏踏实实地过好现在。星际旅行的生活，也并不是每个人所憧憬和向往的。面对现实，还是爱护我们生活的地球。如今，电力消耗就存在于我们的生活中，家用电器越来越多，工业用电也越来越多，我们在不停地消耗着电力。霍金教授给我们提出了警示，如果不控制用电的话，未来的人类是不是会生活在火球之中呢？所以，爱护我们的地球吧！

26. 宇宙之王预言的警示和他的外星探索

谈到预言，大家会想到什么呢？是不是会想到电影里的场景：一个身穿黑衣的巫师站在那里，手拿一个水晶球，然后，他缓缓旋转水晶球就看到了未来。这是故事，没人会当真的，好多魔法故事的开头都是这样的，让人看得目眩神迷。

霍金曾在1991年1月剑桥大学的达尔文讲演中，做过一个名为"宇宙的未来"的精彩讲演。他是这样说的："在非常早的时代，预言未来是先知或者女巫的职责。这些通常是被毒药或火山隙溢出的气体弄得精神恍惚的女人。周围的牧师把他们的咒语翻译出来，而真正的技巧在于解释。古希腊的德尔菲的著名巫师以模棱两可而臭名昭著。当斯巴达人问，在波斯人攻击希腊人时会发生什么，这巫师回答：要么斯巴达会被消灭，要么其国王会被杀害。我想这些牧师盘算，如果这些最终都没有发生，则斯巴达人就会对阿波罗太阳神如此之感恩戴德，以至忽视其巫师做错预言的事实。"

接着，霍金又说了这样一段话："当然，科学预言也许并不比那些巫师或者预言家的预言更可靠。人们只要想到天气预报就可以了。但是在某些情形下，我们认为可以做可靠的预言。宇宙在非常大的尺度下的未来，便是其中一个例子。"

第四章 通往自然科学之路

在谈到宇宙的未来时,霍金说:"对于宇宙的未来其关键问题在于:平均密度是多少?如果它比临界值小,宇宙就将永远膨胀。但是如果它比临界值大,宇宙就会坍缩,而时间本身就会在大挤压处终结。然而,我比其他的末日预言者更占便宜。即使宇宙将要坍缩,我可以满怀信心地预言,它至少在100亿年内不会停止膨胀。我预料那时自己不会留在世上被证明是错的。"

在中年时代,霍金对天体物理学的研究是完全依靠准确的科学数据和计算的,而且他是以大脑计算复杂的方程式而出名的。如今,霍金在研究什么呢?

进入老年的霍金,并没有淡出公众的视线,反而频繁接受记者的采访,甚至,有家网站采访他的时候,他竟然说出了让所有人都震惊的话:"人类在未来的数百年里必须认真考虑自己的生存问题。我看到了人类的危险,过去曾出现过多次人类的生存危机。发生类似情况的频率还会增加,我们需要十分谨慎地避免这类危机。但我是一个乐观主义者,如果人类在未来二百年间能成功向外太空扩张,那么我们就能避免灾难。"

当记者表示对这些话感到震惊的时候,霍金又抛出了独到的见解:"2010年早些时候,我曾警告说,人类在努力与外太空其他生命形式建立联系时应当谨慎小心,因为我们不能确定他们是否会对人类表示友好。如果我们是这个星系中唯一的智能生命体,我们应该确保自己得以生存和延续。但面对地球的有限资源和呈指数形式增长的人口数量,我们长期生存的唯一机会不是留在地球,而是向外太空寻找出路。在过去的一百年里,我们的科学技术取得了卓越的成就,如果我们想延续进步,就不得不放眼外太空,这也是我大力支持载人航天飞机研究的原因。"

在采访结束的时候,霍金又说:"未来,人类可以做到驾驶宇宙飞船做时光旅行,从地球到银河系边缘的路程需要八十年,这样,人类就实现了殖民外太空的想法，在技术上是可能达到的。"

紧接着，霍金教授又公布了预言时间表：2050年人类移民火星，2100年人类进入外太空，新人种出现，2210年地球面临毁灭，2600年地球变成炽热的"火球"。

霍金的预言以及预言时间表在全世界引起震动和恐慌，有的人相信霍金的预言，有的人怀疑霍金的预言。有人直接指出，这是霍金教授没有新的理论研究，靠这样的预言来吸引公众的关注；有人认为，霍金是一位天体理论物理学家，他代表的是科学，预言只是一种说法，不能代表真正的科学……

霍金被称为继爱因斯坦之后最著名的科学思想家和最杰出的理论物理学家，他是当代最重要的广义相对论和宇宙论家，但是他的预言真的正确吗？他的预言科学含金量真的很高吗？答案是：未必准确。

让我们看看发生在霍金身上的真实例子。在科学史上，霍金在黑洞研究方面曾经三次与其他科学家打赌，结果，他都不是赢家。1975年，霍金第一次打赌关于天蝎座X—1是否包含黑洞的问题，霍金输了；1991年，霍金第二次与索恩、普雷斯基尔打赌，那是关于裸奇点是否存在的问题，结果，这次霍金也输了；1997年，霍金又与普雷斯基尔打赌，关于黑洞是否会摧毁它们吞噬的一切信息，到了2004年，霍金当众说自己赌输了。

于是，这就让很多人猜测，这次，霍金向全世界发出的预言，是不是又是错误的？

霍金不止对媒体这样说，2006年，他在香港讲演的时候，也发表了移居火星的观点，他说："如果人类可以在未来100年内避免彼此互相残杀，那么到太空常驻定居而不需仰赖地球提供支援就有可能实现，为了人类生存，扩大到太空是对人类来说很重要的事情。地球上的生命被一场灾难摧毁的风险日渐增加，例如突然恶化的全球暖化，核武战争，基因改造的病毒，甚至其他我们还不知道的危险。"

针对霍金的预言，中科院紫金山天文台科普部主任张旸指出，虽然全球气候出现异常，地质灾害频发，但就此认为地球即将终结是缺少科学依据的。同时，张旸还说："虽然科学家都在找寻类地星球和移居外太空的方法，但是否能在二百年内找到却不一定。因此如果人类不正视自己的错误，善待我们赖以生存的地球，那么霍金所说也就不是危言耸听了。"

谈到这里，读者应该明白了，霍金的预言其实是对人类的警示和忠告。霍金是一位科学家，但是，他绝对不是把自己关在屋内的书呆子，他在研究科学的同时，也在关注着社会问题，他提出的所谓的地球终结的说法，是对如今人类的生存方式表现出的忧虑。

古今中外，很多知识分子都心怀天下，古代著名文学家范仲淹就写出"先天下之忧而忧，后天下之乐而乐"的名句，激励着后代人为中华崛起而努力。霍金诞生在硝烟弥漫的战火中，儿时差点被炸身亡的经历，让他更加懂得和平的珍贵，他的预言，其实就是警示人类，不要为了自己的贪婪和私欲，毁灭了我们这个美丽的地球。

这些年，成名后的霍金到世界各地讲演，在他的讲演中，多次提到导弹问题，提到政治争斗带给人类的苦难，提到没有限度的掠夺带给人类的杀伤性危害。霍金曾这样说过："由于人类基因中携带的'自私、贪婪'的遗传密码，人类对于地球的掠夺日盛，资源正在一点点耗尽。"

霍金曾说："人类不应该将所有的鸡蛋都放在一个篮子里或一个星球上。希望我们可以将篮子容量扩大后再将其扔掉。"有人说，这是霍金乐观的认为，未来科学发展水平提高了，在二百年内可以找到适合人类生存的外太空移居或类地星球。

自从地球上诞生了人类以来，地球就在不断地被开发，树木越来越少，荒漠越来越多。随着新能源、新技术的出现，高科技产品在带给人们便利生活的同时，也会对环境造成污染。更可怕的是，汽车越来越多，尾气排放越来越多，空气变得越来越污浊，不断在城市上空出现雾霾；再加上工厂不断排放的污水，导致江河湖海的污染，很多国家出现了水资源的危机。

所以，与其惶恐叹息，不如从现在开始，爱护我们美丽的家园，我们就把霍金教授的预言当作对人类的警示吧，警钟长鸣，这样，我们才会珍惜现在，才能拥有将来，不要等失去了再去惋惜。

霍金教授曾经对媒体说过一句话，让很多人都误以为他是被好莱坞大片洗脑后出现了幻觉，他说："不要和外星人说话。"霍金这句话公开后，很多科学家都感到不可思议，不过，一向坚持自己观点的霍金给自己打了个比喻——美洲人得自己出发去找哥伦布才行。

提到外星人，很多人都会想到那些眼花缭乱的美国科幻电影。但是，科幻毕竟是幻想，一位研究天体物理学的著名教授突然告诉大家：除了地球上的人类以外，在外太空还有外星人，这绝对会让很多人相信是真的。

这些年来，有外星人存在的说法在美国不断出现。美国人吉姆·马尔斯专门为之写了一本书，书名是《外星人已潜伏地球5000年》。我仔细看了这本书，这本书的内容可以说是很新颖，用一个又一个看似真实的案例告诉我们，地球上确实曾经潜伏过外星人。比如，在5000年前，举世闻名的埃及金字塔就是外星人在埃及建立的，更神奇的是，金字塔的甬道观测口还直指外星的基地天狼星。更离奇的是，在两次世界大战中，飞行员看到了不明飞行物，有人说，那是外星人在跟踪飞机。

在《外星人已潜伏地球5000年》这本书的作者自序里，作者写过这样一段话："UFO确实存在！只有那些被其视野所限、无法正视历史的人仍在坚持：除了人类的想象外，并没有什么东西在太空中翱翔。但过去半个世纪以来，连篇累牍的证据清楚揭示了UFO代表着真实有形的物体，并

第四章 通往自然科学之路

且展示着不同于任何人造物体的特质。这导致越来越多的人对UFO着迷，全世界的UFO研究者和组织都在持续增长。对大多数人而言，UFO代表着应该被避免思考的一类事物。我们把思维埋藏在一个安全的、习以为常的世界里，这个世界拥有官方新闻和报纸。于是我们放宽了心，相信自己没有被隐瞒什么。"

自序里还这样写道："在这层自我安慰之上的，还有那些政府专家通过媒体灌输给我们的常规思维。大多数人都屈服于巨大的压力，从不在公众场合说任何可能引发争辩的话，而那些敢说话的则被贴上疯子或谋求私利者的标签。"

在作者的自序里，还有一位名叫约翰的美国宇航员，他说："如果你打赌没有UFO，那么你是在打赌一样真实的东西不存在。从数学的角度而言，宇宙中那么多星球不可能都不存在生命。"

接着，作者在自序里举例，很多博学的科学家都相信有UFO，并且发表过严肃的评论。德国有位教授曾写道："我认为飞碟是真实存在的，它们是来自其他星系的宇宙飞船。我认为它们可能被高等智慧生命体所操纵，而地球已经被外星种族研究了数个世纪。"

作者在自序的结尾写道："对于公众而言，UFO现象显得相当神秘，但这也是我撰写这本书的原因。在物理、历史、进化论、空间维度理论、时间及精神和物质的关系等领域，都有大量证据能证明UFO的存在。"

作者拿出了证据，还有500位目击者，还有外星人的图片和录像档案。在这些真相面前，很多人都相信了，外星人一直潜伏在你我身边。

我忽然想起电视剧里的一句台词："你的邻居就是一位外星人。"

这几年，美国的某些地方经常有人说发现过UFO的踪迹。甚至还说，如果人类想从事太空探索，必须先去找外星人商量，还要经过外星人的同意；地球上发生的战争都有外星人在插手，外星人还会绑架地球人，被绑架的地球人会出现记忆空白，也就是说，当绑架发生后，地球人会什么都不记得了。

不知道这些事情究竟是真是假，在我看来，每当看到"外星人"三个字的时候，我就感觉：好莱坞版本的故事又开始轰炸了。

记得2014年曾经在中国风靡一时的韩国偶像剧《来自星星的你》，好多女孩子都喜欢那个长得帅气又有钱的外星人。我想说的是，这样的事情只能在故事里出现，故事就是靠想象编造出来娱乐大众的，如果有人相信这是真实的，那实在是一个天大的笑话。

如今，让科学家们感到惊讶的是，一向在研究理论物理学，靠着严谨的计算和理论来研究科学的霍金教授，居然也说有外星人，这就让很多人感到迷惑了。

于是，很多人开始猜测：霍金教授这又是在引起媒体和公众的关注吗？他究竟是不是真的遇到了外星人？他究竟知道了什么真相？他是否真的和外星人有过亲密接触？如果霍金没有见到外星人，他怎么会忽然说出那样的话呢？

很多同行也在质疑霍金，普遍的说法都认为他是在哗众取宠。但是，科学就是科学，科幻就是科幻。我想起霍金教授的著作《果壳中的宇宙》的第六章中，在谈到外星人的问题时，他是这样写的："那么，如何解释我们没有地球外的来客呢？可能是在那里存在有先进的种族，它知悉我们的存在，但是让我们在低水平上自作自受。然而，如此照应低等的生命形式是令人可疑的：我们中的大多数人忧虑过在脚下被踩死多少昆虫或者蚯蚓吗？更合理的解释应该是，在其他行星上不管是生命的发展还是生命发展智慧的概率都非常小。因为我们宣称自己是智慧的，尽管也许没有什么根据，我们倾向于把智慧看成进化的不可避免的后果。然而，人们可以对此置疑。不清楚智慧是否具有更多的存活价值。细菌虽然没有智慧，但是存活得很好。如果我们所谓的智慧在一场核战争中毁灭自身的话，细菌仍然存活。这样在我们探索星系之际，我们也许发现初级生命，但是我们不太可能找到像我们的生物。"

仔细阅读这段文字，霍金教授对是否有外星人也产生了质疑，到底地球上有没有来过外星人呢？如果说有，恐怕很难让人相信；如果说没有，在美国，有很多人都在说他们亲眼看到了外星人，还有人说他们的确遭遇了外星人的恐吓和绑架。那么外星人来到地球究竟是真是假呢？这的确像一个谜。

1947年的6月，在新墨西哥的酷热的沙漠，有六个土著印第安人看到了一个冒着烟的神秘金属物体，更神奇的是，他们还看到了一个活着的奇怪的生物。后来，军队的士兵把它带走，并且还同它进行了交谈。

20世纪50年代初期的平安夜，在美国密西西比州杰克逊市郊区，有一个9岁的男孩失眠了，他趴在窗上，向外面看去。夜深了，外面很安静，忽然，一道亮光划破夜空，男孩以为是在空中飞行的飞机。可当男孩仔细琢磨的时候，却发现了一个问题：如果有飞机，周围必须有飞机场，可是，周围没有飞机场，怎么会有飞机呢？这时候，男孩的大脑中出现了"飞碟"这两个字，很快，他开始困倦了，就睡着了。男孩长大后，他一直记得这件事情，但是，没有人相信他的说法，也难以得到证实。

到了60年代，各种各样的人类与外星人接触的事情不断出现，但是，这些事情听上去更像是好莱坞拍摄的科幻电影。在美国的马萨诸塞州的一户居民的家里，有个叫贝蒂的女孩看到过奇怪的光，接着可怕的事情发生了：家里出现了四个奇怪的生物，他们的个子矮小，朝厨房的方向走去。后来，贝蒂被绑架到飞船上。在飞船上，那些奇怪的生物对她进行了身体的检查，在她的身体上做测试。

1977年1月10日，寒冬笼罩着新汉普希尔郡菲尔德市，冷风夹带着暴雪刚刚过去。在鸭塘中心，有一个男人发现了一个洞，那个洞的直径是3英寸。男人看到这个洞，脸上露出惊讶的表情，那显然是被空中落下的物体砸出的洞，他想来想去，还是想不明白，于是就报了警。

围绕这起事件，媒体给予了报道。最后，官方证实，在结冰的池塘上没发现可疑物体。后来，记者去男人的家中采访，男人的太太对记者说了一件奇怪的事情：她的丈夫在池塘底部看见一个黑色的东西，像是一个立方体，他还用木棍捅了捅，结果没有什么发现。此后，当地警察和当地的官员都警告他们不要到处乱说，然后，当地官员派人把池塘的水抽干了，拿走了那个立方体。

围绕这个神秘的立方体，很多媒体记者开始推测：这个东西到底是什么，如果只是普通的东西，为何警察和官员会如此紧张？有人说那是天空掉落的陨石，有人说是外星掉落的神秘碎片，还有的说是飞碟上掉落的东西……大家议论纷纷，一时之间，这成了好多人茶余饭后谈论的话题。

这些奇怪的物体和生物究竟是什么？这就像团迷雾笼罩了我们的视线，有人说，那可能是某些人的幻觉导致的。有四位美国宇航员曾经说，他们在到达月球之前就看到了UFO。这种情况却没有被官方证实，美国国家航空航天局的发言人说："所有我们发现的东西，都公开了。"

这些有具体时间，还有人证的所谓的外星人事件，一次又一次激起人类的探索欲望，那么，在地球之外，真的有神秘的外星人吗？那的确需要科学家们去破解这些谜团。

2015年7月22日，正当我在写这本书的时候，我看到报纸上刊登了一个消息，题目为"霍金启动搜寻外星生命行动，将长达十年，花费一亿美金"。这个项目的名称为"突破聆听"，由俄罗斯硅谷的一位科学家资助一亿美金，通过扫描宇宙的方式，进行搜寻外星人的工作，因为有霍金的参与，所以成为了人类历史上最权威、最深入的科学搜索，主要目的是看在地球外面是否存在生命。这次搜寻通过光学技术和无线电，搜索范围是整个银河系和附近 100 个星系。

　　每个读者都期待着这次星系搜索能够真的搞清楚外星人是不是真的存在这件事。对于霍金来说，解开外星人的秘密就能为公众上一堂更生动的天体物理学的课程。我想说的是，宇宙不是私人的秘密花园，希望有一天科学能揭开外星人的神秘面纱，还公众一片晴朗的天空。

27. 关于时间的畅销书

有一本风靡全球的非小说类的科普畅销书，它的书名是《时间简史》，它的作者就是闻名世界的天体物理学家斯蒂芬·霍金。这本书出版后，征服了很多读者，其中，大部分读者都是普通人，而不是大学的理科学生和研究天体物理学的专家。

这本《时间简史》还有个浪漫的故事。当年，霍金把《时间简史》作为礼物送给简，简非常感动，她写道："斯蒂芬从莎士比亚里得到一点灵感，为他的书定下了标题。草稿经过修改后已被出版商接受，1988年6月的一天被确定为出版的日子。美国版将在春天出版，早于英国版。然后刚完成印刷的第一版不得不在最后一刻销毁，因为书中对几位美国科学家的诚信提出了质疑，出版商担心会招致起诉。这不幸的小插曲却让一处小小的遗漏得以被修改：斯蒂芬将《时间简史》献给我。这是很令人感动的致谢，但美国版遗漏了这一点。于是可能招致起诉的部分被删去了，我的名字也出现在了致谢中，出版社不得不加班加点在几天之内印刷出一万册，这本书就正式在美国出版了。"

我的书桌上有两本《时间简史》，这是同一家出版社出版的两个版本，其中一本是精装的普及版，里面有彩色的图片。仔细阅读这两个版本，发现不但在目录和内容上做了调整，作者也不只是斯蒂芬·霍金，而是有了一位合作者列纳德·蒙洛迪诺。他也是一位物理学家，在美国的加州理工学院任教，担任过风靡中国的美剧《星际航行：下一代》的编剧，他还出版过两本书,并且参与创作了"爱因斯坦小学生系列丛书"。国内出版的第一个版本的《时间简史》共有十二个章节,最吸引人的内容是第七章"黑洞不是这么黑的",第八章"宇宙的起源和命运",第九章"时间箭头"和第十章"虫洞和时间旅行"。

现在,我就来谈谈《时间简史》诞生的故事。1982年,霍金已经40岁了,像其他的中年男人一样,他渴望成功,更希望能成为一个好爸爸。那时候,霍金已经是三个孩子的父亲,女儿露西都已经12岁了,他想写一本书,给上学的女儿攒点学费——他当初写作的目的其实很单纯。当这本书成为畅销书后,有位科普作家曾经幽默地说:"《时间简史》给霍金带来的不光是名声,还有财富,这本书弥补了霍金的财政黑洞。"

这让我们了解到一件残酷的事:在英国,一位普通的科学家和大学教授,家里有三个子女,又身患疾病,如果没有名气,没有可观的经济收入,生活也是很艰难的。

回首往事,霍金在他的回忆录《我的简史》里这样写道:"我第一次想起写一本关于宇宙的普及著作是在1982年。我的部分目的是为女儿攒一点学费(事实上,到这本书实际出版的时候,她已经在中学上最后一个学年了。)。但是,写这本书的主要动机,是想解释我们已经在何等程度上理解了宇宙:我们一直在寻找能描述宇宙和其中万物的一个完备理论,现在离这个目标是多么接近了。"

从事写作的人都知道,写一本书是要花费很多时间和精力的,从构思到每一个章节的写作,再到每一个细节,非虚构类作品比小说写起来的难度更大。身体健康的作家都觉得这是一项劳累的工作,对坐在轮椅上的霍金来说,难度系数更高。

但是,对于霍金来说,他的坚强意志也决定了他有能力完成这本《时间简史》。在写这本书之前,剑桥大学出版社的密顿曾经找过霍金,他和霍金边喝茶吃点心边交谈,交谈的内容便是围绕这本书的细节展开的。霍金告诉密顿：他想写一本关于宇宙学的通俗读物。

这时候密顿想起，在他刚刚与霍金相识的那一年，他就想请霍金写一本通俗的宇宙学图书，这本书的定位是给普通读者的，让非专业的读者也能了解宇宙，了解黑洞和虫洞的知识。不过，那时候，霍金并不想写这本书。

现在，霍金又同意写这本书了，这让密顿很兴奋，这些年，他们是很好的合作伙伴。虽然，他们之间有过矛盾，比如在出版《超空间与超重力》的时候，因为封面问题就产生过很大的分歧。

不过，作为剑桥大学的教授，要写新书，还是会考虑与剑桥大学出版社合作的。剑桥大学出版社的出书历史悠久，著名科学家爱丁顿和霍耶都在剑桥大学出版社出版过科普图书。密顿一直相信，霍金写出的科普图书一定会拥有很多读者，他也坚信，霍金的书一定会给他本人以及出版社带来非常可观的经济收入。

在讨论出版这本书的会上，霍金对密顿和其他人表明了自己的态度，并且开口要了很高的稿酬，他说他因为残疾需要很多的护理费，还要为女儿交纳学费，如果他去世了，他还要给孩子和妻子留下足够的生活费。他还谈到一个实际的问题，他目前正在进行科学研究，他要从研究中拿出时间来写一本科普图书，就要占用科研的时间，他希望自己的付出能够得到更多的报酬。

密顿听完霍金的话后，发表了自己的看法。他认为霍金是个有影响的专家，而且，他一直在为剑桥大学勤恳地工作，以他的知名度和影响力，不管他去哪个大学工作，都会得到很高的薪水，比如美国某个大学邀请他去工作开出的薪水就相当高，比他在剑桥的收入高出好多倍，但是，他还是选择留在剑桥做研究，这就证明，他对剑桥是忠诚的，他对剑桥有着深厚的感情，不到万不得已的时候，他是不会离开剑桥大学的。

于是，他们再次合作了。霍金所在的应用数学及理论物理系和密顿工作的地方靠得很近，都在同一个院子里，所以，他们经常在一起讨论出书的事情。一日午后，霍金拿着稿子来到密顿的办公室，密顿看了稿子，觉得霍金写的稿子专业性太强，普通读者根本读不懂。他打了个比喻，让霍金更了解这个图书市场，他说："卖书有时候就像卖烘豆一样，味道越温和，就越有市场，假如你把书写得太专业，看上去就是给专家看的那种书，那是绝对不能畅销的，因为我们的定位是大众科普图书。"霍金接受了密顿的意见，开始思考如何写得通俗易懂。

没过多久，密顿又找到霍金。他对霍金说，剑桥大学出版社的理事会同意出版这本书，并委托他来和作者协商书稿的细节。

后来，霍金抽出时间，又对书稿进行了修改。当他带着修改好的稿子见到密顿的时候，密顿仔细地看了看，看完之后走到霍金的面前，瞪大眼睛对霍金说："你的书稿还是太专业了。"接着，密顿笑着说出了一个广为流传的经典名言，他说："你的书里，每多一个数学公式，图书的销售量就会减少一半。"霍金听完密顿的话，他的脸上露出惊讶的表情。

密顿看着霍金说道："读者去书店买书的时候，他们通常都是取下一本书，拿在手里翻阅一下，然后才决定是否购买，如果读者发现书里有数学公式，他们就会觉得这样的书很难读下去，因为里面有公式，就会拒绝购买。"

霍金听完密顿的话，觉得有道理，便再次接受了密顿的意见，继续修改。然后，两人开始谈稿费的问题。密顿提出付给霍金版税预付金的价格，霍金不同意，经过反复协商，最终，霍金拿到了一万英镑的预付款。密顿认为，这是剑桥大学出版社能拿出的最高的预付金。第二天一大早，霍金来到办公室的时候，密顿就把合同送到了他的面前。

就在霍金和密顿开始合作的时候，在美国的纽约，有个名叫彼得的三十出头的高个儿男人，他是美国矮脚鸡图书公司的高级编辑，他买了一份《纽约时报》，来到办公室里，开始看报，突然，一本杂志掉了出来。

原来，这本杂志夹在报纸里面，好奇的彼得拿起杂志看了起来。他首先看到的是一个坐在轮椅上的人刊登在封面上，他开始阅读杂志的内容，首先阅读到的就是一篇名为《宇宙与霍金博士》的文章，文章大体内容是霍金身残志坚，身患疾病却依然坚持天体物理学的研究，他的研究被人称为宇宙学的革命。

作为图书公司的高级编辑，彼得有很强的职业敏感，他意识到这是一个不错的励志故事。他的大脑不停旋转，他在考虑，如果能有机会请这位教授给公司写一本书，销量肯定不错。

在一家餐厅内，彼得与一位名叫艾尔的经纪人吃饭，他把霍金的故事讲给艾尔听，艾尔说他也读过这篇文章。这时候，艾尔对彼得说："我听我的朋友，也就是麻省理工学院的物理教授丹尼尔说，霍金最近很忙，他在忙着写一本书。"

吃完饭后，彼得对艾尔说，如果艾尔能见到霍金，并且霍金没有与别的公司签订合同，矮脚鸡公司一定会出版他正在写的那本书。

于是，艾尔决定去英国见一见霍金，并且在霍金与剑桥大学出版社即将签合同的时候，见到了霍金。中国有句俗话：来得早不如来得巧。就差几天的时间，霍金就与剑桥大学出版社签了合同。

那么，霍金为什么会放弃英国的剑桥大学出版社而选择美国的矮脚鸡图书公司呢？

霍金通过同事的亲戚，找到文学著作代理人阿尔·朱克曼。霍金在见到朱克曼的时候，把他写好的第一章的初稿给了朱克曼，霍金对朱克曼说："我希望它成为在机场书店就能买到的那类书。"

但是，霍金得到的回答是："绝对不可能，这本书只能给专家和大学理科学生阅读，像这样的书，绝对不可能出现在机场书店里，大众看不懂这样的书，也没有兴趣去阅读。"

在霍金的自传《我的简史》中，有一段话让我印象深刻："如果我准

第四章 通往自然科学之路

备花时间和精力去写一本书,我就要让它传播给尽可能多的人。我以前写的专业书一向由剑桥大学出版社出版。那家出版社做得很好,但我觉得它不会真正地面向我想影响到的那一类大众市场。因此,我接触到一位名叫阿尔·朱克曼的文学著作代理人,是我的一位同事的亲戚介绍给我的。我给了他第一章的初稿,并且解释道:我希望它成为在机场书店就能买到的那类书。他告诉我这绝不可能。它也许在学术界和学生中销售良好,但是像这样的一本书,绝不可能进入杰弗里的领地。"

1984年,霍金把写完的书稿交给朱克曼,他把书稿发给了几位出版商,美国的一家名叫诺顿的图书公司很有名气,朱克曼希望霍金能让诺顿出版他的书。遗憾的是,诺顿给出的图书的价格,霍金并不能接受。这时候,矮脚鸡图书公司给出了很高的价格,霍金接受了。

关于霍金怎么会选择矮脚鸡图书公司的价格,他在自传里这样说:"1984年我给了朱克曼第一稿。他把它发给几位出版商并且建议我接受诺顿的报价,诺顿是家很有档次的美国图书公司。可是,我没有采纳这个意见,而决定接受矮脚鸡图书公司的报价。这是一家更面向大众市场的出版商,虽然这个公司并非专门出版科学书籍,然而它的出版物在机场书店很容易得到。"

1985年8月的一个晚上,写了一天书稿的霍金像往常一样上床休息。就在凌晨三点的时候,护士来到霍金的床前,发现霍金病情加重,呼吸快要停止。护士急忙叫来急救车,把他送到了医院里,幸亏遇到了一位负责任的医生,他在电视上见过霍金,知道他是一位有名气的科学家,他把霍金抢救了过来。

从医院回来的霍金,第一时间想到的是他的书稿。那时候,《时间简史》的书稿快要写完了。他在医院养病的时候,还在对书稿进行修改。虽然,霍金拿到了预付金,可以支付医疗费用。但是,霍金进行了气管切开这样的大手术,他需要一天二十四小时的护理,他需要更多的钱来支付护理费。靠着书稿的预付款，肯定是不够用的。

此时，霍金的妻子简也开始忧虑起来，她忧虑的是霍金的健康，更担心万一哪天霍金去世了，她和孩子们该怎样生存？简在无路可走的情况下，只能向慈善机构求助，她给世界各地的慈善机构写了很多信，最后，美国的一家基金会同意每年给霍金五万英镑的护理费，后来，很多慈善机构都同意给霍金帮助。

这些慈善机构的善款，就像雪中送炭一样，给了霍金继续生存下去的勇气，同时，也让简感受到了一点温暖。但是，简对本国的国家健康服务处却是相当不满。她不明白，他们对这家健康服务处做过贡献，为什么在他们需要帮助的时候，却只能得到很少的救助？每当简谈到这件事情的时候，她就会愤慨地说："想想这种人才的浪费吧！"

简一直觉得，还是霍金在世界上的知名度帮了他们的忙，假如霍金只是一位物理教授却没有知名度，那她也就只能这样看着丈夫挣扎着直到去世。

霍金得了一场大病，放慢了写作的速度。甚至有时候，他觉得自己真的没有体力再坚持着把这本书写完了。就在他快要支撑不下去的时候，美国加州的一位名叫华特的电脑专家专门为霍金设计了一个程序，名字是"平等者"。这个程序并不复杂，使用起来很方便，霍金依靠这个程序，继续开始写作。

好多年后，成名后的霍金在自传里谈到写《时间简史》这本书的境况时，曾写过这样的话："我在 CERN 时得了场肺炎，只好中断了这部书的撰写。若不是得到一个计算机程序，要完成这部书是根本不可能的。用这个程序有点慢，但那时我思考得慢，所以这很适合我。我利用它几乎完全重写了我的第一稿以回应古查迪的要求。"

终于，《时间简史》定稿了，矮脚鸡公司决定在 1988 年的春天开始做出版前的宣传工作。艾尔雄心勃勃，他在美国与加拿大联系好出版的事情，又开始在世界各地寻找能出版这本书的国家,德国、意大利、法国、西班牙、中国、土耳其等,都争相购买这本书的版权。

正当霍金沉浸在享受成功后的幸福的时候,他做梦都没有想到,他的图书出版竟然在本国遇到了问题。霍金曾这样说:"英国的出版商,是我遇到过的所有出版商中,最抱持怀疑态度的一群。当我在英国出示初稿时,丹特公司出价15000英镑,还有另外的公司出价5000英镑与10000英镑。我认为他们诚意不够,所以就取消了。"

中国有句俗话说得好:墙内开花墙外香。霍金的书在全世界都是畅销书,但是在英国却遇到了出版问题。直到1987年,英国要举办一个全美书展,一位名叫马克的人在公司里得知《时间简史》是一本畅销书,于是,他在书展上找到了艾尔,对艾尔说他想看一看《时间简史》的书稿。

马克读完这本书以后,对艾尔说,他觉得这本书写得非常有趣,他想要在英国出版这本书。艾尔开出了75000英镑的英国版权的价格,听完报价后,马克失去了兴趣。他认为那本书其实很难读懂的,虽然看起来很好。在当时,75000英镑的预付金太高了。最后,马克决定,只出30000英镑,他不敢确定花费75000英镑买来的英国版权,能不能卖出这个价格。后来的事实证明,马克的担忧是多余的,这本书在全世界热销。

一本书想要成为畅销书,不仅要写得精彩,更重要的是要懂得如何把书推销出去。《时间简史》在准备出版的时候,矮脚鸡市场部主任主持召开了多次会议,会议的内容都是在商讨怎样对这本书进行营销。说得直白一点,就是用什么样的方法才能把书卖出去。

此时的霍金想起密顿对他的忠告,当密顿得知霍金把书签约给了大的商业出版公司的时候,他就提醒霍金:"与出版商打交道,你要特别小心。你要想明白一个问题,如果你就是想把书卖出去很多,想靠卖书挣钱的话,你就不要介意他们的促销手段。"

密顿接着提醒霍金:"出版商为了卖书,他们可能都会用残疾这样的词来做广告语，你要想明白，考虑好才行。即使采用了这样的广告语，你也不必太在意。"

就在《时间简史》还有一个月就要出版的时候，霍金接到艾尔的电话，他告诉了霍金一个震惊的消息：彼得要去皇冠出版公司工作，所有的工作将交给另一位编辑。在图书出版之前，霍金想要修改图书的名字，他觉得《时间简史》这个书名有点轻浮，他一直在考虑是否用"简"这个字。

彼得考虑之后告诉霍金："简这个字很好，能让霍金微笑。"

霍金很快就明白了彼得的意思，简这个字确实很好，他的妻子的名字就叫简，这难道不是让他微笑的理由吗？

《时间简史》的书稿交给了新编辑，这位新编辑把印刷的数量减去了四万本，因为他很胆小，他担心这本书卖不出去，会给公司造成损失，他怕负担不起这个责任。说实话，很多图书公司在印刷一本新书的时候，的确都是要考虑这些问题的。市场经济是残酷的，如果卖不出去，一切损失全部落到了出版公司的头上，所以，他们都会印刷很少，有时候只印刷一千本到三千本。很多新人就是这样，顶着压力在出书，如果真的成为畅销书或者常销书，书的作者也就算是看到了阳光灿烂的一天。

1988年春天，《时间简史：从大爆炸到黑洞》这本书，在美国各大书店上架。在纽约的洛克菲勒中心，公司专门为霍金举办了宴会。那天晚上，霍金非常兴奋，当他在河边陶醉的时候，他的妻子一直担心，害怕他会掉进河里。

《时间简史》即将发行时，意外发生了。霍金在自传里写道："这本书即将发行时，有一位科学家得到了这本书的试印版，那是提供给《自然》杂志写评论的，他发现这部书照片与图片的位置和标号错误百出，而被吓坏了。他给矮脚鸡打电话，他们同样也被吓坏了，并且立刻决定召回并废弃这个印次。矮脚鸡花了紧张的三整周改正和重校全书，及时地在愚人节的出版日期铺到书店。正好那个时候，《时代》周刊刊登了我的封面人物介绍。"

虽然，这本书出现了小错误，依然不能阻挡畅销的浪潮。书一经上市，在《纽约时报》的畅销书的书榜上达到了147周，在伦敦《泰晤士报》畅销书的排行榜上竟然达到了237周，在全世界销售超过了一千万册，单在美国，这本书的销量就达到五十多万本，霍金真正实现了自己的梦想——写一本普通大众都可以读懂的书。

天体物理学家霍金，竟然像明星那样风光，走进了美国的各大校园，霍金迷俱乐部在芝加哥成立，他的粉丝遍布美国各大城市的中学与大学，他的照片被印在T恤上，他俨然变成了一个超级巨星。

1988年的6月，《时间简史》在英国出版上市。他的粉丝依然很多，他的书成为公众喜欢的畅销书，各大书店，只要有他的书，都会被抢购一空。在中国，霍金的书也是一版再版，销量依然不减。购买霍金的图书，更多的是普通读者，同行并不是很多，在英国本土，很多同行都发出了质疑的声音，有一位理论物理学家曾说过这样的话："他与大家做的是同样的研究，只不过因为他的身体状况，才会如此引人注目。"甚至有人拿《时间简史》和一本名叫《机车保养的禅学与艺术》进行对比，霍金觉得无所谓，他的家里人却对这样的对比感到无聊。

霍金在接受媒体的采访时，曾这样说："我很高兴一本科学书能与明星的传记竞争。也许人类还是有希望的。我非常高兴这本书能到一般大众手中，而不只是在学术界流传。科学有些概念是很重要的，因为它在现代社会中扮演了如此重要的角色。"

在我写这本书的时候，我去国内各大网站购买，结果却发现，霍金很多书都剩下很少了，有的甚至已经显示无货；英国的两位科普作家给霍金写的传记，已经在网站成为畅销书，有的网店已经没有这本书了。这不仅仅是因为霍金是残疾人吸引了很多人的眼球，更重要的是，随着社会的发展，大家都开始关注科学，很多家长想培养孩子从小爱科学的兴趣；少年们想要了解宇宙，解开宇宙的奥秘；成年人也想探索宇宙的秘密，想要了解宇宙大爆炸和黑洞的知识，以及宇宙到底有没有边的问题。

当霍金出现在街上的时候，他的粉丝们就会围上来，与他说话，就像影视明星被粉丝包围那样热闹。

相对于公众的热情，那些资深的书评家和评论家对《时间简史》的畅销却觉得莫名其妙，他们不明白，为什么这样一本书会获得如此巨大的成功？为什么其他英国天体物理学家的书却无人问津？于是，针对霍金和他的著作《时间简史》各种各样的评论就出现了。

《自然》杂志的编辑约翰·麦达克斯于1988年的年底公开发表了一篇文章。他这样写道："那些担心大众对科学漠不关心的人，当知道霍金教授的《时间简史》在美国已卖出60万本之后，一定就可以释怀了……令我好奇的是，在我访问加州期间，我大约询问了20多个人，这些人不都是科学家，发现没有一个人不知道这本书。其中三个人有这本书，但是却都没有开始读。对于一本仅有198页的书来说，这似乎有点不可思议。根据该书作者所说的，只需要花一千卡路里的热量就可以获得书中所有的信息，所以我估计只要半天就能读完。

事实上，这本书有一种奇怪的窘境。人们说它是一本'风靡一时'的书，或把霍金教授描述成一位风云人物。在加州，不同宗派与言论大师的流行（在大众心目中）起起落落是常有的事，用风云来解释'霍金热'似乎很自然。但是，即使加州也不可能消化全部60万册。"

早在1988年的8月，赛门·金肯斯便在《星期日时报》上发表文章表达自己对这本书如此畅销感到的惊讶："我简直感到莫名其妙。46岁的剑桥数学教授写了一本讨论广义相对论与量子力学结合的书，在今年整个夏天，一直排在英国非小说类的畅销书排行榜上。上个月还曾位居榜首，麦可·杰克逊与毕加索都被他拉了下来。霍金的《时间简史》共印了6次，销售了5万本精装本。这是个惊人的新领域。"

第四章 通往自然科学之路

有人曾调侃说:"不管是专家还是作家,他们出版的书,能让普通大众喜欢读的书,才是真正的好书。"

如今,霍金做到了。在美国曾经发生过这样一个故事,这个故事广为流传,已经成为霍金的经典故事。故事的发生地点是在美国的一个汽车修理站,一位科学家的私家车有点毛病,他把车送来维修,闲着无聊的时候,他与修理汽车的工人聊天。修车工问科学家:"你是干什么工作的?"科学家回答道:"我是从事科学研究的,大家都叫我科学家。"修车的工人抬起头问科学家:"请问,你认识霍金教授吗?我非常崇拜他,他在我心里就是英雄。"

科学家这才明白,原来霍金已经成为家喻户晓的天体物理学界的明星。于是,专家学者们都开始研究这本书究竟为什么会这样有影响?

两位科普作家写的《霍金传》中,也在探讨这个问题:"一时之间每个人都成了霍金迷,对于这本书为何会如此成功,每个人都有一套得意的见解。它成功的秘诀是什么呢?在《时间简史》进入畅销书排行榜好几年之后,人们仍然提出这个问题。"

1991年的4月,英国《独立》杂志发表了一篇主要针对《时间简史》的文章。文章提出问题:"究竟有多少人看过这本书?"文中引用很多事实和例子,证明很多有才气有学问的人,都没看过霍金的这本书。"那位很有才气的伯纳德先生,在他《泰晤士报》专栏里承认,霍金教授的《时间简史》他从第29页以后就看不懂了。这样就引发了一个问题:如果才气纵横的伯纳德先生仅能读到第29页,那么,一名普通船夫在探求宇宙起源的知识时,他的情况又会如何?"

"这本书获得异乎寻常的成功,可是买书的人却很少能读得懂,这要如何解释呢?业余心理学家曾指出,这是由于作者的特殊状况,他是一位运动神经元疾病患者,许多年前已被医生宣告无药可救。然而,他战胜一切艰难险阻,写成了这本书。这是一个英勇的故事,但光凭这一点就足以说明这本书的成功吗？

我并不认为如此，我也不认为是读者希望发现这个世界的起源真相。这个问题并没有一个简单的答案，这本书成功的秘密，此时就像宇宙的起源那样神秘而迷人。我愿悬赏一笔小小的奖金，给能提出令人完全信服的答案的任何读者。"

文章发表后，很多人给这家杂志写信，霍金的母亲忍无可忍，她写了一封信，刊登在《独立》杂志上："阁下：身为霍金教授的母亲，我得声明我可能有点私心。不过我已经对《时间简史》成功的原因做过一些思考，这个成功连霍金本人也感到惊讶。我相信原因是复杂的，但是应该试图加以简化……

这本书写得很好，使人乐于阅读这本书。书中艰深的部分是思想而不是语言。他完全不炫耀，也从不大声来压倒读者，他相信自己的思想是任何有兴趣的人都能明白的。这本书引起了争议，许多人在各种程度上反对他的结论，但是它激发了思想。当然他与疾病奋战的事迹，也增加了这本书的知名度。但在构思这本书之前，霍金已经走过了漫长的历程。他不是因为患有运动神经元疾病，才得到了学术界与其他领域的荣誉。

我并没有说我自己看得懂这本书，然而在得出这个结论之前，我确实从头到尾读了一遍。我认为我不懂，主要是因为我的年纪与我所受的学术训练不同。我并不想怀疑列文先生智力出众，但我不愿因为他看不懂，就假设大多数的人也都不懂。"

这封信，在当时的英国反响很大，不仅仅是护子心切，更重要的是，霍金的母亲作为上个世纪牛津大学的高材生，她也谈了自己的观点：很多时候，所谓的知识分子教育还存在很多问题，在人漫长的一生中，还可以有各种各样的学习方法和教育形式存在。

有时候，霍金的同事们经常会被人问到这样的问题：你们看过霍金的书吗？很多同行都回答："没看过，因为不能把这本书拿到海边来娱乐。"

第四章 通往自然科学之路

读过的同行们,当问到这个问题的时候,他们的回答也是五花八门,有的还提出意见,认为这本书可以写得更多一些。

霍金发现,很多人在评价他的书的时候,他们的评论都不是客观的。他认为这些评论都是老套的话语,没有新颖的东西,比如,他们总是围绕着霍金的病情谈这本书。霍金在他的自传《我的简史》中,有过这样两段精彩的叙述,第一段他是这样写的:"为什么这么多人买这本书?对我而言要做到客观评价肯定很难,于是我想还是看他人怎么说的。我发现大多数评论,尽管都是好意的,却没有多少启发性。它们倾向于遵循一个老套:斯蒂芬·霍金患了运动神经元疾病;他被禁锢在轮椅上,不能讲话,而只能动 X 根手指(意思就是三根手指),但他写下了这部所有一切中最大问题的书:我们从何处来,我们往何处去?霍金揭示的答案是宇宙既不创生亦不毁灭;它只是存在。"

谈到宇宙的问题,有的评论员已经感觉自己的大脑找不到方向了,完全跟不上霍金的节奏,但是,为了表明自己是正确的,评论员还是要继续发表自己的观点:"如果霍金的理论是对的,我们就真的找到了完备的统一理论,我们也就真正理解了上帝的精神。"

读完这些评论后,霍金哈哈一笑。在自传里,他针对评论员的评论做出了调侃:"如果我这么做了,那销售量也许会减半。"

霍金一直痛恨那些总拿他的疾病来评论的人,他总希望人们能像对待正常人那样对待他。作为一位教授,他理应得到全世界的理解和尊重,他希望公众喜欢和好奇的是他研究的学科,而不是他的隐私。霍金在自传《我的简史》发出了心底的呐喊:

"无疑,我身患残疾,然而努力使自己成为理论物理学家,这种让人们感兴趣的故事也对这本书的销售推波助澜。因书中只有两处提到我的状况,所以凭这种兴趣来购买此书的人士一定十分失望。这部书是试图写宇宙的历史,而非我的历史。但这并没有阻止人们谴责矮脚鸡利用我的疾病以及我与之合作、允许我的照片印在封面上的可耻行为。事实上，按照合同，我对封面无控制权。"

霍金还感到一个问题很难理解，很多人购买他的书只是为了摆在书架上，有的人购买他的书，只是为了在咖啡馆与朋友聊天时，拿着他的书来炫耀自己。霍金承认：这种事情肯定会发生，但是，他知道很多人确实在认真阅读他的书，虽然里面的内容不一定都能读懂。霍金觉得，只要有一部分人买了他的书，并且认真读完，他也就很知足了，毕竟，宇宙学不是每个人都能明白的，即使是普及版的《时间简史》，也不是都能读得懂的。

这本书确实是有吸引力的，我是喜欢这本书的，虽然，我只是一个普通的读者。黑洞和虫洞的奥秘，是吸引我阅读的原因，探索宇宙的奥秘，并不是儿童和少年的事情。与其整天在网站上浏览，在网络游戏中荒废时间，还不如买本《时间简史》，看一看宇宙的演化。当我们用科学知识武装好头脑的时候，也就不会被那些歪门邪道和所谓的大师迷惑了。

曾经有过这样一个经典的名人故事：俄国物理学家林第坐飞机来到美洲开会。在飞机上，林第的身旁坐着一位商人，他手里拿着一本霍金的书，林第好奇地问商人："这本书你认为写得好吗？"商人边看书边回答："这书写得太好了，简直让我着迷，我特别喜欢它。"

林第对商人说："你觉得有趣，可我觉得很多地方读不懂，有些地方很难读下去。"

商人竟然对林第说："我来解释给你听吧。"

这个故事带给很多人的是意外，为什么科学家读不懂，为什么不是科学家的人反而能读懂？这个答案只有霍金知道，因为他的梦想就是：这本书是写给公众看的一本通俗科普读物。

当年，霍金在决定给普通公众写这本书的时候，他是忧虑重重的，他在自传里真实表达了这种忧虑："人类从原始野人到我们现在的状况仅需

第四章 通往自然科学之路

区区一万五千年，这个系列勾画了我们对这整个发展成就的感受。我要传达一种类似感受，就是我们朝着完全理解制约宇宙的定律，已经取得了怎样的进步。我很清楚，几乎每个人都对宇宙如何运行感兴趣，但大多数人无法明白数学方程。我本人对方程也不太在乎。部分原因是我很难把它们写下来，但主要是因为我对方程没有直觉。相反，我依靠图像来思考，我这本书的目标是靠语言描绘这些心里的图像，还借助于一些熟悉的比喻和图形。"

霍金一直都希望大多数的人能在他的书里了解天体物理学，他要让更多人知道，他所从事的理论研究的重大意义，他想与更多的人一起分享研究成果，用霍金的话来说，那就是："我希望，大多数人以这种方式能够分享对过去50年间物理学取得的惊人进步的激动和感受。"

霍金坦诚地说："即使我避开使用数学，也仍然很难解释某些观念。"霍金不停地问自己："我是否应解释它们并冒着把人们弄糊涂的危险？或者是否我应该掩饰这些困难？一些不熟悉的概念，诸如以不同速度运动的观察者测量出同一对事件之间的时间间隔不同，就对我要描绘的图像不太重要。因此，我觉得我可以只提到它们而不必深入探讨。但其他困难的思想，对我要作出解释的东西却很重要。"

在《时间简史》这本书，霍金将两种概念植入书中，一种是所谓的"历史求和"，另一种是"虚时间"。霍金认为："宇宙不仅只有一个历史，宇宙有每种可能的历史集合，而所有这些历史都是同等实在的。"

霍金觉得在给非专业人士看的科普书中，把以上这两种概念解释清楚，是要付出很大的努力，他说："我现在觉得我本应作更大的努力来解释这两项非常难以理解的概念，尤其是虚时间，后者似乎是书中读者最感到麻烦的东西。然而，其实并不真的需要确切理解虚时间是什么——只要知道它与我们称作'实时间'的东西不同即可。"

如今，霍金教授应该很开心了，因为，他的付出得到了回报，更重要的是，这本书已经进入千家万户，很多的普通人喜欢这本书；这本书摆放到很多人的书架上，即使有人只是为了摆设而购买《时间简史》，那也证明了一个事实：霍金是一位在全世界都有影响力的人。

这也让我想到网友们说过的一句话：一般买来放在书柜里当装饰品的图书，都是经典的名著，越是畅销的精品书和精装书，越容易被摆放在书柜里。

精品永远是精品，就像摆放在书架上的《时间简史》，在众多的图书中，的确与众不同，而那句通俗易懂的广告语——一本人人都能读懂的时间简史——更像一个有吸引力的魔方，等待着更多好奇的人去打开它，了解它，真正地读懂它。

28. 霍金的虚时间和无边界

虚时间是霍金在计算的时候采用的概念，他在自传里写道："我们的计算用了虚时间的概念，它可被认为是时间在和通常实时间成直角的一个方向。"霍金从美国加州回到剑桥后，他和他的学生把这种思想又做了深入的研究，创造了欧氏方法，实时间被虚时间取代，这样，时间就不是单独存在的，而是成为空间的第四个方向。刚开始的时候，霍金提出了这种研究方法，结果遭到很多专家的反对，如今，这种研究方法已经被专家们接受了，霍金说："这是研究量子引力的最好方法。"

那么，这种方法到底有什么好处呢？霍金在《我的简史》中做了详细的分析，他说："黑洞的欧式空间是光滑的，而且不包含物理方程会在那里崩溃的奇点。它解决了彭罗斯和我自己的奇点定律提起的基本问题：由于奇点预见性会崩溃。利用欧氏方法我们就能够理解为何黑洞会像热体那样行为并具有熵的深层原因。"

霍金在剑桥开完研讨会以后，去了圣巴巴拉，那里有一家刚刚建立的理论物理研究所，霍金在那里度过了炎热的夏天。霍金想研究的是：在研究宇宙学的时候，怎样把欧氏方法应用进去。

霍金在自传《我的简史》里写道："根据欧氏方法，宇宙的量子行为由对在虚时间中某个种类的历史的费恩曼求和给出。因为虚时间正如空间的另一个方向那样行为，在虚时间中的历史可以是闭合的曲面，正如地球的表面，既没有开端，也没有终结。"

此时，霍金又阐述了他对无边界的设想："宇宙的边界条件是，它是闭合的、没有边界的。无边界条件意味着宇宙会从无中自发地创生。起初，无边界设想似乎没有预言到足够的暴胀，但我后来意识到，宇宙给定的位形的概率必须由位形的体积加权。"

这是属于宇宙的无边界，在霍金的人生中，他也有自己的无边界。霍金在自传《我的简史》的最后一章中，用"无边界"这三个字，对他的大半生进行了高度的概括。他觉得自己是幸福的，因为对他来说，青春年华的时候患上疾病，他觉得命运对他太不公平，但是，医生和他都不曾想到，奇迹竟然会发生。他说，他结婚两次，还有三个在事业上很成功的孩子，还有可爱的孙子外孙的陪伴，他在天体物理学方面的研究非常成功，他最大的成功是把爱因斯坦的广义相对论和量子力学理论结合在一起，他的黑洞量子发射的预言得到了很多理论物理学家的支持。

霍金在回首自己大半生走过的道路的时候，在自传里写道："我的一生是充实而满足的。我相信残疾人应专注于障碍不能阻止他们做的事，而不必对他们不能做的事徒然懊丧。在我的情形下，我尽力做我要做的大多数事情。"

霍金的人生是丰富多彩的，虽然坐在轮椅上，但是，他去过很多国家访问。在苏联访问的时候，他还有一段遭遇：霍金第一次和学生一起去苏联访问，其中的一个学生是浸礼会的教友，这个学生想在苏联散发俄文版的圣经，并请求霍金和学生们悄悄地帮他把圣经带进去。霍金同意了，但是，在返回英国的时候，苏联当局发现了他们的行为，把他们拘留了。不过，当局担心如果给霍金开罚单会引起两国之间的纠纷，仅仅过了几个小时就放他们回国了。以后，霍金六次到苏联访问，并且见到了苏联的科学家们。

霍金曾乘坐潜水艇遨游在深海里，他还大胆尝试乘坐气球和零重力飞行器飞上天空，更加不可思议的是，"维珍银河"飞向太空的飞船上还给他留了座位。

霍金在自传《我的简史》中是这样写的:"我早年的研究证明了经典广义相对论在大爆炸和黑洞奇点处崩溃。我后来的研究证明了量子论如何能预言在时间的开端和终结处发生什么。如果说我曾经为理解宇宙添砖加瓦的话,我会因此而感到快乐。"

29. 成名后的烦恼

自从《时间简史》成为畅销书后，霍金也成了名人。作为名人，有成功后的快乐，自然也有成名后的烦恼。简曾经说过这样的话："斯蒂芬战胜自然、疾病、瘫痪甚至死亡的种种努力都凝聚在《时间简史》之中，这本书同样凝结了我们年轻时奋斗的记忆，那时的我们刚结婚，不顾一切地迎难而上，为每一点成绩而欢欣鼓舞。然而这一次的成功却不是私事，而是公众活动和强有力的宣传。"

霍金成名后，在夜深人静的夜半时分，经常会有从美国打来的电话，这些人被简称之为"古怪的入侵者"。有一个叫凯斯的美国人半夜往霍金的家里打电话，说，宇宙的谜团被他解决了，他要告诉霍金，他发现霍金的计算存在错误。这让简哭笑不得。

更加离奇的事情发生在露西身上，有一天，露西接到一个男人的求婚电话，其实，他们根本就不认识。不过，露西很快明白了事情的缘由——那个男人想让霍金给指点论文；甚至还有人打来电话，非要和霍金谈话，并且要告诉霍金一个荒诞的消息——地球会在半小时内毁灭。有的人会整天守在霍金的家门口，等待见到霍金的时刻。

简在自传里写了很多霍金成名后发生的啼笑皆非的事情："有一个人就坐在大门口，上半身就穿了个背心，没提防大门突然向外打开。由于得让斯蒂芬和他的全套装备出去，大门被完全推开，这个可怜的人冷不丁地被推进玫瑰花丛里，背心的带子被玫瑰花刺勾住了，等他好不容易把自己解救出来,斯蒂分早就不见了踪影。还有位好莱坞明星,也想显摆一下她自己半生不熟的宇宙理论;有骗人的记者,答应给慈善捐款作为对采访的回报,却迟迟没有兑现;还有未经授权的传记作家,拿着我们支付的费用赚取不义之财。"

面对这些事情,简烦不胜烦。幸亏暑假快到了,他们决定去日内瓦,离开这里,把所有的不愉快的事情都忘掉,在简的心里,不管去哪里旅行,都比待在剑桥舒服。

这时候,有了钱的简有了一个想法,她想在宁静的乡间购买一幢房子,在那里,他们可以安静地生活,不被各种各样的人打扰。不过,霍金的想法与简不同,他想在剑桥买公寓,他说那是长期的投资,但简有着一个在乡村居住的梦想。简认为:在乡村,他们不会被人打扰,三个孩子可以安静地读书,霍金可以更好地思考科学问题。她只想做一个合格的女主人,一边把家里整理得干干净净,一边收拾花园。她时常想象,一个身穿漂亮衣服的女主人,站在院子里,看着花园里美丽的鲜花,她的心情一定是快乐无比的。

《时间简史》比预想的还要成功,当年,霍金的名气只限于英国和美国,如今,他成为世界名人,世界各地有很多粉丝,简和霍金还有他们的孩子们都品尝到了做名人的味道。1988年10月,简和小儿子蒂莫西陪着霍金来到西班牙的巴塞罗那,在那里,要为《时间简史》的发行举行一个仪式。霍金走到哪里,哪里都聚集了很多人,大家都在呼喊着他的名字,掌声非常热烈。

同时,简开始出现在新闻发布会和电视采访节目中,她不是当嘉宾,而是要做一个重要的工作——当翻译。简被当作成功的女性,很多女性杂志社都对她进行了采访。这时候的简,在繁忙的翻译工作中,有了一种满足感。每次,简和媒体打交道,都感觉就是为了给《时间简史》这本书做宣传。在众多的国内外媒体的宣传中,简最喜欢的是接触国外媒体,因为那就是单纯的宣传，只是为了销售图书。但是，在国内，简却感到厌烦，因为她想和霍金以及孩子们过安静的日子，而整天这样轰炸式的采访，打破了他们的生活，让他们的生活更加混乱。

更让简无法忍受的是，面对电视镜头，护士们都丢下护理工作，开始抢镜头。接着，媒体的记者还要到家里进行采访，被简拒绝了，她的孩子们也坚决反对。简曾在《飞向无限》这本书中针对采访的问题，发出了自己的声音："如果再加上摄像机和记者，那谁也别想有任何隐私了。"让简难以理解的是，她的反对竟然无效。有人认为：简不愿意把霍金在家里的故事与粉丝们分享，这是错误的。

很快，霍金带着他的团队去加利福尼亚州，他要在那里待一个月的时间，简得知这个消息，浮躁的心平静下来，这样真好，他们终于可以各自过各自想要的生活了，霍金可以在加利福尼亚州安心研究天文物理学，简陪着孩子们在家里过正常的家庭生活，一切都可以安静下来。

很多人都想要成名，但是，成名后不光是无限风光，随之而来的还有作为大众名人的烦恼，没有隐私权，很多的东西都被曝光。更为可怕的是，有的网站和公司，专门搜集名人的地址和电话，转手卖给那些需要的追星族们，这就让名人的生活变得不再轻松自在。

名人也是人，即使遇到喜欢的名人，不要围观，不要起哄，不要说三道四，也不要随便在网络谈论名人的私生活。

名人就好像美丽的风景，我们站在远处看一看，和他们保持距离，尊重名人，爱护名人，能做到这点的，才是最有品味的粉丝。

第五章
斯蒂芬·霍金的中国行

霍金曾三次到过中国，他去过安徽合肥，去过杭州，去过香港，去过北京，参观了长城和天坛。霍金的中国行，引发了"霍金热"，当年，在中国只卖出500本的《时间简史》，却成为畅销书，排在各大图书销售网站上，霍金本人也成为很多青少年的偶像，很多读者被霍金顽强的精神打动，他的传记更成为励志图书，成为青年们的必看书籍；霍金用自己的行动告诉全世界的人：他的身体是有残疾的，但是，他的心灵没有残疾，只要活着，就是希望。

第五章 | 斯蒂芬·霍金的中国行

30. 第一次中国行

霍金的父母曾来过中国，那时候霍金忙着学习，忙着考试，虽然内心对古老的中国也充满了向往，却一直无缘来中国。后来，因为身体的原因，还有忙着研究和写作，中国之行一拖再拖。

霍金一直在关注着中国，因为中国是世界上人口最多的国家，而且曾经有四大发明，有悠久的历史，灿烂的文化，更有长城、天坛、故宫等名胜古迹。他一直希望能有机会来中国看雄伟的长城。1985年霍金踏上了中国的土地。

70年代末期，中国封闭已久的国门打开了，很多大学都把目光投向了欧美科学家。此时，中国科技大学天体物理小组正在研究黑洞理论，他们特别希望能邀请到在天体物理研究有成就的黑洞物理学家来大学讲课，第一个被邀请到科大讲学的是美国普林斯顿大学理论物理学教授惠勒，"黑洞"这个词汇就是他发明的。此后，科大想邀请霍金来讲课，却遭到了英国驻华大使馆的拒绝，他们给出的理由是：安徽合肥是个小城，交通不发达，霍金是位患有重病的残疾人，他的饮食需要从英国特制，交通不畅通，怎么能保证霍金的饮食安全？霍金的第一次中国之行遇到了很大的麻烦。

科大并没有放弃，副校长钱临照找到了霍金的代理人，他对科大的领导说："别着急，英国使馆拒绝霍金来中国讲课，他们担心霍金的身体会出现问题。"在英国使馆官员的眼里，霍金是英国的著名科学家，也是一位身患重病的残疾人，他们害怕霍金在中国讲学时万一病情突然加重，无法承担责任。钱临照并没有放弃邀请霍金讲学的想法,他多方奔走,尽了自己最大的努力。

此时,远在英国的霍金得知了这个消息。他调侃道:"只要能让我活着回到英国,再小的城市我也会去的。"于是,科大想了一个办法。1983年,霍金早期培养的学生伯纳德·卡尔应邀来到安徽合肥,他是一位研究黑洞的学者,与他的老师霍金一起研究过"小黑洞"的理论,并且成为这个领域的杰出人物。

钱临照的想法很明确:他就是想让霍金的学生来合肥看一看,他的老师能否在这里生活3~4天。1983年6月26日,卡尔来到了合肥,他做了精彩的演讲,题目是"人择原理",具体说,就是人只能研究人可生存的宇宙。卡尔在合肥之行后,得出这样的结论:他的老师霍金是完全可以来到科大讲学的。回英国后,卡尔马上向老师霍金汇报了他去合肥讲学的情况。第二年,也就是1984年,科大第二次向霍金发出了讲学的邀请函,这一次,英国大使馆没有拒绝。

于是,在1985年4月28日,一个春光明媚的日子,霍金在他的研究生的陪同下,来到了合肥,他的妻子简没有陪同霍金前来,她要留在家里照顾6岁的小儿子。因为简拒绝了陪霍金来中国讲学,霍金非常生气,简温和地对他说:孩子们不能没有母亲照顾,尤其是要把小儿子留在家里,她不放心。后来,霍金的两个学生卡尔和约兰塔答应陪霍金一起来中国,他的脸上才露出了笑容。这两个学生在霍金的中国之行中,确实充当了重要的角色,他们抬着霍金乘火车、坐飞机,并且把霍金抬到了长城上,实现了霍金的登长城做好汉的梦想。

对霍金在科大的访问情况,曾在武汉华中科技大学物理学院担任教授的杨建邺在他写的传记《霍金传奇》中曾这样写道:"霍金一行在科大逗留了四天,4月28日到5月2日。这期间卡尔作了一个报告,霍金作了两个。霍金的报告一个是专业的:'黑洞形成的理论',一个是公众性的:'为

第五章 斯蒂芬·霍金的中国行

什么时间总是向前？"对后一个问题，霍金并没有突破性的贡献。霍金当时强调的是时间并不能总是向前。当时的口译者也一时兴起，就即兴地加了一句："霍金的模型，差不多就是'法轮回转'吧。"

霍金在科大受到了欢迎，他离开合肥来到北京，接待他们的是北京大学的教授刘辽。到了北京，霍金和卡尔轻松了很多，因为没有大型的学术交流活动，这时候，霍金突然提出了一个让在场所有人都震惊的问题：他要去长城看一看。

刘辽教授听到这个要求，有些不知所措，在他早已安排的计划中，并没有让霍金去长城的计划。霍金的要求，也让他的学生卡尔吃惊不小，一个健康的人爬长城，还需要足够的体力，对于一个残疾人来说，去长城要面对的困难太多了，当时的长城没有给残疾人专门使用的无障碍通道，残疾人无法去长城游览。

刘辽教授没办法，只能认真地对霍金说：长城没有无障碍通道，残疾人不能去长城游览。此时，霍金就像一个调皮的小男孩，坚持自己的想法，他甚至对接待方说："如果不让我去长城，我就就地自杀。"当然，这话自然是开玩笑，但这也说明他对长城是非常向往的，这让我想起中国的那句著名的谚语：不到长城非好汉。

于是，大家开始动脑筋，想办法，刘辽教授想到了一个好办法：他让他的研究生和霍金的两个学生一起抬着霍金登上了长城。长城很长，蜿蜒向上，研究生们感到累了，有人就风趣地说："霍金要能蒸发掉就好了。"于是，研究生们开始研究关于"霍金蒸发"的问题。

我不知道回国后霍金是怎样对他的家人、朋友和同事描述他的中国之行的，但是，霍金回国后，身体就出现了问题，他开始不停地咳嗽，尤其是他吞咽食物的时候。在霍金被病痛折磨的日子里，他的妻子简一直陪伴在他的身边，并且抱着他入睡；霍金依偎在简的怀里不再害怕，他的全身都会放松。

出国访问旅行，对一个正常人来说，都要面对饮食习惯和水土不服等诸多问题，对于一个残疾人来说，遇到的问题会更多。此后，霍金在瑞士的日内瓦讲学途中又遭遇了不幸，幸亏遇到一位好医生，挽救了他的生命。

霍金会放弃旅行的脚步吗？自然是不会的，他是一个顽强的人，有着顽强的生命，他在身体不能行走的情况下，还会用灵魂遨游在宇宙中，他的灵魂是圣洁的、高贵的，他的生命是高贵的，面对这样顽强的生命，除了崇敬，还能有什么呢？

第五章 斯蒂芬·霍金的中国行

31. 第二次中国之行

1997年,香港回归了,中国发生了巨大的变化。霍金离开中国12年了,于是,远在英国的他又想到中国来了,他向他的中国学生吴忠超提出了想再次访问中国的想法。

终于,在大家的共同努力下,2002年8月,第24届国际数学家大会在北京举行,霍金作为在数学领域有名气的教授被邀请了,他第二次踏上了中国的土地。在这漫长的17年中,霍金成为了著名的科学家,他就像科学界的一颗恒星,放射着璀璨的光芒。

第二次的中国之行,陪伴在霍金身边的,不再是简,而是他的护士,也是他的第二位妻子伊莱恩。2002年8月9日上午,霍金在伊莱恩、助手和三位护士的陪同下,乘坐飞机到达了上海浦东国际机场。他们在宾馆休息片刻后,就来到浙江大学演讲,此次的翻译是霍金的学生吴忠超。

虽然霍金身体有残疾,可他的大脑非常活跃,他会在演讲中,随时随地地引用莎士比亚的话,还会修改莎士比亚的话,如果翻译没有一定的文化修养,就无法理解,更无法准确地翻译出来;更重要的是,作为霍金的翻译,还要对霍金讲话的习惯用语非常熟悉,这样,翻译出来的话,才不会死板。

吴忠超先生长期做霍金的学生,对于老师的想法,他是很清楚的。一次,他陪同霍金在饭店吃饭,那天,霍金喝了酒,非常兴奋,他用手在电脑上打出一行字:"在中国,像罗马人那样行事。"

当时是如何翻译的，谁也不清楚，此后，吴忠超写了一篇文章，题目是《霍金的杭州之行》发表在 2003 年的第 5 期的《科学》杂志上，文章是这样写的："我猜想他说的是入乡随俗。"

霍金引用了莎士比亚的名句，原文是："在罗马，像罗马人那样行事。"这句话，用中文来表达，那就是四个字：入乡随俗。霍金把这句话的前三个改成了在中国。所以说，如果不明白霍金的想法，翻译出来的意思可能就是差之千里了。

在霍金的第二次中国之行中，最难忘的就是他的笑容。有人说，他的笑容就像孩子，那样纯真，那样灿烂。吴忠超曾经这样详细描述过霍金的笑容："很早以来我就注意到，沮丧和孩子般的笑容在霍金的面部交替出现，这两种表情似乎是霍金情绪上最主要的起伏和波动。孩子般纯净的笑容是没遭世俗污染的容颜，而沮丧是对禁锢的无奈和对自由的渴望，毕竟只有灵魂能够自由地遨游宇宙是远远不够的。"

作为"宇宙之王"，他的身体永远被困在轮椅上，但是，他的灵魂是自由的，他的生命是高贵的，可以去宇宙遨游。对于我们正常人来说，我们能理解霍金隐藏在心灵深处的痛苦，但我们还是无法理解他提出的那些奇妙的宇宙理论。

当霍金一行人到达杭州香格里拉饭店的时候，上百名记者手拿相机等在门前，他们要拍摄霍金的精彩照片。这种场面，让伊莱恩为霍金的身体担心起来，她没有带着霍金走饭店的大门，而是走了饭店的后门，于是，他们顺利躲开了要采访的记者们，住进了 631 号房间，那是套房，面对着著名的杭州美景西湖。

于是，在霍金没事的时候，他会自己驱动轮椅，来到饭店的阳台上，此时的西湖波光粼粼，他会不会想起那首在中国流传了好多年的诗句："欲把西湖比西子，淡妆浓抹总相宜。"对于霍金来说，能不能读懂中国古诗并不重要，重要的是，他会在记者招待会上讲些什么？

第五章 斯蒂芬·霍金的中国行

2002年8月11日下午,为霍金专门准备的记者招待会在杭州的香格里拉饭店举行。问题是早已经准备好的,一共有8个,准备好的问题问完以后,剩下的是记者随便提问的时间。

一位记者问:"霍金先生,您1985年来过中国,请问,在这17年里您觉得中国发生了什么变化?"

霍金幽默地回答道:"1985年满街自行车,而现在是交通堵塞。"

一句简单的话,概括了中国的发展,从当年自行车大国到如今的汽车大国,中国确实有了很大的变化,但是,汽车多了,交通堵塞,交通不畅却成为一个让百姓头疼的问题。

记者采访完毕,赠送仪式开始,湖南科技出版社的人向霍金赠送了出版社最新出版的插图本的两本书,分别是《时间简史》和《果壳中的世界》。这两本书虽然成为中国的畅销书,但是,很多人都说看不懂,尤其是《果壳中的世界》,很多普通读者根本看不明白这样深奥的学术著作。

写到这里,我忽然想到一个有趣的事情:在一个编辑作者交流的QQ群里,大家都在聊天,有人提到霍金的这两本书,有位作家说:"这两本书我都买了,回家打开一看,傻眼了,根本看不懂。"有人问他:"那你买这本书干什么?"他痛快地回答:"装样子啊,放在书柜里,摆在客厅里,当有朋友来玩时,看到我的书柜里有霍金的书,那显得我多高大上啊!"

虽然,这些都是网友们幽默的调侃,但也不难看出,霍金在中国的影响,遗憾的是:在中国,只有几位天文学家才能读得懂霍金的图书和理论,至于普通百姓,面对浩瀚宇宙,更多的是好奇和向往。

8月15日上午,霍金来到浙江大学的体育馆,面对好学向上的年轻人,他做了题目为《膜的新奇世界》的学术报告,这些学生有浙江大学的,也有上海大学的,体育馆里坐满了三千多人,他们安静地等待着,等待着霍金的演讲。

体育馆内出现了一个宇宙星空图案的背景,霍金坐着轮椅出现了,他开始演讲:"我想在这次演讲中描述一个激动人心的新机制,它可能改变我们关于宇宙和存在本身的观点。这个观念是说,我们可能生活在一个更大空间的膜或者面上……"

霍金的演讲打开了学子们的思想,让他们畅游在浩瀚的宇宙中。在演讲要结束时,他这样说道:"膜世界模型是研究的热门课题,它们是高度猜测性的。但是它们提供了可供观测验证的新行为,它们可以解释万有引力为什么这么弱。在基本理论的基础上,引力也许相当的强大,但是引力在额外维散开意味着,在我们生活其中的膜上的长距离引力变弱了。如果引力在额外维中更强,那么在高能粒子碰撞时形成小黑洞容易得多。这也许在日内瓦见的LHC也就是大型强子碰撞机上可能实现。一个微小的黑洞不会吃掉地球,不像报纸中绘声绘色的恐怖故事那样。相反,黑洞将会在'霍金辐射'的'扑'的一声中消失,而我将得到诺贝尔奖。LHC加油!我们可以发现一个膜的新奇世界。"

演讲结束后,霍金在校方的陪同下开始游览西湖和河坊街。

从阳台上看西湖和近距离面对西湖,那是两种不同的感觉。有时候,在霍金的眼里,他可能觉得从阳台上看西湖会更美丽。在西湖游览,霍金和妻子坐在画舫的最前面,陪同他们同游西湖的是浙江大学教授丘成桐和霍金的学生吴忠超,他们当起了业余导游,向霍金和妻子讲起了关于西湖的神话故事,那是关于白蛇的故事。

霍金的妻子伊莱恩更喜欢这个化成美丽女人的白蛇,她听完故事就马上说:"白蛇变成的女人一定很美丽吧。"

听完美丽动人的传说,一行人又来到了三潭印月的景点前,这是西湖的著名风景,吴忠超告诉霍金:"您看,那三座石灯,它的历史比剑桥的历史还要古老。"不知不觉间就到了西湖的深水区。画舫在三潭稍停片刻,就转回头向岸边驶去。

当天下午五点整,霍金和妻子还有他的研究生们来到河坊街游览,来

第五章 斯蒂芬·霍金的中国行

自英国的客人们边走边参观,热情的杭州市民得知著名的科学家霍金来了,都想目睹这位科学家的风采;一个女孩走过来向霍金献花,让大家没有想到的是,她在霍金的脸上亲吻了一下,人群中响起了热烈的掌声。

霍金还得到了很多具有中国特色的礼品,他最喜欢那个画着霍金彩色头像的鼻烟壶;伊莱恩也得到一套丝绸睡衣。霍金还品尝了中国茶,表示他很喜欢茶的味道。很多中国人喜欢把品茶比作品味人生,霍金的人生,似乎也像中国茶那样,虽然有点苦,却是别有一番滋味。

不知不觉到了傍晚,霍金和妻子伊莱恩还有他的学生一起来到一家名为"钱塘人家"的饭店吃饭。霍金喝完一杯米酒,在电脑上打出八个大字:"我能解决 M 理论了!"

后来,霍金在西湖小道上欣赏了美丽的风光,他留恋西湖的美景,久久不愿离去,随行的中国记者和同行都走到霍金身边与他合影。然后,霍金乘坐飞机飞到北京,他要去参加在北京召开的国际数学家大会,在这次大会上,他做了一次学术报告,报告的题目是《膜的新奇世界》。

32. 第三次中国之行

时间过得很快，转眼到了 2006 年，超弦国际会议即将在北京召开，远在伦敦的霍金收到了国际会议的邀请函。四年前，杭州之行，让霍金爱上了这片神奇而美丽的土地，一边品着香茶，一边看着美景，这也是让霍金最难忘的美好回忆。北京，对于他来说，并不陌生，他难忘 1985 年的北京之行，也想到了"霍金蒸发"的那段往事。

2006 年 6 月 12 日，霍金在女儿露西的陪同下，坐飞机来到香港，他将在 13~17 日访问香港科技大学，他的妻子伊莱恩没有陪同前来。在香港，霍金的行程安排得很紧，内容也很丰富。13 日，记者见面会上，香港媒体的记者见到了霍金，霍金的演讲和回答媒体的问题都是通过电脑语音合成器来完成的。

香港的夜景世界闻名，6 月 14 日，霍金乘船欣赏香港的夜景，他很喜欢这座充满时尚活力的城市，他希望，以后还能到香港游览。6 月 15 日下午，在香港的礼宾府，香港特区行政长官曾荫权会见了霍金，时间大约为 30 分钟。会见结束后，霍金来到科技大学体育馆，他做了演讲，演讲的题目为《宇宙的起源》，体育馆内座无虚席，听众有 1800 名。这次演讲与以往专业的演讲不同，就是一次科普演讲，普通的听众也能够听明白，有人说：2006 年 6 月，霍金的香港和北京之行，目的就是为了给中国的普通听众进行科普普及。

霍金的演讲是从童话开始讲起的："根据中非 Boshongo 人的传说，世

第五章 斯蒂芬·霍金的中国行

界最初只有黑暗，水和伟大的上帝。一天，上帝胃痛发作，呕吐出太阳。太阳灼干了一些水，留下土地。他仍然胃痛不止，又吐出了月亮和星辰，然后吐出了一些动物、豹、鳄鱼、乌龟，最后是人。

这个创世纪的神话，和其他许多神话一样，试图回答我们大家都想诘问的问题：为何我们在此？我们从何而来？一般的答案是，人类的起源是发生在比较近期的事。人类正在知识上、技术上不断地取得进步。这样，它不可能存在那么久，否则的话，它应该取得更大的进步。这一点甚至在更早的时候就应该很清楚了。

……

詹姆·哈特尔和我发展宇宙自发创生的图景有一点像泡泡在沸腾的水中形成。

其思想是，宇宙最可能的历史像是泡泡的表面。许多小泡泡出现，然后再消失。这些对应于微小的宇宙，它们膨胀，但在仍然处于围观尺度时再次坍塌。它们是另外可能的宇宙，由于不能维持足够长的时间，来不及发展星系和恒星，更不用说智慧生命了，所以我们对它们没有多大兴趣。然而，这些小泡泡中的一些会膨胀到一定的尺度，到那时可以安全地逃避坍塌。它们会继续以不断增大的速率膨胀，形成我们看到的泡泡。它们对应于开始以不断增加的速率膨胀的宇宙。这就是所谓的暴胀，正如每年的价格上涨一样。"

最后霍金说："尽管我们已经取得了一些伟大成功，并非一切都已解决，但我们观察到，宇宙的膨胀在长期的变缓之后，再次加速。对此理论还不能理解清楚。缺乏这种理解，对宇宙的未来还无法确定。它会继续地无限地膨胀下去吗？暴胀是一个自然定律吗？或者宇宙最终会再次坍缩吗？新的观测结果，理论的进步正迅速涌来。宇宙学是一个非常激动人心的活跃的学科。我们正接近回答这古老的问题：我们为何在此？我们从何而来？"

演讲结束后，霍金回答了6个问题，这些问题五花八门，有关于宇宙学的，也有关于霍金生活的。霍金开玩笑说："有人问，我是地道的英国人，为什么要用美国口音？那是因为，我这个语音合成器在1986年制造，是美国货，所以是美国口音。我一直用它也没有大问题，久而久之就习惯了。如果现在不用，我就要用法国口音的最新产品，那我太太不跟我离婚才怪！"霍金说完这些话，会场上笑声不断，这就是霍金的魅力，他的脸上带着微笑，用幽默的语言讲话，而不是那样拘束和严谨。

有位记者向霍金提出一个问题："有位青年曾因意外导致全身瘫痪，他希望能安乐死，您会不会因为身体残障而感到沮丧，面对负面情绪，您是如何克服的？"

霍金回答："他有自由选择结束生命，但那将是一个重大错误。无论命运有多坏，人总应有所作为，有生命就有希望。"

在不喜欢霍金的人的眼里，他们觉得，霍金的这些话是老生常谈，没有新意；在喜欢霍金的人眼里，这些话都是经典。但是，不管是喜欢还是不喜欢，他的话确实能给人思想上的启迪，这也许就是大师的力量。

霍金演讲结束后，他与来香港的大学和香港科学学会以及香港物理学会的四十多名学者聚会，然后是赠书。

2006年6月17日晚，霍金结束了在香港的活动，坐飞机到达北京，这是他第三次来到中国。这次来北京，主要是出席在北京召开的2006超弦国际会议，在北京期间，他有两场讲座，题目都是《宇宙的起源》，"霍金热"在中国开始升温。

容纳万人的人民大会堂，一层和二层都坐满了人，超过了6000人，在这些人里，不仅有600位科学家、高校学生和科研工作者，还有热爱科学的普通市民，霍金在北京的这次演讲会创造了国际物理史学术讲演会听众人数之最。

这次演讲，有来自全世界的专家学者，霍金被安排在最后一个出场，

第五章 斯蒂芬·霍金的中国行

中午的十一点三十分，霍金的助手推着坐在智能轮椅上的他，来到主席台。全场响起了热烈的掌声，坐在楼上的听众站起来向霍金致意，霍金到达主席台准备讲演的时候，坐在一层的听众站起来，来到主席台下面，拿起相机拍照，闪光灯开始闪烁。

此时，主持会议的丘成桐教授站起来，拿着话筒用英语劝说大家回到座位上，可惜，观众都被霍金吸引住了，看台下的观众越来越多，没办法，丘成桐教授改用普通话，但是，他的普通话实在不太标准；在场的工作人员开始劝说大家回到座位上，经过工作人员的疏导，热情的观众都回到了自己的座位上。有的摄影记者用带闪光灯的照相机拍照，丘成桐看见了，立刻走上前去告诉记者，霍金讲演期间不能用闪光灯。

这期间，霍金到达主席台已经有十分钟了，他脸上始终带着微笑看着大家，等到听众都回到座位上，演讲正式开始。霍金用机器合成的声音问大家："Can you hear me？"翻译成中文的意思是：你们能听到我么？大会堂里的所有听众齐声回答："Yes！"演讲正式开始，为了让普通的听众都能理解深奥的宇宙理论，现场播放了很多幻灯片，这是霍金的团队用心制作出来的，演讲的内容与在香港的演讲内容是一样的，时间是45分钟。

6月21日，在友谊宾馆召开的科技发展公众答询会上，听众提出了9个问题，霍金当场予以回答。

这9个问题都是在问霍金，他对中国的看法以及关于宇宙的问题。在谈到对中国最感兴趣的是什么时，霍金回答中国的食物、文化我都感兴趣，还有中国的女性。在谈到经济的发展不仅带来了社会繁荣，还造成了环境污染的问题时，霍金回答："全球不断升温是经济发展的结果，如果地球的热化失去控制，地球就会变成第二个金星，那里常年温度都在230摄氏度以上，而且酸雨不断，我们肯定不希望生活在这样一个星球。"接着有人问道霍金对宇宙和人类本身的存在的看法。霍金回答："宇宙之所以存在，是因为有一个宇宙理论的存在，而我们现在正在寻找并且证明这个理论。如果这个我们关于宇宙的理论被证明是不存在的，那么宇宙也消失了。"当有人问道霍金："您现在还有什么愿望没有实现吗？"霍金回答："每个人都有梦想，如果我们对自己没有了梦想，那就好像精神死去了一样。"当有人请霍金描述一下自己，霍金回答："乐观、浪漫，但有时候顽固不化。"最后一个问题是由现场听众提问的，这个提问的是来自清华大学的学生成千业，他问霍金："2005年，格罗斯教授提出了物理界要解决的25个问题，您认为物理界最重要的问题是什么？"

霍金的一双眼睛看着屏幕，眼球不停地转动，他在思考这个问题，大概过了8分钟以后，霍金通过语音合成器回答了这个问题："物理学最重要的问题是如何理解宇宙，理解为什么是这个样子，怎样变成这个样子，这就需要量子理论的条件。"

6月23日，霍金在北京做了最后的一场演讲，这是他在北京的最后一场学术演讲，题目是《宇宙的半径点膨胀模型》，这次演讲不是普通的演讲，这是专门为基础物理学界的顶级学者准备的演讲。

虽然主持人格罗斯教授对听众说，由于霍金的身体原因，他不能回答听众的问题。可是，在霍金的演讲结束后，还有很多听众提出专业问题请霍金回答。霍金是这样回答的："在宇宙半径点模型中，宇宙的爆炸和膨胀是依靠宇宙所具有的膨胀能量，物质将填充整个空间。"

真的要离开北京了，不知道霍金的心里究竟在想什么？霍金在身体有病的情况下，三次来到中国，也许不仅仅是来传播科普知识，更多的是对中国有种特殊的感情。

2006年6月24日上午9点，首都机场的贵宾通道，霍金被随行人员推进了贵宾室，为了防止道路拥堵，他提前两个多小时到达机场。

当记者问霍金对第三次中国之行的感想的时候，他的嘴角上扬，用语音转换器发出声音：他很喜欢这次中国之行。接着，护理人员抓着霍金的手同记者握手。中午11点，飞机起飞了，带着霍金飞向了英国。

第五章 斯蒂芬·霍金的中国行

丘成桐教授对记者说:"他的身体不是很好,这可能是他最后一次来中国了。"

感谢霍金的三次中国之行,他带给了很多人科学的启迪,尤其是给普通的大众传播了先进的科学和宇宙知识。对于更多的中国青少年来说,那些宇宙的知识,就是一把钥匙,打开一扇通往科学世界的大门。我想:在未来的中国,也会有更多像霍金一样的科学家成长起来。

所有的中国人都记住了霍金的那句话:永远不要绝望。

附 录

霍金的精彩语录

霍金精彩语录：

1. 当你面临着夭折的可能性，你就会意识到，生命是宝贵的，你有大量的事情要做。

2. 是先有鸡，还是先有蛋？

3. 宇宙有开端吗？如果有的话，在此之前发生过什么？

4. 宇宙从何处来，又往何处去？

5. 时间有没有尽头？

6. 我注意过，即使是那些声称"一切都是命中注定的，而且我们无力改变"的人，在过马路前都会左右看。

7. 一个人如果身体有了残疾，绝不能让心灵也有残疾。

8. 生活是不公平的，不管你的境遇如何，你只能全力以赴。

9. 我即使被关在果壳之中，仍自以为是无限空间之王。

10. 我的手指还能活动，我的大脑还能思维；我有终身追求的理想，我有爱和爱我的亲人朋友；对了，我还有一颗感恩的心。

11. 永恒是很长的时间，特别是对尽头而言。

12. 通过整个科学史，人们已渐渐明白，事件不会以随意的方式发生——它们反映了某些基本的秩序，这可能是——也可能不是——有神力相助的。

13. 如果生活没有了乐趣，那将是一场悲剧。

14. 为了合理地展示这张图标，我真的需要一个四维的屏幕。然而，由于政府的削减，我只能设法提供一个二维的屏幕。

15. 在我21岁时，我的期望值变成了零。自那以后，一切都变成了额外津贴。

16. 有人告诉我说，我载入书中的每个等式都会让我销量减半。然而，我还是把一个等式写进书中——爱因斯坦最有名的那个，$E=mc^2$。但愿这不会吓跑我一半的潜在读者。

17. 我的目标很简单，就是把宇宙整个明白，它为何如此，它为何存在。

霍金的讲演精华

1. 我出生于 1942 年 1 月 8 日,这一天刚好是伽利略的 300 年忌日。然而,我估计大约有 20 万个婴儿也在同日诞生,我不知道他们中是否有人在长大后对天文学感兴趣。

（选自《霍金讲演录》第一章　童年）

2. 我只不过描述当时我和大多数同学的共同态度:对一切完全厌倦并觉得没有任何值得努力追求的东西。我的疾病的一个结果就是把这一切都改变了:当你面临着夭折的可能时,你就会意识到,生命是宝贵的,你有大量的事情要做。

（选自《霍金讲演录》第二章　牛津和剑桥）

3. 对遥远星系的观测表明它们正远离我们而去:宇宙正在膨胀。这说明在过去这些星系必然更加相近。这就产生了这个问题:是否有过一个时刻,所有星系都相互重叠在一起,而宇宙的密度是无限的?或者早先是否存在一个收缩相,在这个收缩相中这些星系想法避免相互对撞?也许它们相互穿越,然后再相互离开。

（选自《霍金讲演录》第二章　牛津和剑桥）

附 录

4. 我实际上在运动神经细胞元疾病中度过了整个成年,但是它并未能够阻碍我有个非常温暖的家庭和成功的事业。我要十分感谢从我的妻子、孩子以及大量的朋友和组织得到的帮助。很幸运的是,我的病况比通常情形恶化得更缓慢。这表明一个人永远不要绝望。

(选自《霍金讲演录》第三章 我的病历)

5. 不管我们喜欢不喜欢,我们生活其中的世界在过去100年间发生了剧烈的变化,看来在下个世纪这种变化还要更厉害。有些人宁愿停止这些变化,回到他们认为是更纯洁单纯的年代。但是,正如历史所昭示的,过去并非那么美好。

(选自《霍金讲演录》第四章 公众的科学官)

6. 在一个民主社会中,这意味着公众需要对科学有基本的理解,这样做的决定才能是消息灵通,而不会只受少数专家的操纵。现今公众对待科学的态度相当矛盾。人们希望科学技术新发展继续促进生活水平的稳定提高,另一方面由于不理解而不信任科学。一位在实验室中制造弗兰肯斯坦机器人的疯子科学家的卡通人物便是这种不信任的明证。

(选自《霍金讲演录》第四章 公众的科学观)

7. 如何利用这些兴趣向公众提供必需的科学背景,使之在诸如酸雨、温室效应、核武器和遗传工程方面作出真知灼见的决定?很清楚,根本的问题是中学基础教育。可惜中学的科学教育既枯燥又乏味。孩子们依赖死记硬背蒙混过关,根本不知道科学和他们周围世界有何相关。此外,通常需要方程才能学会科学。尽管方程是描述数学思想的简明而精确的方法和手段,但大部分人对之敬而远之。

(选自《霍金讲演录》第四章 公众的科学观)

8. 电视中有一些非常好的科学节目，但是其他节目把科学奇迹简单地描述成魔术，而没有进行解释或者指出它们如何和科学观念的框架一致。科学节目的电视制作者应当意识到，他们不仅有娱乐公众，而且有教育公众的责任。

（选自《霍金讲演录》第四章　公众的科学观）

9. 冷战结束带来的东西方紧张关系的缓解意味着，核战争的恐惧已从公众意识中退出。但是只要还存在把全球人口消灭许多遍的武器，这种危险仍然在那里。

（选自《霍金讲演录》第四章　公众的科学观）

10. 公众意识到这种危险性，并迫使所有政府同意大量裁军是非常重要的。把所有核武器销毁也许是不现实的，但是我们可以减少武器的数量以减轻危险。如果我们避免了核战争，仍然存在把我们消灭的其他危险。有人讲过一个恶毒的笑话，说我们之所以未被外星人文明所接触，是因为当他们的文明达到我们的阶段时会先毁灭自己。但是，我对公众的意识有充分的信任，那就是相信我们能够证明这个笑话是荒谬的。

（选自《霍金讲演录》第四章　公众的科学观）

11. 我很清楚，几乎无人不对宇宙如何运行感兴趣，但是大部分人不能理解数学方程——我本人对方程也不太在乎。其部分原因是我写方程很困难，但主要是因为我对方程缺乏直觉。相反，我依照图像来思维，我的目标是要把这些头脑中的图像用语言在书中表达出来，并借助一些熟悉的比喻和图解。我希望用这种办法，可以让大多数人分享到过去20年间物理学的显著进步所引起的激动和成就感。

（选自《霍金讲演录》第五章　《简史》之简史）

附 录

12. 但在实际中，人们非常犹豫放弃他们已投注大量时间和心血的理论。通常他们首先质询观测的精度。如果找不出毛病的话，就以想当然的方式来修正理论。该理论最终就会变成丑陋的庞然大物。然后某人提出一种新理论，所有古怪的观测都优雅而自然地在新理论中得到解释。

（选自《霍金讲演录》第六章 我的立场）

13. 不管发生了什么，时间总是勇往直前在过去被认为是显而易见的。但是相对论把时间和空间结合在一起，而且告知我们两者都能被宇宙中的物质和能量所卷曲或畸变。这样，我们对时间性质的认识就从与宇宙无关变成由宇宙赋予形态。这样，在某一点以前时间根本没有意义就变成可以理解的了；当人们往过去回溯，就会遭遇到一个不可逾越的障碍，即奇点，他不能超越奇点。如果情形果真如此，去询问何人或何物引起或创造大爆炸便毫无意义。

（选自《霍金讲演录》第六章 我的立场）

14. 现在计算机是研究的好助手，但是它们必须服从人类的指挥，那么它们很可能会把理论物理完全取代。所以，如果不是理论物理已经接近尾声的话，便是理论物理学家的生涯快到尽头了。

（选自《霍金讲演录》第七章 理论物理已经接近尾声了吗）

15. 爱因斯坦几乎是单独地创立了广义相对论，他在发展量子力学中起过重要的作用。他对后者的态度可以总结在"上帝不玩骰子"这句短语之中。但是所有证据表明，上帝是一位老赌徒，他在每一种可能的场合掷骰子。

（选自《霍金讲演录》第八章 爱因斯坦之梦）

16. 我将在这篇短文中阐述在这两种理论背后的基本思想，并说明爱因斯坦为什么这么不喜欢量子力学。我还将描述当人们试图把这两种理论合并时似乎要发生的显著的事物。这些表明时间本身在大约150亿年前有一个开端，而且它在将来的某点会到达终结。然而，在另一种时间里，宇宙没有边界。它既不能创生，也不被消灭。它就是存在。

（选自《霍金讲演录》第八章 爱因斯坦之梦）

17. 职虚时间是一个很难掌握的概念，它可能是我的书的读者觉得最困难的东西。我还由于使用虚时间而受到哲学家们猛烈的批评。虚时间和实在的宇宙怎么会相干呢？我以为这些哲学家没有从历史吸取教训。人们曾经一度认为地球是平坦的以及太阳绕着地球转动都是显而易见的，然而从哥白尼和伽利略时代开始，我们就得调整适应这种观念，即地球是球形的而且它绕太阳公转。

（选自《霍金讲演录》第八章 爱因斯坦之梦）

18. 职引入虚时间的缘由是什么呢？人们为什么不只拘泥于我们理解的通常的实时间呢？正如早先所提到的，其原因是物质和能量要使时空向其自身弯曲。在实时间方向，这就不可避免地导致奇性，时空在这里到达尽头。

（选自《霍金讲演录》第八章 爱因斯坦之梦）

19. 如果宇宙处于无边界状态，那对于科学而言就太好了，但是我们如何才能知道事情究竟是否如此呢？其答案是，无边界设想对宇宙应如何运行作出了明确的预言。如果这些预言不与观测相符合，则我们就能得出结论说，宇宙不处于无边界状态。

（选自《霍金讲演录》第九章 宇宙的起源）

附 录

20. 我们把宇宙当作一个完全光滑和均匀的背景来处理，在这个背景上存在密度的小微扰。宇宙在实时间中从非常小的半径开始膨胀。最初的这种膨胀被称作暴胀：也就是说，宇宙尺度在比一秒还要短暂非常多的每一时间间隔中得到加倍，这正如在某些国家中每年物价都要加倍一样。第一次世界大战后的德国也许创下了通货膨胀的世界纪录，一捆面包的价格在几个月的时间内从少于一个马克涨到100万马克。但是没有任何东西可与似乎在极早期宇宙发生过的暴胀相比拟：宇宙尺度在一秒的极微小的部分时间内至少增加了100万亿亿亿倍。这当然是发生在当局政府之前的事。

（选自《霍金讲演录》第九章　宇宙的起源）

21. 大爆炸和黑洞爆炸相类似，只不过是在一个极大的尺度范围内而已。所以人们希望，理解黑洞如何创生粒子将导致类似地理解大爆炸如何创生宇宙中的万物。在一颗黑洞中，物质坍缩并且永远地损失掉，但是新物质在该处创生。所以事情也许是这样的，存在宇宙更早的一个相，物质在大爆炸出坍缩并且重新创生出来。

（选自《霍金讲演录》第十章　黑洞的量子力学）

22. 科学幻想作家真正做到家的是，描述你掉到一颗黑洞中去将会发生什么。不少人认为，如果黑洞在旋转的话，你便可穿过时空的一个小洞而到宇宙的另一个区域去。这显然产生了空间旅行的巨大可能性。如果我们要想到别的恒星，且不说到别的星系旅行在未来成为现实，这的确是我们梦寐以求的东西。

（选自《霍金讲演录》第十一章　黑洞和婴儿宇宙）

23. 非常遗憾的是，我要让未来的星系旅行家们失望了，这个场景是行不通的。如果你跳进一颗黑洞，就会被撕得粉碎。然而，在某种意义上，构成你身体的粒子会继续跑到另一个宇宙中去。我不清楚，某个在黑洞中被压成意大利面条的人，如果得知他的粒子也许能存活的话，是否对他是很大的安慰。

（选自《霍金讲演录》第十一章 黑洞和婴儿宇宙）

24. 爱因斯坦的广义相对论中存在这类解，它允许人往一颗黑洞落进再从一颗白洞跑出来。然而，后来的研究表明，所有这些解都是非常不稳定的：最为微小的扰动，譬如空间飞船的存在都会把这个"虫洞"即从黑洞到白洞的通道消灭。空间飞船会被无限强大的力量撕得粉碎。这正如同躲藏在大桶里从尼亚加拉瀑布漂下去一样。

（选自《霍金讲演录》第十一章 黑洞和婴儿宇宙）

25. 看来粒子能够落进黑洞，然后黑洞蒸发并从我们的宇宙区域消失。这些粒子进入婴儿宇宙中。这些婴儿宇宙从我们的宇宙分叉出去。这些婴儿宇宙可以连接回到其他的什么地方。它们对空间旅行无甚用处，但是它们的存在意味着我们预言能力比所期望的更差，即便我们真的找到了完整的统一理论。另一方面，我们现在也许能为某些像宇宙常数的量的测量值提供解释。过去的几年里，好多人开始研究婴儿宇宙。我认为没有人把它们作为空间旅行的方法而申请专利致富，但是它们已成为非常激动人心的研究领域。

（选自《霍金讲演录》第十一章 黑洞和婴儿宇宙）

附 录

26. 如果可以从基本定律预言出一个人的所作所为，则做这预言本身这个事实就可以改变所要发生的。这正如时间旅行若可能的话人们会遇到的麻烦，我认为永远不可能作时间旅行。如果你能看到未来将要发生什么，你就能改变之。

（选自《霍金讲演录》第十二章 一切都是注定的吗？）

27. 我们在过去的300年间发现了在所有正常情形下制约物体的科学定律。我们仍然不知道在极端条件下制约物体的精确的定律。那些定律在理解宇宙如何起始方面很重要，但是它不影响宇宙的未来演化，除非直到宇宙坍缩成一种高密度的状态。事实上，我们必须花费大量金钱建造巨大粒子加速器去检验这些高能定律，便是这些定律对现在宇宙的影响是多么微不足道的一个标志。

（选自《霍金讲演录》第十三章 宇宙的未来）

28. 上古时代，人们以为地球是宇宙的中心。在任何方向上背景都一样的事实，对于他们而言毫不足怪。然而，从哥白尼时代开始，我们就被降级为绕着一颗非常平凡的恒星公转的一颗行星，而该恒星又是绕着不过是我们看得见的1000亿个星系中的一个典型星系的外边缘公转。我们现在是如此之谦和，我们不能声称任何在宇宙中的特殊地位。所以我们必须假设，在围绕任何其他星系的任何方向的背景也是相同的。

（选自《霍金讲演录》第十三章 宇宙的未来）

29. 如果我们仅仅依据观测证据，则可预言宇宙会继续无限地膨胀下去。再过50亿年左右，太阳将耗尽它的核燃料。它会肿胀成一颗所谓的红巨星，直到它把地球和其他更邻近的行星吞没。它最后会稳定成一颗只有几千英里尺度的白矮星。我正在预言世界的结局,但这还不是。这个预言还不至于使股票市场过于沮丧。眼下还有一两个更紧迫的问题。无论如何,假定在太阳爆炸的时刻,我们还没有把自己毁灭的话,我们应该已经掌握了恒星际旅行的技术。

(选自《霍金讲演录》第十三章 宇宙的未来)

30. 宇宙在1000亿年左右既不永远膨胀也不坍缩是一个非常激动人心的前景。我们是否有所作为使将来变得更加有趣呢?一种肯定可为的做法是让我们驶到一颗黑洞中去。它必须是一颗相当大的黑洞,比太阳质量的一百万倍还要大。在银河系的中心很可能有颗这么大的黑洞。

(选自《霍金讲演录》第十三章 宇宙的未来)

31. 在一颗黑洞中会发生什么我们还不很清楚。广义相对论的方程允许这样的解,它允许人们进入一颗黑洞并从其他地方的一颗白洞里出来。白洞是黑洞的时间反演。它是一种东西只出不进的物体。在宇宙的其他部分可能会有白洞。这似乎为星系际的快速旅行提供了可能性。麻烦在于这种旅行也许是过于迅速了。如果通过黑洞的旅行成为可能,则似乎无法阻拦你在出发之前已经返回。

(选自《霍金讲演录》第十三章 宇宙的未来)

附 录

霍金名作《时间简史》(普及版)精彩片段

1. 当今大多数人会觉得,把我们的宇宙喻为一个无限乌龟塔的图像相当荒谬。但是我们凭什么就自认为了解得更好呢?暂时忘却你所知道的——或者认为你所知道的有关空间的知识。然后抬头凝视夜空。你对所有那些光点做何解释呢?它们是微小的火焰吗?它们究竟是什么?真是难以想象,因为这远远地超出了我们的日常经验。

(选自《时间简史》第1章 思索宇宙)

2. 因为地球围绕自己的轴自转,恒星就显得似乎在进行穿越天穹的旋转,除此之外,恒星看来是固定不动的,那么认为恒星是像我们太阳一样的,但却非常遥远的物体,就顺理成章了。我们不仅放弃了地球是宇宙中心的思想,而且,甚至认为太阳,也许我们的太阳系在宇宙中都不占有独特的地位。世界观的这一改变象征着人类思想的深刻转变:这是我们现代科学对宇宙理解的开端。

(选自《时间简史》第2章 宇宙演化的图像)

3. 任何物理理论都只不过是一个假设,在这个意义上,它只能是暂时的:你永远不能证明它。不管实验的结果多少次和某种理论相一致,你永远不能断定下一次的结果不和该理论相冲突。另一方面,一旦找到哪怕一个单独的和理论预言不一致的观测,就足以将该理论证伪。

(选自《时间简史》第3章 科学理论的本性)

4. 能量的一种形式是运动的能量，称作动能。正如使你的小轿车运动需要能量一样，增加任何物体的速度都需要能量。一个运动物体的动能等同于使它运动必须花费的能量。所以，一个物体运动得越快，它所拥有的动能越多。但是根据能量和质量等效，动能增加了物体的质量，所以物体运动得越快，进一步增加该物体的速度就越困难。

（选自《时间简史》第 5 章　相对论）

5. 1915 年以前，人们认为空间和时间仅仅是个固定的舞台，事件在其上发生，但舞台不受发生事件的影响，甚至在狭义相对论中也是如此。物体运动，力吸引和排斥，但是时间和空间简单地延续而不受影响。人们很自然地认为空间和时间会永远延伸下去。然而，在广义相对论中情况完全不同。

（选自《时间简史》第 6 章　弯曲空间）

6. 原子由更小的粒子：电子、质子和中子组成。质子和中子本身又由更小的称为夸克的粒子组成。此外，对应于这些次原子粒子的每一种都有一种反粒子存在。反粒子具有和同胞粒子相同的质量，但是它们的电荷和其他属性均相反。例如，电子的反粒子称作正电子，它具有正电荷，也就是和电子电荷相反。可能还有由反粒子构成的整个反世界和反人存在。

（选自《时间简史》第 8 章　大爆炸、黑洞和宇宙的演化）

7. 对于空间旅行者来说，这个旅程可能比留在地球上的人要感觉短促得多。但是在空间旅行老了几年的人，再返回时并没有什么太大的喜悦，因为你会发现当时留下的每一个人都已经死亡几千年了。所以为了使人们对科学幻想作家们的故事感兴趣，他们必须假定，我们会有朝一日发现如何进行超光速旅行。这些作者中的大多数似乎还未意识到这一事实,即如果你能超光速旅行,则相对性理论意味着你还能逆时旅行。

(选自《时间简史》第 10 章　虫洞和时间旅行)

8. 其思想是,当时间旅行者回到过去,他们进入和记载的历史不同的另外的历史中去,这样,他们可自由地行动,不受和他们原先历史相一致的约束。

(选自《时间简史》第 10 章　虫洞和时间旅行)

9. 在量子力学中,物质粒子之间所有的力或者相互作用应该都是由粒子携带的。所发生的是,诸如电子或者夸克等物质粒子发射了携带力的粒子。这个发射所引起的反弹,改变了物质粒子的速度,其道理和发射炮弹之后大炮后退是相同的。然后,携带力的粒子又和另一物质粒子碰撞并被吸收,改变了那个粒子的运动。发射吸收过程的净结果和在两个物质粒子之间有过一个力相同。

(选自《时间简史》第 11 章　自然的力和物理学统一)

《果壳中的宇宙》精彩片段

到了世纪之末，开始出现了和穿透一切以太的观念的偏差。人们预料光在通过以太时会以恒定的速率行进；但如果你通过以太顺着光的方向运动，光的速度会显得更慢，而如果你逆着光的方向运动，它的速度会显得更快。

（选自第一章　相对论简史）

时间为何物？它是否像古老赞歌说的那样，把我们所有的梦想一卷而空的东流逝波？抑或像一道铁轨？它或许有环状测线和分岔，这样你可以一直前进，却又回到线上的早先过站。19世纪作家查理斯写道："世间万物没有任何东西像时间和空间那么使我困惑。然而，因为我从来不去思考时间和空间，所以它们带给我的烦恼比任何其他东西都少。"我们中的大多数人在大部分时间不去忧虑时间和空间，不管它们为何物；但是我们所有人有时极想知道时间是什么，它如何开始，并且把我们导向何方。

（选自第二章　时间的形状）

哈姆雷特也许是想说，虽然我们人类的身体受到许多限制，但是我们的精神却能自由地探索整个宇宙，甚至勇敢地闯入连"星际航行"都畏缩不前之处——噩梦不再纠缠的话。宇宙究竟是无限的，或者仅仅是非常浩渺的呢？它是永恒存在的，或者仅仅是年代久远的呢？我们有限的思维何

附 录

以理解无限的宇宙？甚至仅仅有这种企图是否就已经过于自信？我们是否冒着普罗米修斯命运的风险？在经典的神话中，他为了人类用火从宇宙处盗取火种，因为愚勇而受惩罚，他被链锁在岩石上，让鹰啄食他的肝脏。

（选自第三章 果壳中的宇宙）

生命似乎起源于太初海洋之中，太初海洋在40亿年前覆盖着地球。我们不知道这是怎么发生的，也许是原子间的随机碰撞构成了宏观分子，这些宏观分子能复制自己并且将自己聚集成更复杂的结构。我们能确切知道的是，到35亿年之前，高度复杂的DNA分子已经出现。

（选自第六章 我们的未来？"星际航行"可行吗？）

后 记

　　炎热的夏季，我接到了要撰写霍金传的约稿。在烧烤模式下，我本不想再动笔。但是，因为是霍金，几经思考，还是不顾天气炎热，接下了约稿，并开始到处搜索资料，希望能还读者一个真实的霍金。

　　在写作的这几个月里，每当写不下去的时候，我就会打开霍金的书，一遍又一遍地阅读。在这个过程中，我对霍金也有了很多新的认识。

　　霍金，这位研究天体物理学的教授，在轮椅上坐了四十多年。在这漫长的岁月，他借助语音合成器与人交流，借助电脑程序写书。这些书，凝结着他的智慧和心血，即使不喜欢他的书的人，也绝不应该诋毁他或者嘲笑他。我时常想：假如是那些嘲笑霍金的人在轮椅上坐四十多年，他能有那样的毅力活下去吗？

　　当今社会，大部分人喜欢看以下几种书：

　　第一种书是实用书籍，无非就是考试类的书籍，这些书都是为考试服务的，考试结束，也就没有什么用了。

　　第二种书是心灵鸡汤类，这种书比较容易被白领们欣赏，像这样的书，读的多与少，对提升人的素质，起到的作用也是微乎其微。

　　第三种书是网络流行小说。我也曾读过这种书，基本属于精神快餐，它属于浅层次的阅读，达不到启发人的智慧的作用。

　　第四种书是名人传记。我喜欢读名人传记，这是个很不错的阅读过程，能从名人的成长经历和为人处世中学到很多很多。

后 记

第五种书就是科普读物。这些年来,身居大学学府的教授们,就像霍金那样,他们愿意拿出时间和精力,给公众普及科学知识,带领公众走进科学的殿堂,这样的书读得越多,精神越充实,也就越能识别真科学和伪科学的不同。

我学的是文科,我曾经写过的传记也都是一些著名作家的,刚接到约稿的时候,也曾犹豫过,最终我还是决定写下去,因为我也一直有一颗探索宇宙的好奇心。

从《时间简史》到《果壳中的宇宙》,再到《大设计》和《我的简史》,他的每一部著作,带给读者的都是震撼。在他的所有作品中,我最喜欢的是《乔治的宇宙》,也许是因为我也从事过儿童文学的写作,对少儿科普作品有着独特的喜欢,尤其是当我看到一只猪都能在宇宙中漫游时,不禁感叹,这样的奇思妙想,带给人的都是惊喜与欢乐。

霍金一路走来,用他的勤奋和思索,给予我们可以享受一生的精神食粮,我们都应该为他点赞,我认识的一位作家曾经对我说过一句话:霍金是我心中的神,他能坐在轮椅上四十年,写出那么多的书,他就是一位超级英雄。

霍金,从童年时代就是小小发明家,发明了各种棋类游戏;少年时代,他是心怀梦想的少年;青年时代,他在牛津、剑桥努力读书、刻苦研究,成为天才博士;21岁,他患上了这个伴随他一生的病。他,坐在轮椅上与疾病搏斗,成为一代物理大师,一路走来,备尝艰辛,也获得了各种大奖,尝到了成功的滋味,付出就有收获,他用自己的不屈和毅力谱写了一曲传奇。

在写霍金传记的每一天,我的大脑都在快速地转动着,跟着他,从黑洞到虫洞,从《果壳中的宇宙》到《大设计》。上学的时候,物理课上也没有学过这么多知识,感谢霍金教授,他让我在中年的时候,学到了那么多的宇宙天体知识,也让我明白一个道理:知识确实能改变命运。

在后记结束的时候,我看到美国和英国的媒体对霍金的《时间简史》普及版的评价。

美国的《纽约客》的评价是:"迷人而清澈……光辉四射的巨著。"

英国的《伦敦星期日时报》的评价是:"童真好奇与天才智慧的结合。当我们领略霍金宇宙之际,为他精神的瑰丽所惊异。"

美国的《纽约时报》的评价是:"既生动活泼,又发人深省……霍金无疑具有教师天赋。"

美国著名的《华尔街日报》给出的评价是:"当代物理学家关于宇宙构成以及演化理论的权威性总结。"

这就是霍金在努力之后获得的巨大成功,他的书,将带着一代又一代人走向宇宙太空,将带领更多孩子走进科学的殿堂,告诉人们,有一种科学的力量叫作追求梦想,永远不要绝望便是一种希望。